120년의 高·動,
미래지성을 대흥하다

고려대학교 개교 120주년
기념 특별전

The 120th Anniversary
of Korea University

名品高大

120년의 高·動, 미래지성을 매혹하다

고려대학교박물관 · 고려대학교도서관 엮음

KU PRESS
고려대학교
출판문화원

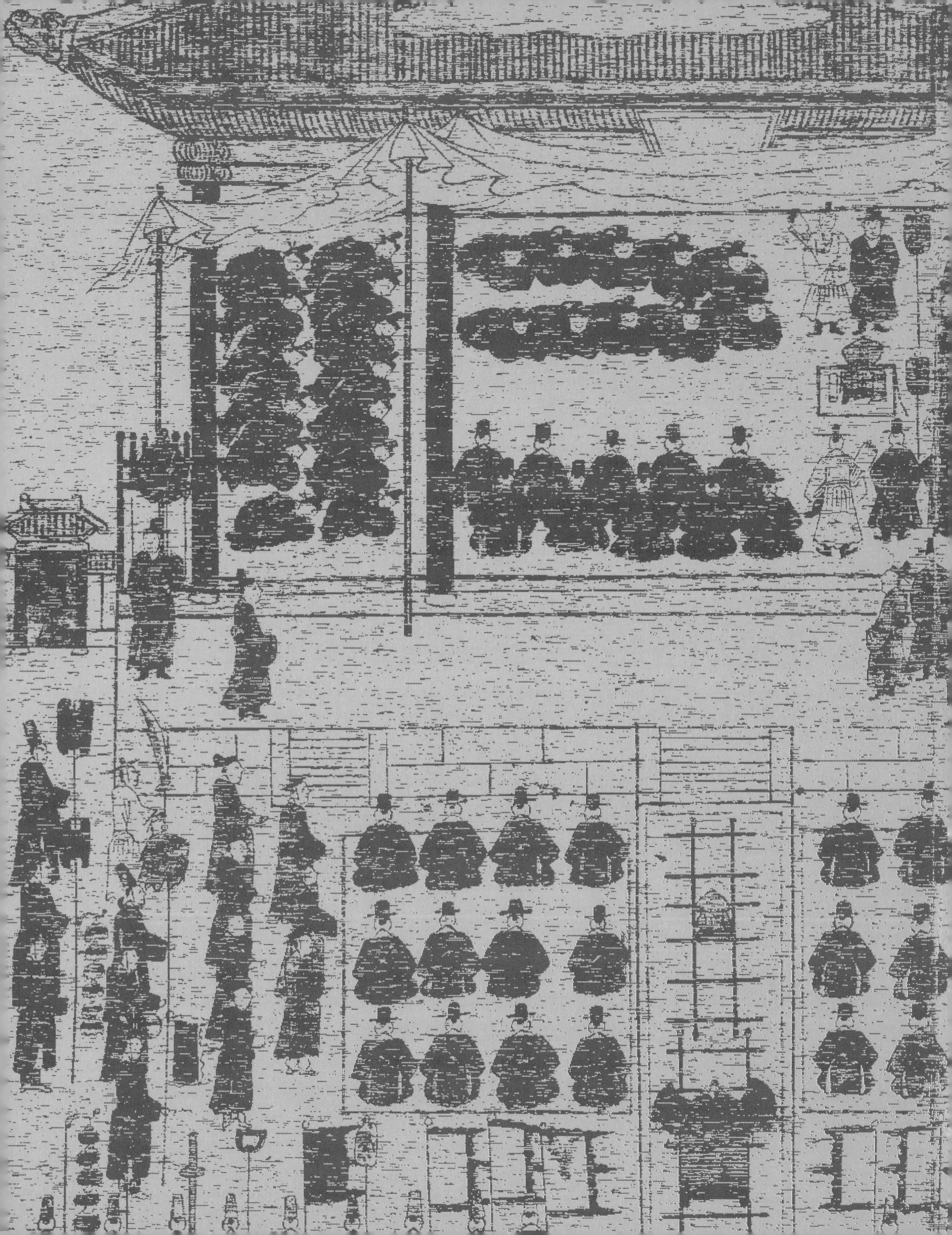

전시

주최
고려대학교도서관
고려대학교박물관

주관
고려대학교박물관

총괄
송완범

기획
배성환 안소정 음자현

진행
구자훈 한민섭 안소정 음자현

협조
서명일 정유진 김유리 금재호 이한솔

보조
김서연 김현아 박세현 박주은 배성경 이혜민
정우용 조하연 주현근 최지예 황재연

교육
신보리 박윤선

촬영
김광섭(케이아트 스튜디오)

설계 및 디자인
라세트 스튜디오

실내공사
㈜에스전시문화
라세트 스튜디오

도록

편집
고려대학교박물관
고려대학교출판문화원

논고
한민섭 안소정

보조
정유진 김유리 이영은 한윤하 금재호 이한솔

디자인
아트퍼블리케이션 디자인 고흐

일러두기

1. 이 책은 고려대학교 개교 120주년을 기념하여 도서관과 박물관이 공동으로 개최한 특별전 〈120년의 高·動, 미래지성을 매혹하다〉의 도록이다.
2. 전시 기간은 2025년 5월 1일-12월 20일이며, 박물관에서 전시하였다.
3. 이 도록에 수록된 유물은 2025년 현재 고려대학교 도서관과 박물관이 소장하고 있는 자료 중에서 1950년 이전에 제작된 유물 120건을 엄선한 것이다.
4. 유물 설명은 유물명(한글, 한문, 영문), 작가, 시기, 재질, 크기, 소장처의 구성이며, 크기의 경우 그 상세를 별도로 표기하였다.
5. 유물 해설은 한자를 병기하되, 반복되는 단어는 한 번만 표기하였다.
6. 각 유물의 정보 아래에는 유물의 소장처를 명기하였다.

개교 120주년 특별전을 기념하며

고려대학교 개교 120주년을 기념하는 특별전 〈120년의 高·動, 미래지성을 매혹하다〉를 개막합니다. 고려대학교의 지난 120년 역사에서 1934년은 하나의 변곡점이었습니다. 1920년대 민립대학 설립 운동에 앞장섰던 인촌 김성수 선생은 구미를 여행하며 세계 최고 수준의 대학을 시찰하였습니다. 1932년 본교를 인수한 김성수 선생은 안암동에 넓은 부지를 확보하고 1934년 본관을 건립함으로써 고려대학교 안암동 시대를 열었습니다. 인촌 선생은 본관 건립과 함께 본교 창립 30주년 기념사업을 전개하며 겨레의 동참을 호소하고 직접 전국 각지를 돌며 지역 유지들을 만났습니다.

장차 세계에 내세울 우리나라 최고의 대학을 만들자는 본교 창립 30주년 기념사업에 많은 분이 동참하였습니다. 겨레의 꿈과 정성이 담긴 기부금이 답지하는 한편 학문 발전의 초석이 될 도서 기증 운동이 전개되었고, 가보로 지켜 온 한적漢籍 등의 귀중도서들과 함께 골동품과 민속자료 등 문화유산이 고려대학교에 기증되었습니다. 본교는 1934년 민속학자 손진태 선생을 사서로 임명하고 본관에 도서 사무실을 마련하였습니다. 본교 부지 출토 유물자료 등록을 시작으로 박물관 업무가 시작되었고 도서의 수집과 기증을 통한 도서관 장서 개발 업무가 본격화되었습니다. 그로부터 지금까지 고려대학교 도서관과 박물관은 지성의 전당이자 문화의 전당으로서 소중한 역할을 담당하고 있습니다.

개교 120주년 기념 특별전에서는 고려대학교 박물관과 도서관이 수집해 소장하고 있는 자료를 선별하여 120건 170여 점을 전시합니다. 고려대학교박물관은 국보 3점, 보물 5점, 국가지정기록물 1·2호 등 약 10만 점의 자료를 소장하고 있으며, 고려대학교 도서관은 국보 1점과 세계 유일본과 희귀본 등 다수의 보물 및 지정 문화재를 소장한 국내 최대 규모의 고서古書 보유기관입니다. 두 기관이 힘을 모아 마련한 이번 전시회는 '고려대학교'라는 이름의 높고 아름답고 큰 배움터에서 쌓아 온 높고 아름답고 큰 배움의 역사를 되짚어 보는 시간이자, 이 빛나는 지적·문화적 유산을 자산으로 우리 고려대학교가 인류의 미래사회로 나아가는 길을 모색하는 자리가 될 것입니다.

이번 특별전을 준비하며 인촌 김성수 선생을 비롯해 고려대학교 박물관과 도서관에 정성을 쏟아 주신 분들에 대한 존경과 감사의 마음을 갖지 않을 수 없습니다. 지금도 숭고한 기증을 이어 주고 계신 분들에게 이번 전시회가 고려대학교에 믿음과 사랑을 더욱 높여 주고 미래의 발전에 뜻을 모으는 자리가 되길 기대합니다.

이번 전시회를 위해 애써 주신 송완범 박물관장님과 윤인진 도서관장님, 그리고 양 기관의 실무자 여러분 모두에게 감사의 인사를 드립니다.

2025년 5월

총장

김 동 원

도서관의 가치를 넘어

도서관은 고대 문명의 지식 보존소로 출발하여, 중세에는 종교적 필사 공간, 근대에는 공공 교육기관의 역할을 수행하며, 현대에 이르러서는 지식 정보의 집약과 문화유산의 보존을 아우르는 지성의 중심으로 발전해 왔습니다. 이러한 변화 속에서도 도서관의 본질은 변함없이, 인류의 지식과 문화를 보존하고 이를 다음 세대에 전달하는 데 있습니다. 알렉산드리아 도서관, 페르가몬 도서관, 옥스퍼드의 보들리언 도서관 등은 지식의 축적과 문화유산의 전승이라는 사명을 실천한 대표적 사례입니다.

고려대학교 중앙도서관(현 대학원도서관)은 1937년 국민 성금으로 건립된 국내 최초의 도서관 전용 건물로서, 지식의 전당이자 문화유산의 수호자로 자리매김해 왔습니다. 현재 약 12만 권의 고서와 1만여 점의 귀중서를 비롯해, 20점의 문화재, 국보 1점과 보물 10점을 소장하고 있습니다. 국보 《용감수경》은 요나라 시대 음운법 연구의 유일한 자료로서 학술적 가치가 매우 큽니다. 또한, 보물로 지정된 〈해동팔도봉화산악지도〉는 2미터가 넘는 조선 시대 그림지도로, 전국의 봉화 위치를 세밀히 담고 있어 역사적 중요성이 큽니다. 이와 같은 희귀 자료들은 고려대학교도서관만의 독보적인 학술 자산으로, 국내 대학 도서관 가운데서도 단연 돋보이는 가치를 지니고 있습니다.

이처럼 고려대학교도서관은 박물관과 함께 현대 학술정보 제공을 넘어, 역사적 유물의 체계적 보존과 활용을 통해 학문 연구의 연속성을 이어 가고 있습니다. 동시에 대학의 정체성과 권위를 공고히 하고, 문화유산에 대한 사회적 접근성을 높이며, 교육적·문화적 가치를 확산시키는 데 기여하고 있습니다.

이번 120주년 기념 특별전 도록 《120년의 高·動, 미래지성을 매혹하다》는 고려대학교라는 이름 '高麗大學校'에 담긴 각 한자의 의미에 따라 구성되었습니다. 각 장은 높은 학문성[高], 아름다움과 예술성[麗], 역사적 깊이와 무게감[大], 배움과 연구의 전통[學], 문화적 융합과 조화[校]를 상징하는 콘텐츠로 구성되어 있어, 대학의 철학과 정체성을 효과적으로 드러냅니다.

고려대학교 120주년 기념 특별전 도록의 발간을 거듭 축하드리며, 이를 위해 헌신하신 도서관과 박물관의 관계자 여러분께 깊은 감사를 드립니다. 이 도록이 앞으로 대학의 교육과 연구는 물론, 사회와의 소통과 협력의 장에서도 소중하게 활용되기를 기원합니다.

2025년 5월

고려대학교도서관장

윤 인 진

발간사

120년의 高·動, 미래지성을 매혹하다

대한민국을 대표하는 명문 사학이면서 세계 속의 대학으로 자리 잡은 고려대학교는 설립 120주년을 맞습니다. 이를 기념하여 고려대학교박물관은 특별전 〈120년의 高·動, 미래지성을 매혹하다〉를 개최합니다.

박물관은 1934년 도서관의 일부 공간을 빌려 개관한 이래, 많은 독지가와 기증자들의 기증과 학교 당국의 집중적인 관심 아래 1962년 당시 국내 대학박물관 최대 규모의 단독 건물을 가졌습니다. 나아가 개교 백 주년이 되던 2005년에는 백주년기념삼성관으로 자리를 옮겼습니다.

이번 전시회에는 개교 120주년을 기념하며 도서관과 함께 국보와 보물을 포함한 희귀자료 120건과 자랑스러운 학교사 자료들을 선보이고자 합니다. 기념적 의미와 전시 구성의 서사가 조화를 이룰 특별전은 박물관과 도서관이 함께 뜻을 모아 대주제를 선정하는 일부터 시작되었습니다. 양 기관은 대주제가 지닌 의미를 해석하고 각각의 내용에 어우러지는 유물을 엄선하였으며, 전시 기획과 공간 구성, 도록 발간에 이르기까지 전 과정을 합심하여 준비했습니다.

〈120년의 高·動, 미래지성을 매혹하다〉는 전체 주제 아래 '고高', '려麗', '대大', '학學', '교校'의 다섯 가지 대주제로 특별전을 기획했습니다. '高·動'이란 정지하지 않고 끊임없이 움직여 온 고려대학교를 뜻하며, 힘차게 고동치는 현재를 상징적으로 표현합니다. 이러한 우리들의 120년간의 중단 없는 도정이 대한민국과 세계의 자산인 '미래지성'을 매혹하게 한다는 의미입니다.

이번 특별전은 단순한 전시를 넘어 개교 120주년을 기념하고, 지난 120년간 학교가 축적해 온 유산을 기반으로 미래의 방향성을 모색하는 장이라고 할 수 있습니다. 많은 분께서 전시장을 찾아 주셔서 고려대학교가 걸어온 길에 공감해 주시고, 나아갈 미래를 함께 그려 주시길 고대합니다. 아울러 이 전시가 공간을 빛내는 것에 그치지 않고 대한민국의 미래지성을 빛내는 데에도 공헌할 수 있도록 박물관에도 많은 성원과 격려를 부탁드립니다.

마지막으로 이번 전시회에 협력을 아끼지 않은 학교 본부와 도서관, 박물관 관계자분들과 함께 기쁨을 나누고자 합니다. 감사합니다.

2025년 5월

고려대학교박물관장

송 완 범

차례

우주 속 좌표, 마음의 나침반

하늘을 우러러 별의 운행을 살피고, 땅을 굽어 지리를 살피던 옛사람들은 자연 속 질서를 인간 삶의 기준으로 삼았다. 별의 고도와 지형, 그리고 시간의 흐름에 대한 탐구는 인간이 우주의 질서 속에서 자신의 위치를 찾기 위해 던진 첫 질문이었다. 천체의 운행을 재현하며 시간을 측정하는 〈혼천시계〉, 지구의 동서남북과 하늘의 별자리를 그려 낸 〈지구전후황도남북항성합도〉 등은 우리가 서 있는 자리의 좌표를 찾고자 모색했던 노력의 결실이었다.

이 질서정연한 자리에서 유교는 인간의 길, 도덕을 찾았고, 도교는 자연과 하나 된 자리를 추구했으며, 불교는 존재의 근원을 모색했다. 〈충정공 혈죽〉은 우국지사가 지녔던 신념의 표상이며, 《상교정본자비도량참법》은 윤회의 고통을 벗어나고자 하는 정신의 지침이다. 범종의 울림은 시간과 공간을 넘어 존재의 근원에 이르려는 법음이었고, 선인仙人을 그린 회화는 무위無爲의 경지를 나타낸 표상이었다. 이는 물리적 좌표를 넘어 존재의 위치와 방향, 삶과 죽음의 기준, 우주와 마음의 경계를 묻고 답했던 인간의 기록이다.

이들은 '나는 어디에 서 있었는가?', '무엇을 향해 있는가?'를 말해 주는 우주의 지도이자 마음의 나침반이다.

仰之彌高, 鑽之彌堅

앙지미고, 찬지미견

: 우러르면 우러를수록 더욱 드높게 느껴지고, 뚫으려 할수록 더욱 견고해진다…

논어論語 자한子罕

〔고〕 高

001 지구전후황도남북항성합도 地球前後黃道南北恒星合圖

Folding Screen with World Map and Planisphere

국가중요과학기술자료
19세기
비단에 채색 絹本彩色
세로 128cm 가로 356cm(병풍 전체)
박물관

1834년(순조 34) 최한기崔漢綺, 1803-1879가 중국 장정병莊廷甹, 1728-1800의 〈지구도地球圖〉를 바탕으로 중간한 목판본 《지구전후도地球前後圖》와 동일한 내용을 담은 채색 필사본 지도이다. 명주에 그려진 고려대학교박물관 소장의 지도는 목판본에 비해 크기가 크고, 10폭 병풍으로 꾸며져 있다. 우측부터 〈황도북항성도黃道北恒星圖〉, 〈황도남항성도黃道南恒性圖〉, 〈지구전도地球前圖〉, 〈지구후도地球後圖〉의 네 부분으로 구성되어 있다. 흔히 '지구전후도'로 부르기 때문에 세계지도만으로 구성된 것처럼 생각되지만 천문도가 함께 들어 있으므로 천문과 지리의 결합을 보여 주는 지도이다. 목판본 〈지구후도〉의 좌측 하단에 "도광갑오맹추태연재중간道光甲午孟秋泰然齋重刊" 이라고 제작자가 기록되어 있는데, 태연재는 최한기의 당호堂號로 추정되고 있다. 〈지구전도〉에는 아시아, 오세아니아, 유럽, 아프리카가, 〈지구후도〉에는 남·북 아메리카와 남극이 그려져 있다. 아시아의 사막 지역에는 흰색으로 채색을

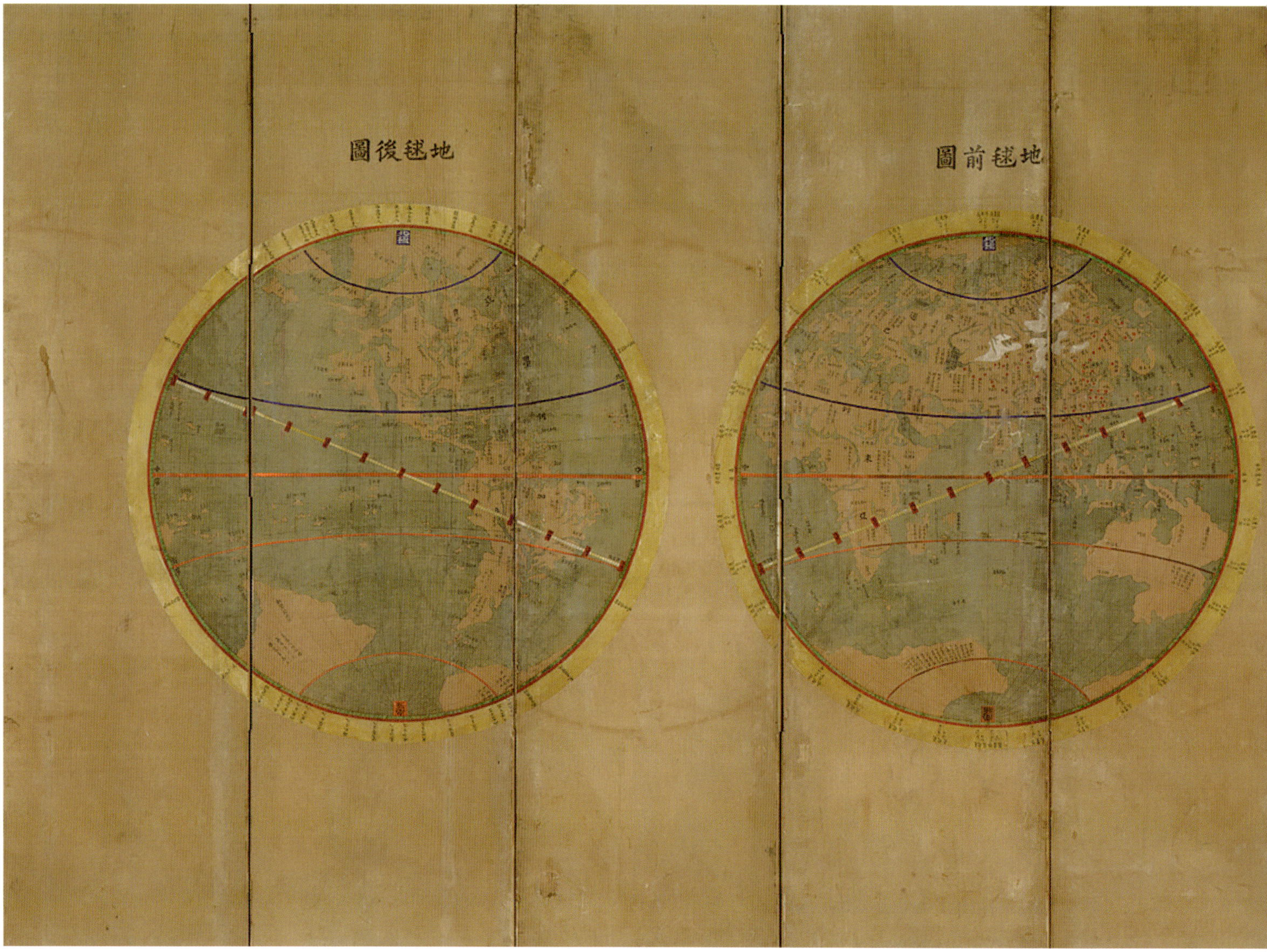

하고, 주요 국가명과 도시명, 중국의 성省 이름에 붉은색 원을 표시해 쉽게 눈에 띈다. 페르비스트Ferdinand Verbiest[南懷仁], 1623-1688가 제작한 《곤여전도坤輿全圖》의 경우 주변으로 가면서 경선의 간격이 넓어지는데, 이 지도는 이와는 달리 등간격의 경선으로 그려져 있다. 현재의 반구도에서는 볼 수 없는 24절기별 일출, 일몰처가 표시되어 있으며, 적도와 황도, 남·북회귀선이 강조되어 있다. 오세아니아 대륙이 남극 대륙과 분리되어 이 지역이 탐험된 이후의 지도임을 알 수 있다. 최한기의 목판본 《지구전후도》와 비교하면, 이 지도가 시각적으로 아름답고 쉽게 읽을 수 있음은 물론, 크기가 커짐에 따라 내용도 훨씬 상세하다. 그러나 조선의 윤곽은 목판본 지도에 비해 훨씬 부정확하게 그려져 있다.

〈황도북항성도〉와 〈황도남항성도〉는 법주사 소장 《황도남북총성도黃道南北總星圖》와 양식이 유사한 신법천문도이다. 그러나 별자리 이름 이외에는 설명이 없고, 〈천상열차분야지도〉의 옛 별자리가 많이 남아 있다. 별을 적색, 주황색, 황색, 백색, 흑색 등으로 채색하여 시각적으로 구분이 쉽도록 했고, 별의 밝기를 원과 별표로 표현하였다. 서양 천문학의 영향을 받아 황도를 기준으로 북극과 남극을 분리하여 그렸고, 동양의 천문도에서 흔히 볼 수 있는 원 둘레의 분야分野 명칭이 보이지 않고 대신에 24절기가 표시된 점이 독특하다.

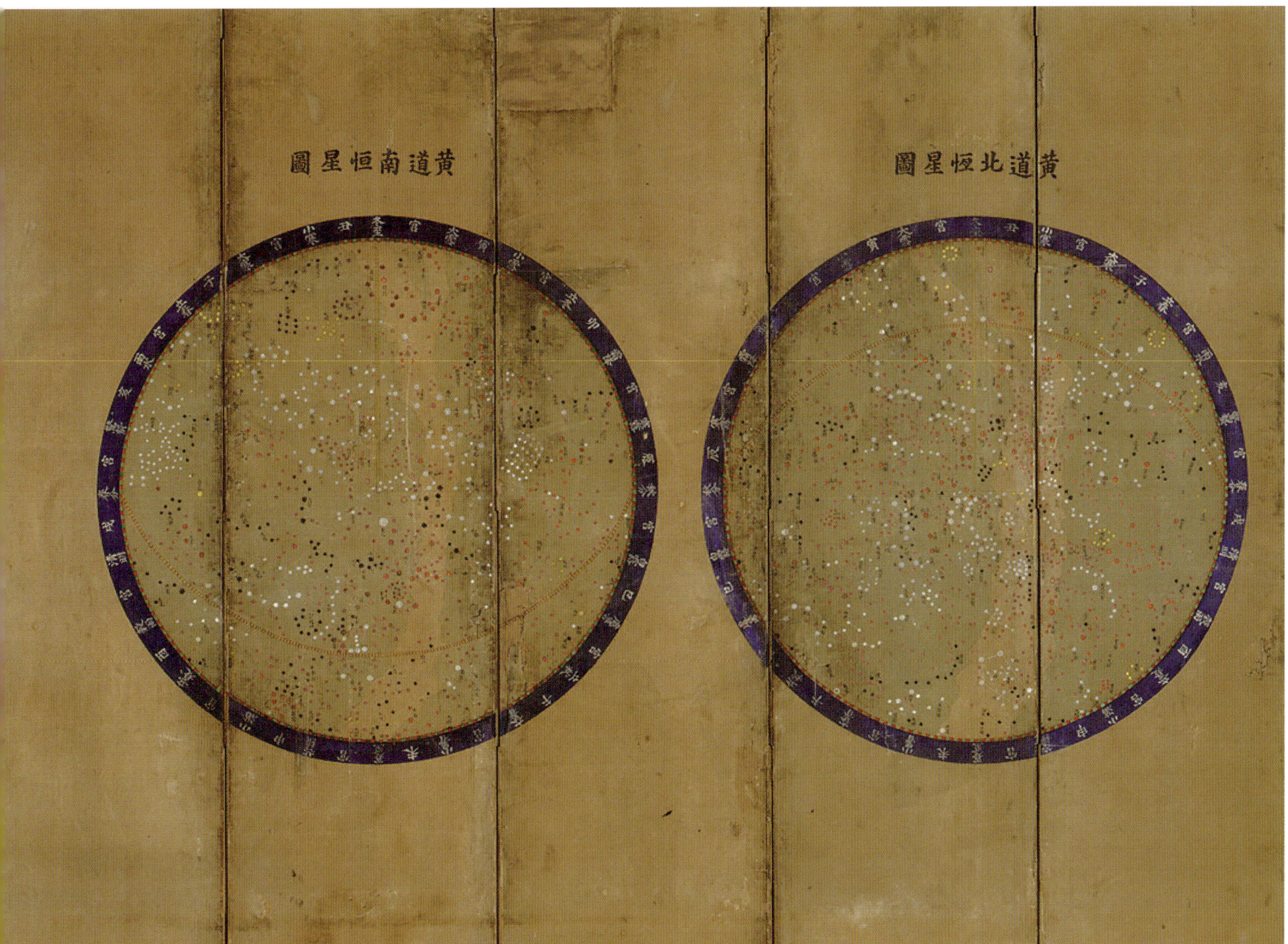

002 황도남북항성도黃道南北恒星圖

Map of North and South Sidereal Ecliptic

조선 후기
종이에 채색紙本彩色
각 세로 140.2cm 가로 137.9cm
박물관

조선 후기 서양 천문학의 영향을 받아 제작된 신법천문도新法天文圖 계열의 필사본 천문도로, "황도남북양총성도黃道南北兩總星圖", "황도남북총성도黃道南北總星圖"로도 부른다. 각각 따로 제작된 〈황도북항성도〉, 〈황도남항성도〉 2쪽으로 구성되어 있다. 17세기부터 서양 선교사들을 통해 유입된 서양의 천문지식은 우리나라의 천문도 제작에도 반영되었다. 우리나라의 천문도는 크게 두 가지로 분류할 수 있는데, 하나는 중국 천문도의 전통을 이어받아 만든 구법천문도舊法天文圖로 〈천상열차분야지도天象列次分野之圖〉가 대표적인 것이다. 두 번째는 서양 천문지식의 영향을 받은 신법천문도로서 〈황도남북총성도黃道南北總星圖〉 등이 여기에 속한다. 1708년(숙종 34)에는 명나라 서광계徐光啓, 1562-1633 등이 아담 샬Johann Adam Schall von Bell[湯若望], 1591-1666에게서 배워 만든 〈적도남북양총성도赤道南北兩總星圖〉를 허원이 들여왔다. 서양 천문학의 도입에 영향을 받은 조선의 관상감觀象監은 이

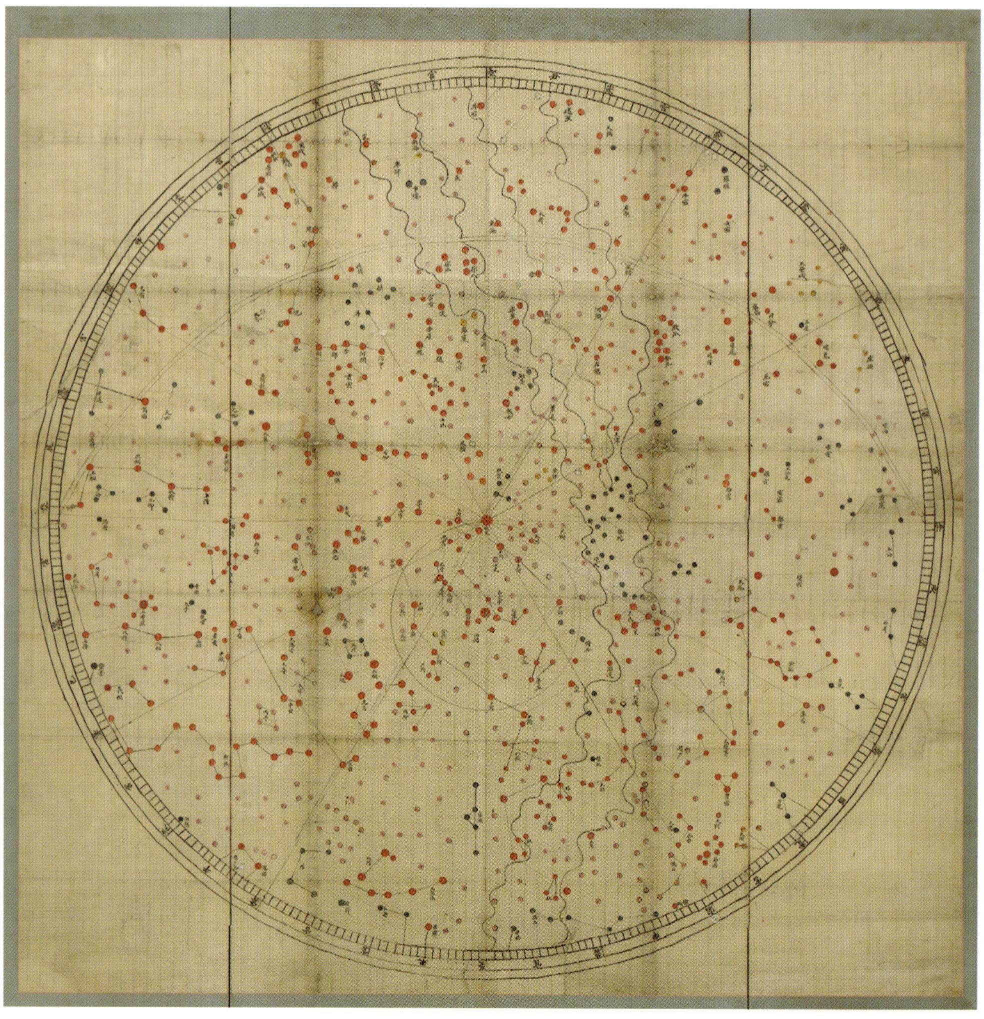

황도남항성도

시기에 천문대天文臺, 혼천의渾天儀 등 관측의기를 새로 제작하고 전통 천문도를 확장했다. 신법천문도에는 북반구와 남반구의 두 개의 원이 그려지고, 남극 주변의 별들이 새로 추가되었다. 〈황도남북총성도〉(속리산 법주사 소장, 보물)는 1742년(영조 18)에 제작된 것으로 이후의 신법천문도 계열의 천문도에 영향을 주었다. 〈황도남북총성도〉는 천문관 김태서金兌瑞와 안국빈安國賓 등이 사신으로 청나라에 가서 쾨글러Ignaz Kögler[戴進賢], 1680-1746가 1723년에 만든 〈황도총성도〉를 직접 배워 만든 신법천문도이다. 〈황도남북총성도〉는 황도 북반구를 나타내는 원이 3중으로 그려져 있다. 이 원의 중심이 황도북극이고 둘레가 곧 황도인데, 이를 360등분하는 눈금띠가 매겨져 있다. 원 안쪽 위를 지나는 눈금줄은 황도와 23.5도 기울어진 적도를 나타낸다. 황도북극과 적도북극을 중심으로 12줄이 그어져 원 내부를 12등분하고 있다. 원 둘레, 즉 황도에는 12방위와 24절기가 적혀 있다. 또 원 안에는 위아래로 흐르는 은하수가 엷게 그려져 있다. 〈황도남북총성도〉에도 같은 방법으로 황도 남쪽 하늘의 별그림이 그려져 있다.

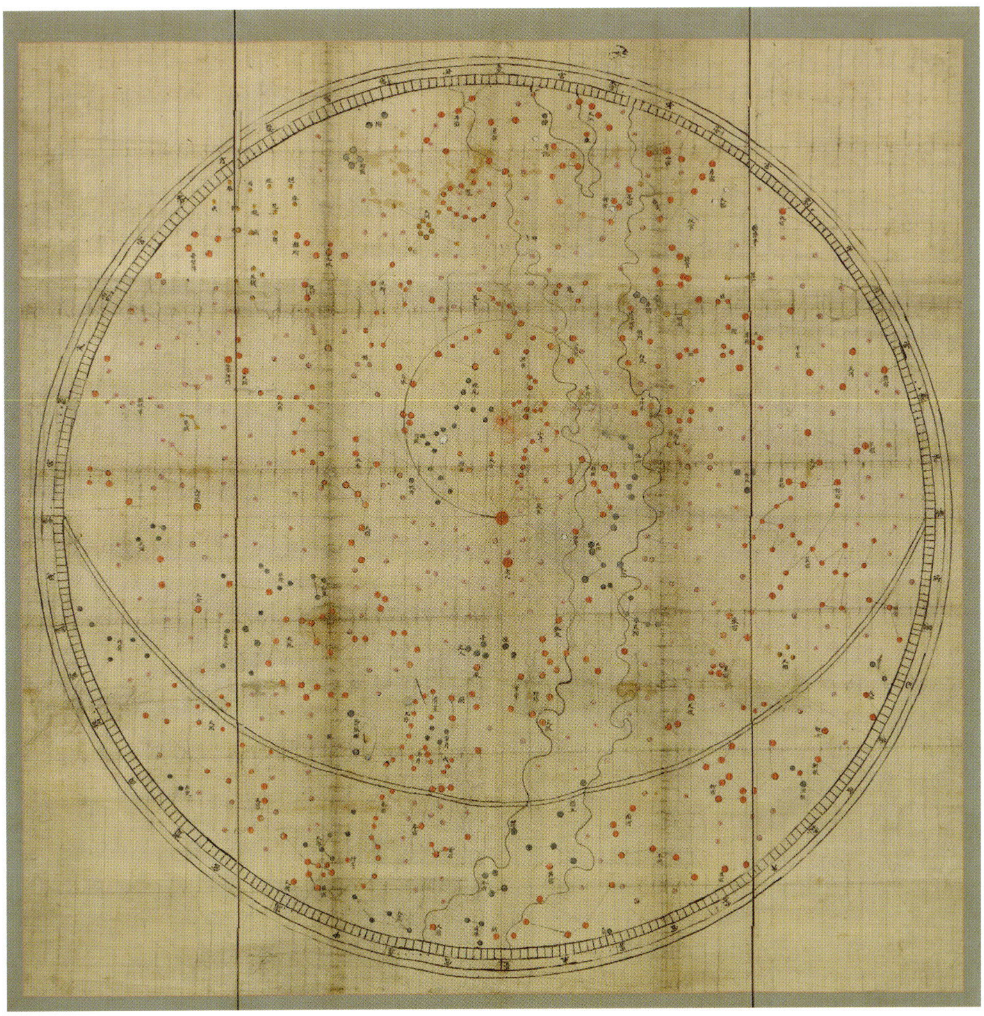

황도북항성도

003 혼천의 및 혼천시계渾天儀 및 渾天時計

Celestial Globe and Armillary Clock

국보
송이영宋以穎, ?-?
1669
철鐵, 나무木
길이 119.5cm 높이 97cm
두께 52cm
박물관

1669년(현종 10) 관상감觀象監 천문학겸교수天文學兼教授 송이영宋以穎이 만든 천문시계이다. 창덕궁 홍문관에 설치하여 시간 측정과 천문학 교습용으로 사용하였다. 추 2개의 움직임을 동력으로 하여 톱니바퀴를 움직이는 시계 장치와 지구의地球儀가 설치된 혼천의渾天儀, 두 부분이 연결되어 작동하므로 시간과 천체의 위치를 동시에 알려 줄 수 있다.

이 천문시계는 조선의 전통적인 혼천의에 서양식 기계 시계인 자명종自鳴鐘의 작동원리를 결합한 것으로, 세계 시계 제작 역사에서 독창성과 정밀한 기술력을 보여 주는 과학기구로 평가되고 있다.

004 지평일구 地平日晷

Horizontal Sundial

19세기
오석烏石, 철鐵
세로 34cm 가로 42cm
높이 25.5cm
박물관

그림자가 닿는 면이 수평면을 이루고 있는 해시계이다. 1789년(정조 13)에 감관監官 김영金泳, 1749-1817이 처음 제작하였고, 조선 후기에 주로 사용되었다. 해시계는 해그림자를 받는 시반時盤과 해그림자를 만드는 영침影針으로 이루어져 있다. 지평일구의 시반은 네모반듯한 모양인데 시반 위로 세 개의 동심원이 있고, 그 사이에 24방위와 시각이 새겨져 있다. 시반면의 앞줄에는 '북극고삼십칠도삼십구분일십오초北極高弎十七度弎十九分弎十五秒'라고 새겨 서울의 위도를 표시했다. 지평일구의 영침은 삼각판의 형태이다. 태양의 일주운동은 항상 이 삼각판의 빗변을 축으로 하여 동쪽에서 떠서 서쪽으로 옮겨 간다. 그러므로 삼각판의 빗변은 아침에는 서쪽으로, 저녁에는 동쪽으로 그림자를 보내게 된다. 그림자와 삼각판의 밑변이 만드는 각은 시간에 따라 점차 변해 가는데, 이 그림자가 가리키는 시간으로 시각을 읽을 수 있다.

005 감로탱 甘露幀

Gamnotaeng(Nectar Ritual Painting)

18-19세기
종이에 채색 紙本彩色
세로 260cm 가로 300cm
박물관

'감로탱'은 《우란분경盂蘭盆經》과 《목련경目連經》을 바탕으로 한 불화로, 의지할 곳 없이 떠도는 영혼들에게 감로甘露와 같은 법문을 베풀어 해탈시킨다는 뜻에서 붙여진 이름이다. 〈감로탱〉 화면은 상-중-하단의 3단 구성을 하고 있다. 상단에는 높게 솟은 산을 배경으로 도량道場에 강림하는 불·보살과 야외에서 펼쳐지는 의식 장면이 표현되어 있다. 중단은 시식施食과 왕생往生을 기다리는 고혼孤魂의 공간으로, 인간이 겪어야 하는 여러 고난이 생동감 넘치게 표현되어 있다. 마지막으로 하단에는 지옥의 장면이 묘사되어 있다.
화기畵記가 남아 있지 않아 이 감로탱의 정확한 제작 시기와 봉안처, 제작자를 알 수는 없다. 다만 궁궐의 전각展閣, 소나무 표현 등을 통해 제작자가 도화서圖畵署 화원과 관련이 있을 것으로 추정된다. 또 조선 후기에 유행한 복식을 입은 인물의 모습, 청淸 사신의 영접 장면, 풍속화적 표현 등으로 볼 때 18세기, 19세기에 제작된 것으로 보인다.

006-1 금동여래입상金銅如來立像

Gilt Bronze Standing Buddha

통일신라 8세기
금동金銅
높이 11.5cm
박물관

나발螺髮에 육계肉髻가 있으며 얼굴에 살이 올라 양감이 풍부하다. 착의법은 U자형 통견通肩이고, 대의大衣 자락이 오른쪽 어깨 위에서 내려와 왼쪽 팔에 한 번 걸쳐 흘러내리고 있으며 그 아래로 군의裙衣 자락이 가지런히 보인다. 가슴 위로는 내의內衣와 띠 매듭이 표현되어 있다. 오른손은 손바닥을 밖으로 향하게 한 시무외인施無畏印을 하고 왼손은 이와 반대로 아래로 내려서 손바닥을 밖으로 향하게 한 여원인與願印을 하고 있다. 이러한 수인手印은 일반적으로 부처와 중생의 모든 두려움을 없애 주고 중생이 원하는 바를 모두 들어준다는 의미를 가진다. 앙련仰蓮의 대좌臺座, 짧은 원통형의 중대中臺, 복련覆蓮의 3단형식에 안상眼象이 투각된 하단 받침으로 구성되어 전형적인 통일신라 시대 불상 형식을 보여 준다. 속이 완전히 빈 중공식中空式 주조기법을 사용하였고, 뒷면 세 곳에는 2/3 이상의 구멍이 뚫려 있어 8세기 중엽경 제작된 것으로 추정된다.

006-2 금동여래입상金銅如來立像

Gilt Bronze Standing Buddha

통일신라 8세기
금동金銅
높이 10cm
박물관

몸체와 대좌를 한 번에 주조하였고 어깨 뒷면에는 광배光背를 고정시켰던 촉이 있다. 머리에는 둥근 육계가 솟아 있고, 얼굴에는 통통하게 살이 올랐다. 옷차림은 감산사甘山寺 아미타석불과 같이 양쪽 어깨를 가린 통견의 법의法衣를 착용하였으며 옷 주름도 양 다리에서 갈라져 흘러내리고 있다.
그러나 감산사 아미타불보다 훨씬 두텁고 간략화된 느낌이다.
수인手印은 시무외인과 여원인을 하고 있고 대좌는 앙련과 복련 그리고 팔각형의 3단 하단받침으로 이루어져 있다.

006-3 금동보살입상金銅菩薩立像

Gilt Bronze Standing Bodhisattva

통일신라
금동金銅
높이 9.8cm
박물관

대좌와 광배는 없지만 불상 자체는 온전한 모습이다.
두부頭部와 신체 뒷면에 구멍이 있는 것으로 보아 중공식 기법으로 제작되었고, 어깨 뒷면에는 광배를 고정시켰던 촉이 있다.
머리에는 삼면보관三面寶冠을 썼으며, 작고 통통한 얼굴을 하고 있다. 오른손과 왼손은 모두 손 모양이 지물持物을 쥐었던 것처럼 보인다. 다른 보살처럼 화려한 영락瓔珞 장식은 하고 있지 않지만, 들어 올린 오른손 아래로 천의天衣 자락이 내려와 있어 이 상이 보살상임을 추측하게 한다.

007 십팔나한도十八羅漢圖

Sippal Nahan-do

이국녕李國寧, ?-?
고려
1첩 | 필사본
세로 27.2cm 가로 16cm
도서관

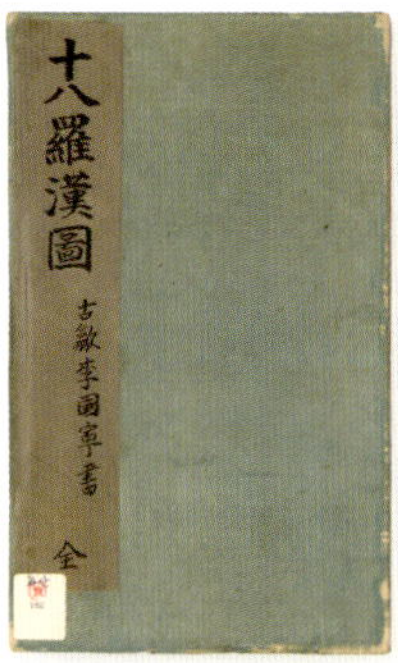

명明나라 고흡古歙 이국녕李國寧이 십팔나한十八羅漢의 그림을 그리고 찬贊을 쓴 그림첩이다. 검은 바탕에 금가루와 은가루를 사용하여 그렸다. 나한도는 석가모니의 제자인 나한을 그린 그림이다. 나한Arhat은 석가모니 부처가 열반한 뒤 미륵불이 세상에 출현하기까지 56억 7천만 년 동안 이 세상에 남아 불법을 수호하고 중생을 제도하도록 부처로부터 위임받은 제자들이다. 아라한阿羅漢 또는 응공應供, 복전福田, 무학無學, 응진應眞이라고도 한다. 나한은 신통력을 발휘하는 등 그 위력에 있어서는 불보살에 버금가지만 불제자로서의 인간적인 면모를 많이 지니고 있어, 불보살과 중생의 중간쯤에 위치하는 성격을 동시에 지니고 있는 불교 존상이다. 나한이란 말은 본래 '존경받을 만한 분, 공양을 받을 만한 분'이라는 의미로 석가모니를 부른 존칭이었으나, 초기 불교에서는 부처의 제자 중에 수행을 통해 최고의 경지에 오른 사람들에게도 사용되었다. 고려대학교도서관 소장본이 유일본이다.

008 금자사경金字寫經

Geumja Sagyeong

김생金生, 711-?
신라
1첩 | 필사본
세로 34.7cm 가로 21.6cm
도서관

《화엄경華嚴經》을 금가루로 쓴 불교 경전으로, 신라의 명필 김생金生의 글씨라고 전해진다. 사경寫經은 신앙적 의미를 지닌 공덕경功德經이다. 초기의 사경은 불교경전을 서사書寫하는 것을 말한다. 사경은 첫째, 불경을 후손에게 전하기 위하여, 둘째 승려가 독송하고 연구하기 위하여, 셋째 서사의 공덕을 위한 목적에서 제작되었다. 즉 불경을 널리 보급시키는 유일한 수단이었다. 《삼국사기》 권48 〈열전〉 제8 '김생'조에 의하면, "김생은 부모가 한미하여 가계를 알 수 없다. 어려서부터 글씨를 잘 썼는데 나이 팔십이 넘도록 글씨에 몰두하여 예서, 행서, 초서가 모두 입신入神의 경지였다. 숙종 때 송나라에 사신으로 간 홍관洪灌이 한림대조翰林待詔 양구楊球와 이혁李革에게 김생의 행서와 초서 한 폭을 내보이자 왕희지王羲之의 글씨라고 하며 놀라워하였다"고 한다. 김생의 글씨로 전해지는 작품들은 모두 사찰 또는 불교와 관련된 점으로 보아 '호불불취好佛不娶[부처를 좋아해 장가를 들지 않음]'하였다는 그의 생을 짐작할 수 있다. 그는 특히 고려 시대 문인들에 의하여 해동제일海東第一의 서예가로 평가받아 이규보李奎報, 1168-1241의 《동국이상국집東國李相國集》에서는 그를 신품제일神品第一로 평하였다. 고려대학교도서관 소장본이 유일본이다.

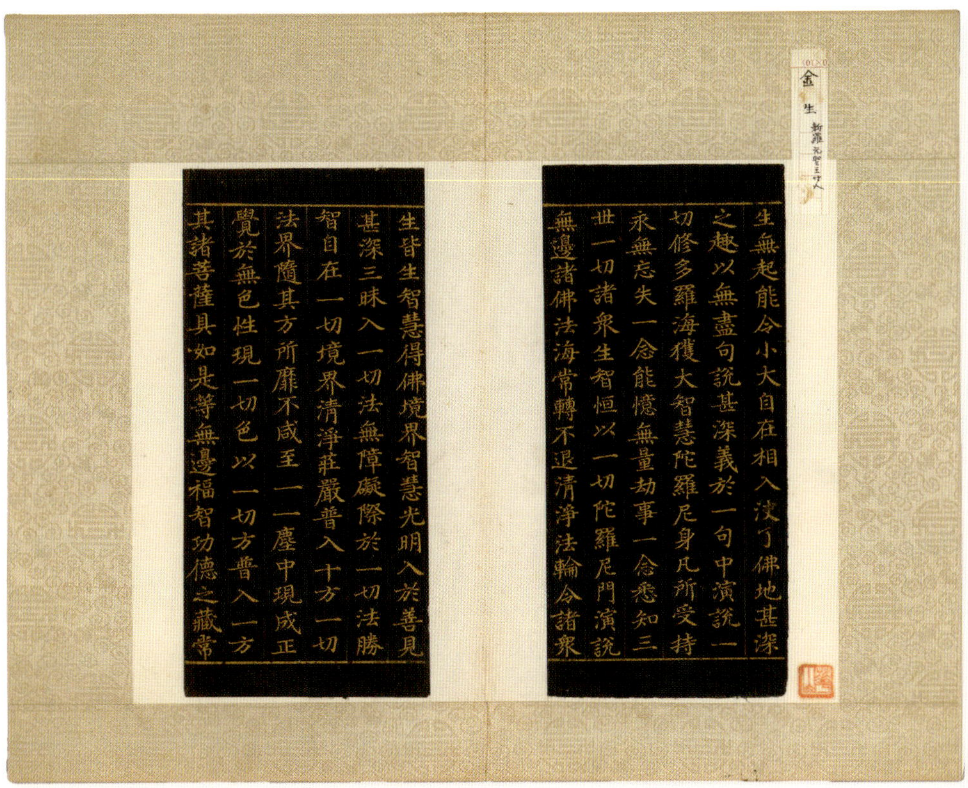

009 금강반야바라밀경 金剛般若波羅密經

Buddhist Scripture of Geumgang Banya Baramil

고려
감지에 금니紺紙金泥
세로 11.2cm 가로 27.3cm
박물관

《금강반야바라밀경金剛般若波羅密經》은 반야부般若部에 속한 대승불교의 경전으로, 약칭하여 《금강경金剛經》 혹은 《반야경般若經》이라고도 한다. 불립문자不立文字를 표방하는 선가禪家뿐만 아니라, 조계종에서도 으뜸가는 근본 경전으로 삼고 있다. 6가지 한역본漢譯本이 있는데, 이 중 구마라습鳩摩羅什이 번역한 본이 가장 널리 유통되었다.

이 경전의 중심 사상은 공空 사상으로, 그릇된 집착을 부수고 공을 통한 지혜,

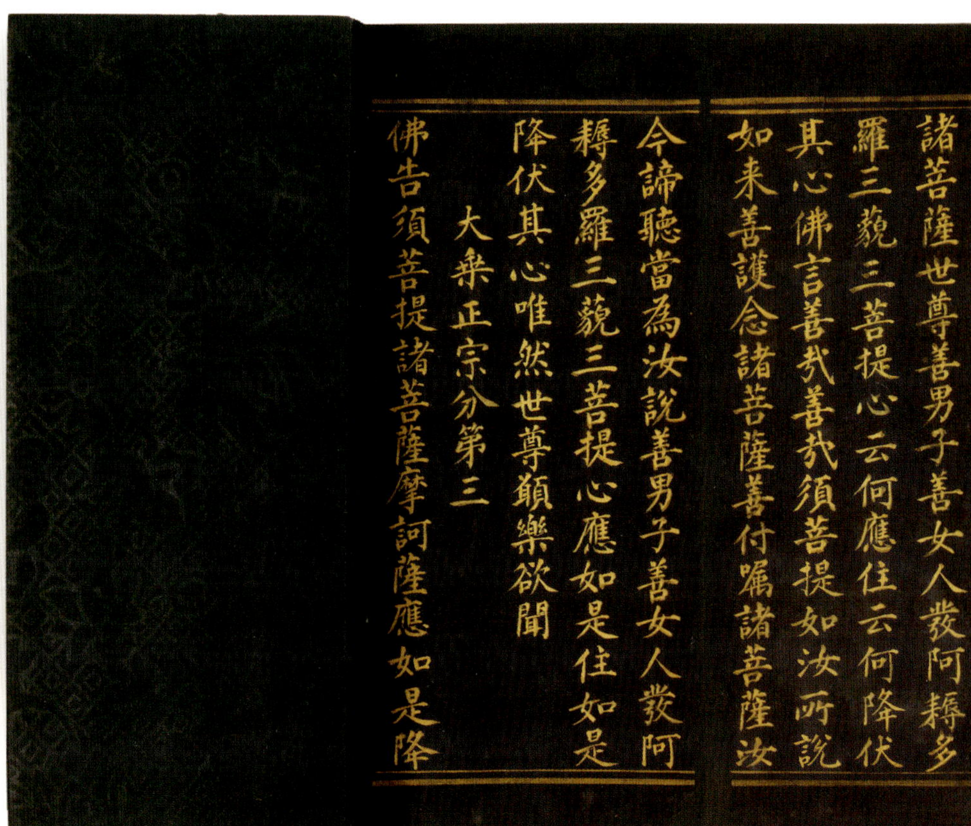

곧 반야般若를 체득하는 것이다. 경經의 내용은 부처의 제자 가운데 공의 이치를 가장 잘 터득하고 있었다는 수보리Subhūti가 부처님과 문답식의 대화를 하면서 전개된다.

이 《금강반야바라밀경》은 청색 종이 위에 금니金泥로 굵기가 다른 두 개의 이중선을 위아래로 그리고, 그 사이에 경문을 각 면마다 5행씩 썼다. 경문은 소박하고 단정한 느낌의 해서체楷書體로 쓰여 있다.

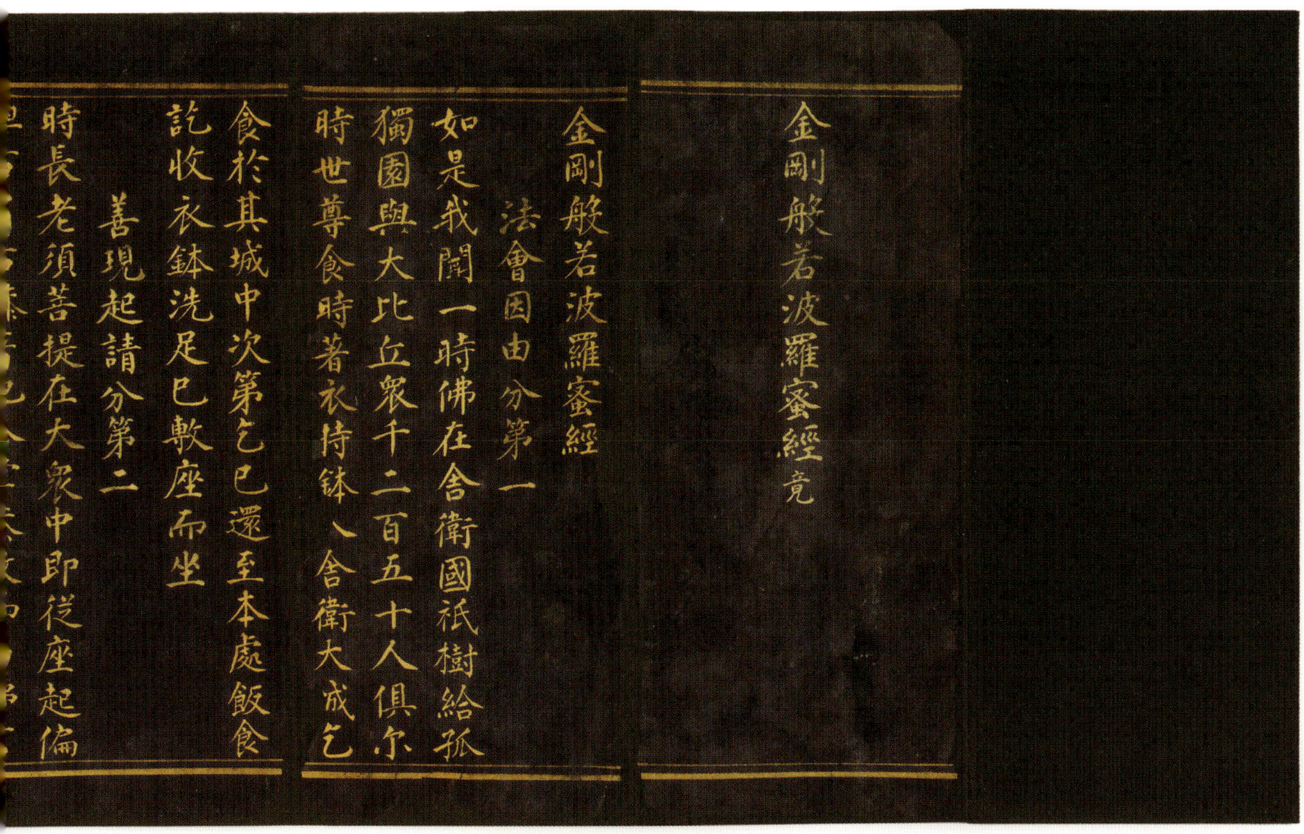
金剛般若波羅蜜經竟

金剛般若波羅蜜經
法會因由分第一
如是我聞一時佛在舍衛國祇樹給孤
獨園與大比丘衆千二百五十人俱尒
時世尊食時著衣持鉢入舍衛大成乞
食於其城中次第乞已還至本處飯食
訖收衣鉢洗足已敷座而坐
善現起請分第二
時長老須菩提在大衆中即從座起偏

010 상교정본자비도량참법詳校正本慈悲道場懺法

Sanggyojeongbon Jabidoryangchambeop(Repentance Ritual of the Great Compassion, Revised Version)

보물
여말선초
1책 | 목판본
세로 20.9cm 가로 16.6cm
도서관

1352년(공민왕 원년) 수한守閑 등의 주도로 조성된 목판을 후대 찍어 만든 불경이다. 중국 양梁나라의 진관眞觀 등 고승高僧들이 편찬한 《자비도량참법慈悲道場懺法》이 후대로 내려오면서 잘못 전해지자, 참법의 내용을 대교對校하고 정리하여 상교정본詳校正本이라 하였는데, 국내에 도입되어 공민왕恭愍王 이래 여러 번 간행되어 많이 유통되었다. 《상교정본자비도량참법》은 불교 의식과 예참법禮懺法을 상세히 기록한 의식집으로, 불교의 참회법회懺悔法會를 통해 부처의 영험한 힘을 받고 윤회의 고통에서 벗어날 수 있다는 발원發願을 담고 있다. 고려대학교도서관 소장본은 공민왕 원년 판본의 원판 형태를 유지하고 있으며, 타 판본에 비해 인출 시기가 앞서 후대 보각 여부를 확인할 수 있는 서지적 가치가 높으므로 보물로 지정된 자료이다.

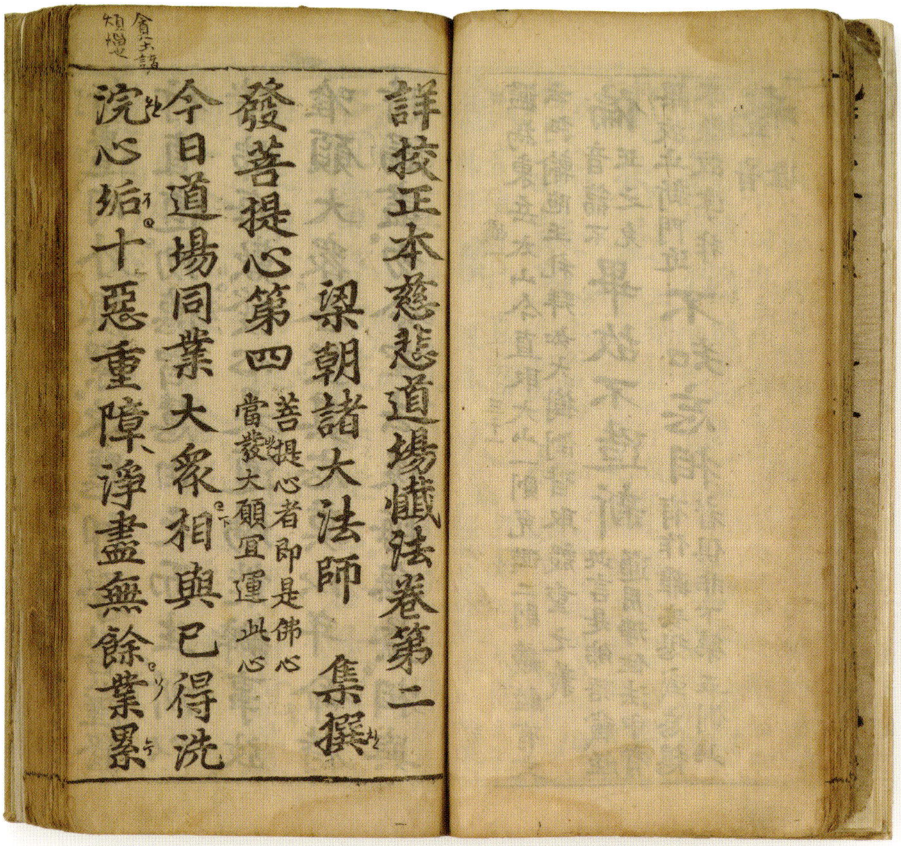

011 청량답순종심요법문淸涼答順宗心要法門

Cheongnyang Dap Sunjong Simyo Beopmun

징관澄觀, 738-839
1531
1책 | 목판본
세로 25cm 가로 13.9cm
도서관

화엄종 제4대 교조 청량국사淸涼國師 징관澄觀이 당唐나라 순종順宗, 761-806과 마음[心]에 관해 나눈 문답을 기록하고, 청량국사의 제자인 종밀宗密, 780-841과 종밀의 제자인 지엄智嚴이 각각 주석을 붙인 불서이다. 책 첫머리에 순종이 징관에게 합장하여 경의를 표하는 그림이 있다. 고려대학교도서관 소장본은 1531년에 전라도 조계산 송광사松廣寺에서 간행한 목판본이다.

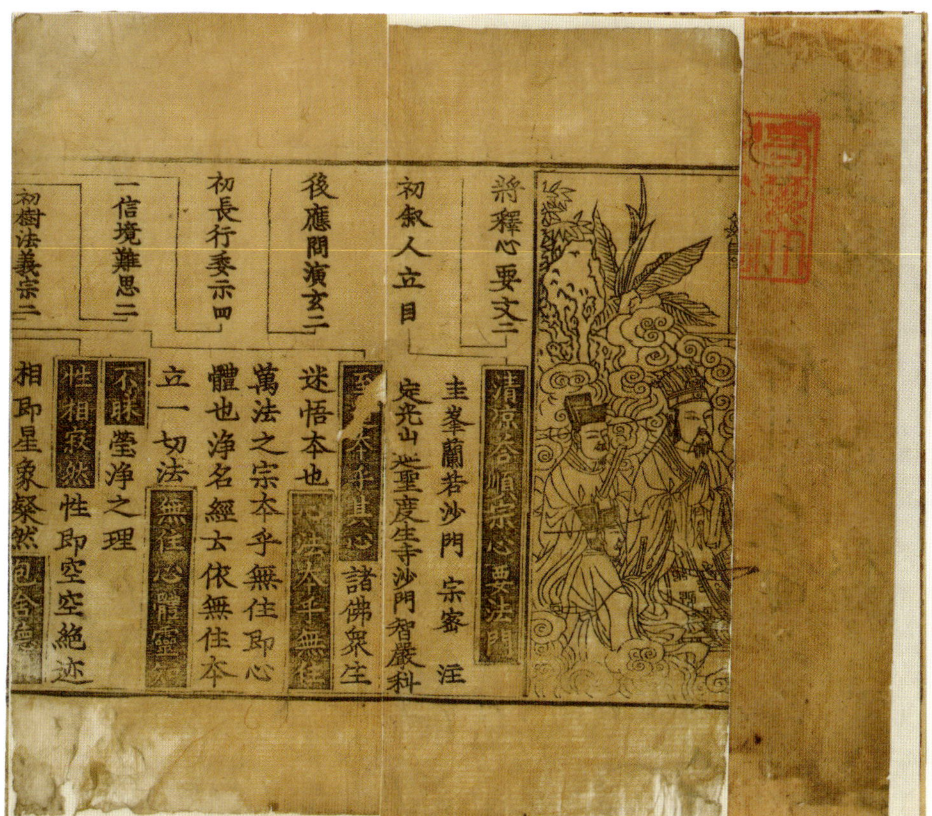

012 ‘기해’명 두정사 동종 ‘己亥’銘 頭正寺 銅鍾

Bell with Inscription of *‘gihae’*

13세기
청동靑銅
높이 38.5cm
직경 32.5cm
박물관

출토지와 보존 경위는 정확하지 않으나 양주梁州 두정사頭正寺에 있었던 종으로 전해진다. 상대上帶 위에 돌출되어 있는 입상화문대立狀花文帶, 천판에서 얼굴을 떼어 앞을 바라보는 용뉴龍紐, 음통音筒 위에 장식된 작은 보주, 그리고 명문에서 ‘기해己亥’라는 간지干支가 새겨진 점 등을 고려해 볼 때, 이 동종은 1239년 혹은 1299년에 제작된 것으로 추정된다. 상대와 하대下帶에 당초문唐草文이 둘러져 있고, 몸체 네 군데에 설치된 유곽乳廓 속에는 각각 9개의 유두乳頭가 배치되어 있다. 유곽과 유곽 사이 아래쪽에는 당좌撞座와 합장한 비천좌상飛天坐像이 교대로 시문되어 있다. 종신鐘身 부분에 해서체로 새겨진 명문이 있는데, 6·25전쟁 당시 불에 그을렸지만 다음과 같이 거의 대부분의 글자가 판독 가능하다. 양주는 경상남도 양산梁山의 옛 지명이다.

己亥正月廿九日
乃山村此卯僧
兩親父母願
以夫妻木發心
爲銘鍾成大匠斧
道梁州頭正寺

기해 정월 29일
내산촌 차묘승이
양친 부모를 위하여
내세의 부부로 태어나기를 발원하여
명을 새기고 종을 만들었다 대장은
부도이다 양주 두정사

013 불감佛龕

Miniature Shrine

고려
금동金銅
너비 8.7cm 길이 10cm
높이 17.6cm
박물관

불감佛龕은 불상을 모시기 위해 나무, 돌, 금속 등으로 만든 작은 건축적 공간이다. 이 불감은 집에 모시거나 몸에 지니기 위해 만든 소형 불감이다. 2층의 전각殿閣 형태인데 현재 내부에 불상은 없다. 건물 기둥 끝마다 보이는 여의如意 문양, 전각의 문에 투조된 연화蓮花 문양과 그 중심에 감입한 터키석, 뒷면에 화려하게 압출된 모란당초牡丹唐草 문양, 복련覆蓮 장식이 되어 있는 하단 기단 등으로 볼 때 이 불감은 티벳계 라마불상을 안치했을 것으로 추측된다.

014 천명도해 天命圖解

Cheonmyeong Dohae

정지운鄭之雲, 1509-1561
1578
1책 | 목판본
세로 38.4cm 가로28.9cm
도서관

추만秋巒 정지운鄭之雲이 '천명天命'에 대한 것을 그림으로 그리고 해설을 붙인 성리학서이다. 처음에는 스승인 김안국金安國, 1478-1543, 김정국金正國, 1485-1541에게 질의하여 만들었고, 후에 퇴계退溪 이황李滉, 1501-1570의 의견을 따라 수정했다. 천명도天命圖는 성리학性理學의 천인합일天人合一의 원리와 방법을 알기 쉽게 도식화하여 표로 만든 것으로 정지운에 의해 처음 제작된 것이다. 천명도를 작성한 동기는 집안의 자제들과 천인天人의 도道를 강론하였지만 모두들 그 난해한 이치를 이해하기 어렵고 천인의 도를 구체적으로 가리켜 보여 줄 만한 것이 없어 이해를 돕고자 만든 것이다. 정지운의 〈천명도해서天命圖解序〉(1543)와 〈천명도해天命圖解〉, 〈추만정선생천명도秋巒鄭先生天命圖〉, 〈퇴계이선생천명도退溪李先生天命圖〉, 이황이 정정한 〈천명도설天命圖說〉, 〈천명도설후서天命圖說後敍〉(1553)가 수록되어 있다. 고려대학교도서관 소장본은 1578년 전라도 나주羅州에서 간행한 목판본이다.

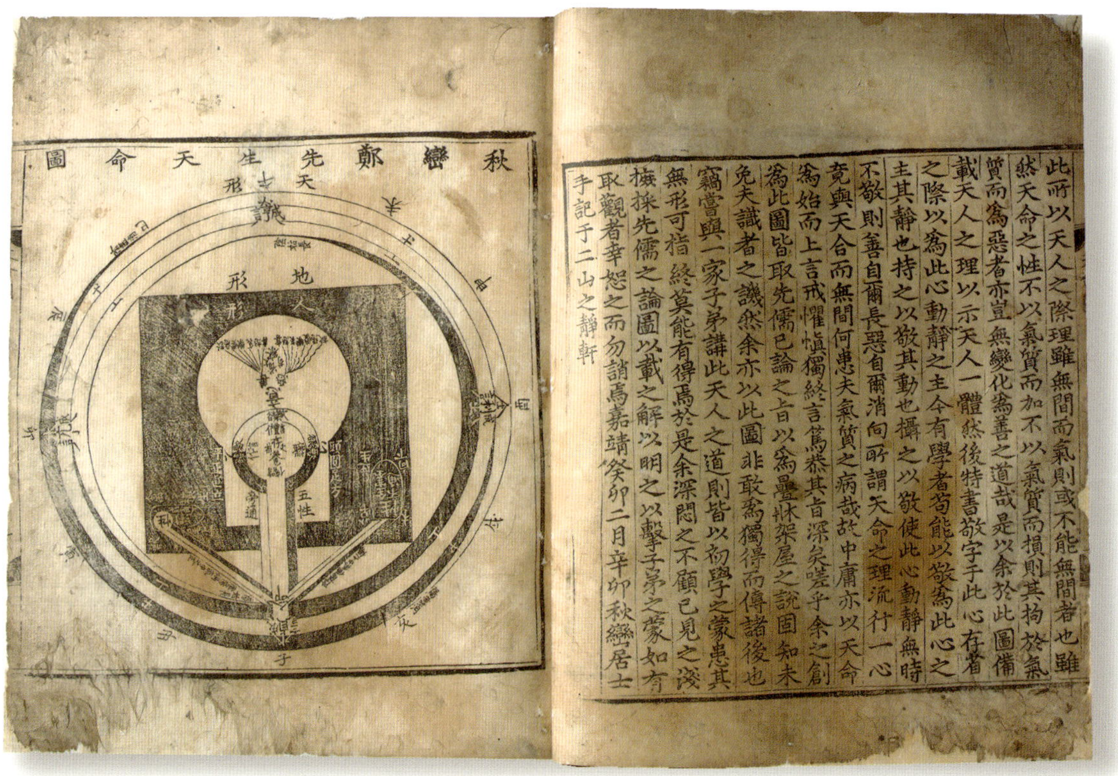

天命圖解序

中庸之書以天命二字爲一篇之始余嘗取以究之蓋天之所以命物者即其一理也一理在天合之爲一本散之爲萬殊在一而不爲有餘在萬而不爲不足故吾人之受命于天也亦能全得其理而無多無寡焉然則天人之際形雖有大小之殊其理則天未始不爲人人未始不爲天而少無一毫可容之間矣是以子思子當道學幾廢之時作書示人而首言天命以明此理之在天在人者未嘗不一此余之所以承其遺意而作圖者也然既有此理則又有此氣而後理有所寓故有理則斯有氣有氣則斯有理是以天之於物也其所以命之者雖此一理而其所以形之者實由乎二氣故吾人之生也其所受之性則果無間於天也其所稟之氣質則有清濁粹駁之不齊故始與天或不能無間焉由是余因子思子天命之言創爲命圖必以心圖置乎其下以具其理氣然後分善惡于外以見其善爲天理所發而屬乎陽惡爲人欲所發而屬乎陰

015-1 선조 후궁 인빈 김씨 추상시호 죽책宣祖 後宮 仁嬪 金氏 追上諡號 竹冊

Royal Bamboo Decree Conferring the Posthumous Title to Royal Noble Consort In, Lady Kim, Concubine of King Seonjo

유네스코 세계기록유산
1776
대나무竹, 동銅, 견絹
세로 25cm 길이 135cm
두께 0.5cm 폭 16cm 편폭片幅 2.6cm
박물관

1776년(영조 52)에 인빈 김씨仁嬪 金氏, 1555-1613에게 '유덕裕德'이라는 시호를 추가로 올리면서 제작한 죽책이다.

인빈 김씨는 사헌부 감찰司憲府 監察 한우漢佑의 딸로, 14세에 명종비明宗妃 인순왕후仁順王后, 1532-1575에 의해 조선 14대 임금인 선조宣祖, 1552-1608의 후궁이 되었다. 4남 5녀를 두었고, 그중 정원군定遠君[元宗으로 추존]의 아들이 인조仁祖, 1595-1645가 되었다. 1755년(영조 31) '경혜敬惠'라는 시호를 받았으나 20여 년이 지난 후 그 공덕을 더욱 기리기 위해 '유덕裕德'이라는 시호가 추가로 추서되었다.

죽책문에서는 인빈 김씨의 고결한 자태와 공손하고 검소한 품행, 어려운 시국 속에서도 왕실을 보필한 공을 찬양하며 후손의 번영이 그의 덕에 기인하였음을 강조하고 있다. 또한 기존 시호만으로는 그 공덕을 온전히 드러내지 못한다는 판단 아래, 다시 '유덕'이라는 시호를 추증한다는 내용이 실려 있다.

선조 후궁 인빈 김씨 추상시호 죽책

015-2 정조 후궁 수빈 박씨 상시호 죽책正祖 後宮 綏嬪 朴氏 上諡號 竹冊

Royal Bamboo Decree Conferring the Posthumous Title to Royal Noble Consort In, Lady Kim, Concubine of King Jeongjo

유네스코 세계기록유산
1823
대나무竹, 동銅, 견絹
세로 25cm 길이 176,5cm
두께 0.5cm 폭 17cm 편폭片幅 2.8cm
박물관

조선 제22대 국왕 정조正祖, 1752-1800의 후궁이자 순조純祖, 1790-1834의 생모인 수빈 박씨綏嬪 朴氏에게 사후 '현목顯穆'이라는 시호를 올리며 제작된 죽책이다.
수빈 박씨는 박준원朴準源, 1739-1807과 원주 원씨原州 元氏의 셋째 딸로, 1787년(정조 11) 삼간택을 통해 정조의 후궁이 되었다. 1790년(정조 14) 창경궁 집복헌에서 순조를 낳았고, 1793년(정조 17)에는 숙선옹주淑善翁主를 낳았다.
죽책문의 첫 부분에는 순조가 어머니의 별세에 느낀 깊은 비통과 효심이 잘 드러나 있다. 이어 수빈 박씨가 온화하고 정숙한 인품으로 궁중의 본보기가 되었으며, 특히 종묘 계승이 위태로웠던 시기에 태자를 출산함으로써 조선 왕조의 명맥을 이은 공적을 높이 평가하고 있다. 죽책문은 그녀의 삶을 "덕을 겸비하고 단정하며 밝은 행실을 지닌 인물"로 평가하며, 이에 따라 시호 '현목'을 올리게 되었음을 밝히고 있다.

정조 후궁 수빈 박씨 상시호 죽책

016-1 태종비 원경왕후 상시호 금인太宗妃 元敬王后 上諡號 金印

Seal of Queen Wongyeong

보물
유네스코 세계기록유산
1420
금동金銅
세로 8.3cm 가로 8.4cm 높이 5.7cm
박물관

조선 태종太宗, 1367-1422의 비인 원경왕후元敬王后, 1365-1420의 인장이다. 원경왕후는 민제閔霽, 1339-1408의 딸로 세종의 어머니이다. 인면印面이 있는 정방형 사면체 위에 손잡이 기능을 하는 거북이 올려져 있다. 거북은 매우 섬세하게 조각되었으며 표면에는 도금을 하였다. 인면에는 양각의 전서篆書로 '원경왕후지인元敬王后之印'이라 각조되어 있다.

016-2 현종비 명성왕후 상존호 옥보顯宗妃 明聖王后 上尊號 玉寶

Seal of Queen Myeongseong

보물
유네스코 세계기록유산
1676
옥玉
세로 11.7cm 가로 11.6cm 높이 10.2cm
박물관

현종顯宗, 1641-1674의 비인 명성왕후明聖王后, 1642-1683의 인장이다. 명성왕후는 김우명金佑明, 1619-1675의 딸로, 숙종肅宗, 1661-1720의 어머니이기도 하다. 이 인장의 인면印面이 있는 인부印部는 정방형의 사면체이며, 그 위에는 손잡이에 해당하는 거북이가 올려져 있다. 거북의 머리 위에는 '왕王'자가 새겨져 있다. 인면에는 전서篆書로 '현열왕대비지보顯烈王大妃之寶'라고 되어 있는데 양각으로 각조되었다. 거북의 앞과 뒷다리 사이로는 길게 끈을 드려 술을 달았다.

017 대사례도大射禮圖

Daesarye-do(Painting of the Great Archery Ceremony)

18세기
비단에 채색絹本彩色
각 그림 세로 60.4cm 가로 46.7cm
박물관

대사례大射禮는 왕이 성균관에서 석전례釋奠禮를 지낸 뒤 신하들과 행하는 활쏘기 의식을 말하며 지방의 향교에서 지방관이 주관하는 사례는 향사례鄕射禮라고 부른다. 활쏘기射는 육예六藝의 하나로서 활을 쏘는 사람은 이 과정을 통해 단순히 기예를 익히는 것이 아니라 몸과 마음을 바르게 하고 덕을 함양하는 것으로 여겼다. 중국에서는 이미 주나라부터 시행된 오래된 의례이며 우리나라에서는 조선 시대에 들어 1477년(성종 8)에 대사례를 시행했다는 기록을 처음 찾을 수 있다. 이후 대사례는 연산군과 중종이 계승하여 거행한 바 있으며, 임진왜란 이후로는 오랫동안 시행되지 못했다. 이를 18세기 들어 부활시킨 사람은 국가 예제를 새로 정비하고 계술繼述에 많은 노력을 기울인 영조英祖, 1694-1776였다. 이 화권은 바로 1743년(영조 19) 윤4월 7일에 거행된 대사례의 광경을 그린 것이다.

그림은 왕이 활 쏘는 모습을 그린 〈어사도御射圖〉, 종친·의빈·문무관 등 신하들이 짝지어 활 쏘는 모습을 그린 〈시사도侍射圖〉, 결과에 따라 시상하는 모습을 그린 〈상벌도賞罰圖〉의 세 장면으로 이루어져 있는데 이 구성은 이 대사례 의식에 대한 종합적인 보고서인 《대사례의궤大射禮儀軌》의 도설과 동일한 것이다. 그림 뒤에는 '어사삼획御射三獲'이라 하여 영조의 활쏘기를 기록하고 시사관侍射官 30명의 좌목과 성적, 병조판서 서종옥徐宗玉이 쓴 〈대사례도서大射禮圖序〉를 차례로 수록하였다.

세 장면은 이야기를 시간 순서에 따라 동일한 배경 속에 반복하여 배치하는 방법을 사용하였는데, 건물 지붕을 이용하여 각 장면을 구별짓는 동시에 화면 하단의 수목군을 이용하여 각 장면을 자연스럽게 연결시키고 있다. 〈어사도〉를 보면 어사대御射臺에는 차일과 장막을 설치하여 주변을 위호衛護하였고 시사관과 의장이 줄지어 서립序立하였다. 음악을 연주할 헌가軒架가 배치되고 그 아래에는 붉은 바탕에 곰의 머리가 그려진 웅후熊候, 북과 징도 설치되어 있다. 의식 과정의 사실적인 묘사는 물론이고 반수泮水, 반수교泮水橋, 어서비각御書碑閣 등 성균관 내의 주요 시설물도 사실적으로 묘사되어 있다.

〈시사도〉는 〈어사도〉와 대동소이한데 시사대에 관원 두 사람이 나란히 서 있는 점과 과녁이 사슴이 그려진 푸른색의 미후麋侯인 점, 그 옆에 성적을 알리는 각 방위색의 깃발이 마련된 점이 다르다. 〈상벌도〉는 적중한 사람은 군기시軍器寺에서 주는 표리表裏와 화살을 상으로 받고, 못 맞힌 사람은 사옹원司饔院 관원이 주는 벌주를 받아 마시는 장면이 그려져 있다.

이 《대사례도》는 조선 시대의 궁중행사도에는 거의 보이지 않는 화권으로 제작되었다는 점, 그리고 드물게 오례 중에서 군례軍禮에 해당하는 의례를 그렸다는 점에서 눈길을 끈다.

어사도

시사도

상벌도

018-1 충정공 혈죽忠正公 血竹

Hyeoljuk(Blood Bamboo of Lord Chungjeong)

1906
대나무竹
전체 길이 48.7cm
박물관

1905년 을사늑약乙巳勒約 체결에 항거하다 자결순국한 민영환閔泳煥, 1861-1905의 피 묻은 옷을 보관하던 방에서 자라났다는 대나무이다.
충정忠正은 그의 사후 내려진 시호諡號이다. 이 대나무에 얽힌 사연이 1906년 《대한매일신보》에 실리면서 민영환의 충절을 상징하는 것으로 여겨져 '혈죽'으로 불리게 되었다. 이후 양기훈楊基薰이 제작한 판화 〈혈죽도血竹圖〉가 큰 반향을 일으켰고, 혈죽 관련 작시作詩 열풍이 일기도 했다. 또한 대한구락부가 의뢰하여 일본인이 경영하던 기쿠다菊田사진관에서 촬영되기도 했다. 이 혈죽은 일제 시기 민영환의 부인인 박수영 여사가 광목천에 싸서 다락 속에 몰래 보관하다가 해방 후에 공개한 것으로, 1976년 민영환의 다른 유품과 함께 고려대학교박물관에 기증되었다. 혈죽을 넣은 오동나무 함 뚜껑에는 조동호趙東虎가 쓴 '閔忠正公血 丙午二月生 同九月枯', 즉 이 혈죽이 '병오년인 1906년 2월에 자라나서 이해 9월에 시들었다'는 글이 묵서되어 있다. 또 혈죽을 쌌던 한지에는 '血竹五本 丙午二月始生, 九月始枯 己酉二月 收藏'이라고 쓰여 있어 이 혈죽 5본을 기유년인 1909년 2월에 수장했음을 알 수 있다.

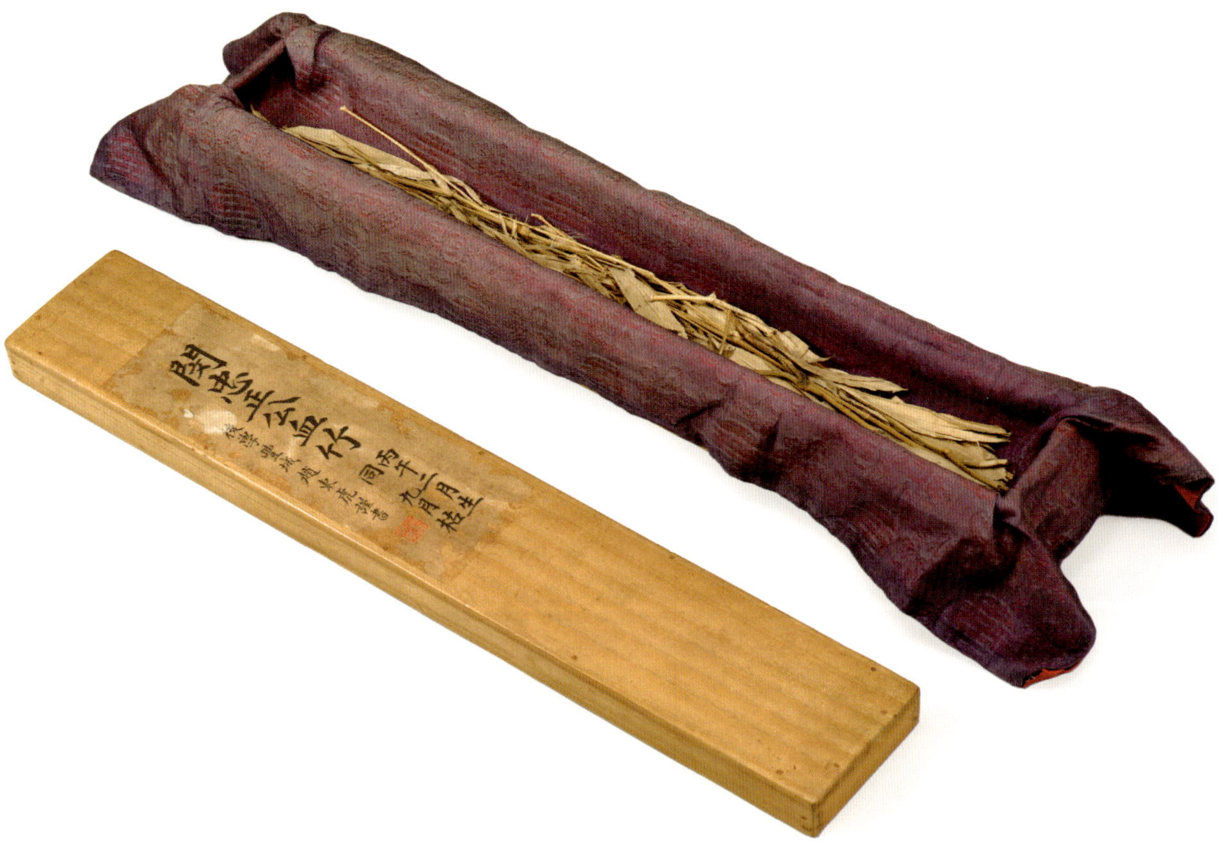

018-2 민영환 유서(명함)閔泳煥 遺書(名銜)

Min Yeong-hwan's Will (Name Card)

국가등록문화유산
1905
종이紙
세로 9.2cm 가로 6cm
박물관

을사늑약에 반대하여 자결순국한 민영환이 순국 전에 작성한 유서이다. 명함의 앞면과 뒷면에 이천만 동포형제에게 고하는 내용이 연필로 빽빽하게 적혀 있어 순절 당시 급박했던 상황을 여실히 알 수 있다. 소렴小殮을 할 때 옷깃 가운데에서 유서를 쓴 명함이 발견되었다고 한다.
유서의 내용은 다음과 같다.

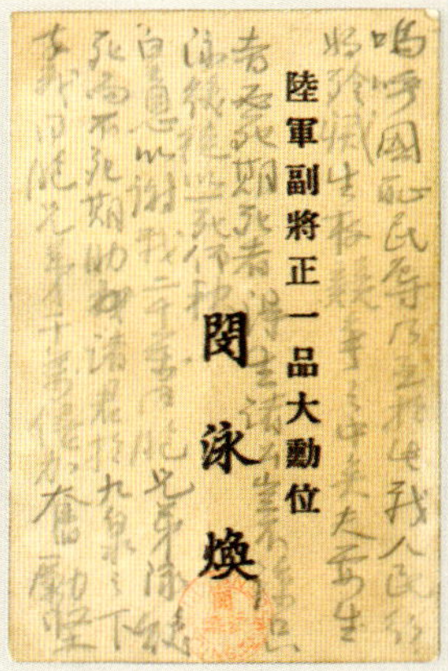

앞

嗚呼 國恥民辱 乃至於此 我人民 行
將殄滅生存競爭之中矣 夫要生
者必死 期死者得生 諸公 豈不諒只
泳煥徒以一死仰報
皇恩 以謝我二千萬同胞兄弟 泳煥

오호라,
나라와 국민의 치욕이 바로 여기에 이르렀으니,
우리 인민은 장차 생존경쟁 중에 멸망하려 하는도다.
무릇 살기를 바라는 자는 반드시 죽고 죽기를 기약하는 자는 삶을 얻을 것이니,
여러분은 어찌 헤아리지 못하는가?
영환은 다만 한 번 죽음으로써 우러러 임금님의 은혜에 보답하고,
그로써 우리 이천만 동포 형제에게 사죄하노라.

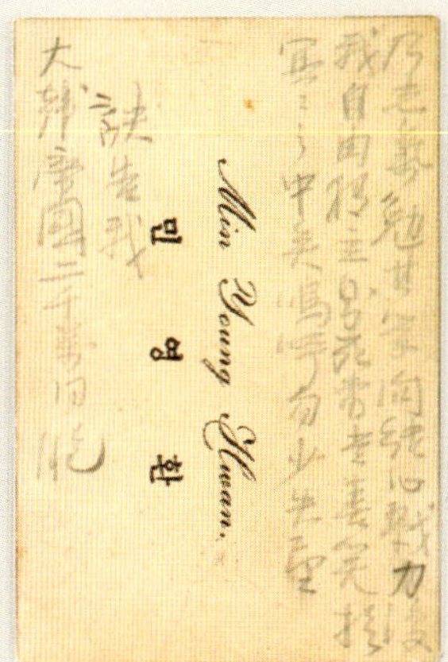

뒤

死而不死 期助我諸君 於九泉之下
幸我同胞兄弟二千萬 倍加奮勵 堅

乃志氣 勉其學問 結心戮力 復
我自由獨立 則死子當喜笑於
冥冥之中矣 嗚呼 勿少失望
訣告我
大韓帝國二千萬同胞

영환은 죽되 죽지 아니하고, 구천에서도 여러분을 기필코 돕기를 기약하니,
바라건대 우리 이천만 동포 형제들은 더욱더 분발하여 힘쓰기를 더하고

이에 뜻과 기개를 굳건히 하여 학문에 힘쓰고,
마음으로 단결하고 힘을 합쳐서 다시 우리의 자유와 독립을 회복한다면,
죽은 자는 어둡고 어두운 지하에서나마 당연히 기뻐 웃으리라.
오호라, 조금도 실망하지 말기를.
우리 대한제국 이천만 동포에게 영결을 고하노라.

018-3 민영환 서구식 군복閔泳煥 西歐式 軍服

Western-style Military Uniform of Min Yeong-hwan

국가등록문화유산
1897 이후
모毛, 견絹
상의: 품 44cm 소매길이 56cm 뒷길이 64cm
박물관

민영환閔泳煥, 1861-1905의 서구식 육군부장 예복으로, 1895년 시행된 '육군복장규칙' 및 '육군장졸복장제식'에 따라 1897-1900년에 만들어진 것으로 추정된다. 예모禮帽, 대례의大禮衣, 바지袴, 대례견장大禮肩章, 식대飾帶 등 대례에 해당하는 행사에 참석할 때 착용하는 차림이다. 예모는 정모正帽에 깃털을 꼬아 만든 입전모立前毛를 꽂은 형태이다. 대례의 소매에는 '人'자형 금색 장식 8줄이 있어 육군부장의 계급을 나타내며, 양쪽 어깨에 부착한 대례견장에는 금사로 수놓은 이화문李花文 3개가 연이어 수놓아져 있다. 허리에는 붉은색의 식대를 둘렀는데, 식대 끝에 달린 술 색깔이 은색으로 되어 있어 장관급의 지위임을 나타낸다.
예복은 상복常服과 동일하게 근골복의 형태로 만들어졌으나 의령장衣領章과 소매에 붉은색 융을 덧대었고, 소매 부분에는 계급을 나타내는 '人'자형 수장과 무궁화 장식을 금색 실로 수놓았다는 차이가 있다.

정식서

이 외 민영환의 서구식 군복에는 소례견장小禮肩章, 도대刀帶, 식서飾緖, 대수大綬 등의 군복 구성품이 포함되어 있다. 소례견장은 소례에 해당하는 행사에 참석할 때 양어깨에 부착하는 것으로 태극문太極紋과 이화문李花紋 각각 1쌍이 있다. 도대는 칼을 찰 때 허리에 착용하는 띠로, 현재까지 밝혀진 장관급 도대로는 유일하다. 식서는 육군제복의 장관이 어깨에 착용하는 장식품으로, 금사金絲로 된 정식서正飾緖와 견사絹絲로 된 약식서略飾緖를 모두 갖추고 있다. 대수는 훈장을 받는 사람의 오른쪽 어깨에서 왼쪽 겨드랑이 밑으로 두는 큰 띠로, 대훈위大勳位 이화대수장李花大綬章과 대훈위大勳位 금척대수장金尺大綬章 2점이 있다. 민영환 서구식 군복과 구성품은 1897년과 1900년에 개정된 '육군장졸복장제식'에 따른 구성요소를 대부분 갖추고 있어 대한제국기 육군복식을 재현할 수 있는 중요 자료로 평가된다.

약식서

도대

태극문 소례견장

이화문 소례견장

대훈위 금척대수장

대훈위 이화대수장

019 산수인물화첩山水人物畫帖

Landscape with Figures

이경윤李慶胤, 1545-1611
16세기
비단에 먹絹本水墨
각 세로 31.1cm 가로 24.8cm
박물관

이경윤李慶胤은 조선 9대 임금인 성종성종成宗, 1457-1495의 11번째 아들 이관李慣, 1624-1692의 종증손으로 종실 화가이다. 호는 낙파駱坡, 낙촌駱村, 학록鶴麓인데, 학림정鶴林正을 제수받아 호보다 정삼품에 해당하는 이 작호爵號가 더 통용되고 있다. 조선 중기 문화 화가 사이에 유행한 절파화법浙派畫法으로 산수인물도를 잘 그렸다.

전체가 10폭으로 구성된 이 화첩은 제6폭의 〈설경도雪景圖〉를 제외하고는 매 폭마다 소경산수小景山水를 배경으로 하여 한두 명의 인물들이 화면 중앙에 포치布置되는 구도를 수묵으로 그린 작품이다.

조옹도釣翁圖

수하대취도樹下大醉圖

탄금관월도彈琴觀月圖

송하담소도松下談笑圖

기려도騎驢圖

설경도雪景圖

관폭도觀瀑圖

관안도觀雁圖

선상취소도船上吹簫圖

고사탁족도高士濯足圖

020 송하선인취생도松下仙人吹笙圖

Immortal Playing a Saenghwang under Pine Tree

김홍도金弘道, 1745-1806?
18세기 후반
종이에 채색紙本彩色
세로 109cm 가로 55cm
박물관

김홍도金弘道는 조선 시대 후기를 대표하는 화가라고 해도 과언이 아닐 만큼 진경산수, 풍속, 도석인물道釋人物, 초상, 화조, 영모翎毛 등 모든 분야에서 탁월한 업적을 남겼다. 그는 18세기 후반기 화단에서 상당한 영향력을 행사했던 강세황姜世晃, 1713-1791에게서 일찍이 재능을 인정받았으며, 화원으로 많은 활약을 하여 세 번이나 어용화사御容畵師로 발탁되기도 하였다. 특히 중인 신분임에도 불구하고 정조正祖, 1752-1800의 각별한 후원으로 47세가 되던 1791년 연풍현감延豐縣監까지 오르게 되었다.

치솟는 용의 모습을 상기시키는 높다란 노송老松 아래 약간 경사진 바닥에 편안히 앉아서 생황笙簧을 부는 신선을 묘사한 작품이다. 김홍도는 30-40대에 많은 신선도를 그렸는데, 이 그림도 제작 연도는 없으나 박력 있는 필치로 보아 대략 그때의 작품으로 추정된다. 소나무의 껍질은 용의 비늘을 연상케 할 만큼 탄력 있게 유기적으로 묘사되었으며, 화면의 상단 윤곽에 의하여 소나무의 윗부분이 잘려 나가 뻗어 나가는 힘을 더욱 잘 암시하고 있다. 솔잎 아래에 매달려 늘어진 듯 써 내려간 시구는 《전당시全唐詩》에 실린 나업羅鄴, 825?-900?의 〈생황시笙簧詩〉 일부이다.

시구에 이어 '단원檀園'이라는 관서款署와 '사능士能'이라고 새긴 백문방인白文方印이 있다.

筠管參差排鳳翅月
堂凄切勝龍吟

길고 짧은 대나무 통 봉황이 날개를 편 것인가,
달빛 들어찬 마루에 생황 소리는 용의 울음보다 더욱 처절하네.

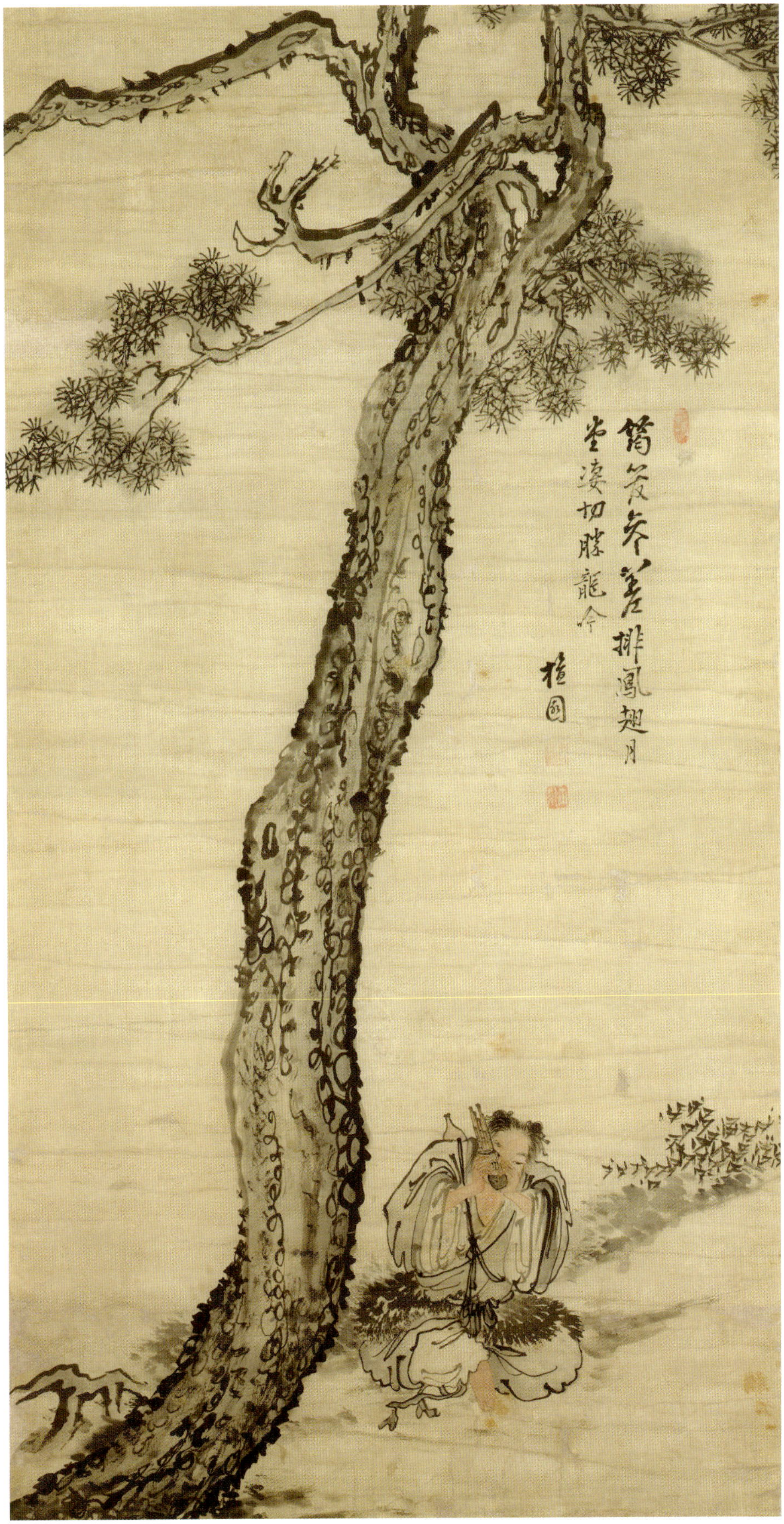

021 죽리탄금도竹裡彈琴圖

Playing the Geomungo in a Bamboo Grove

김홍도金弘道, 1745-1806?
18세기 후반-19세기 초반
종이에 먹紙本水墨
세로 22.4cm 가로 54.6cm
박물관

화면의 오른쪽 여백에 적은 당唐의 시인詩人 왕유王維, 699-759가 쓴 시 〈죽리관竹里館〉을 주제로 하여 밝은 달밤에 대나무 숲에 앉아 거문고를 타고 있는 고사高士를 그렸다. 이 시는 원래 왕유가 자신의 아름다운 별장의 풍경을 읊은 《망천별업시輞川別業詩》 20수 가운데 하나이다.

김홍도는 51세 되던 해인 1795년, 충청도 연풍 현감에서 해임된 후 관직 생활을 청산하고 풍류적인 생활을 추구하게 되었다. 이 그림은 그 이후 자신의 생활을 반영하여 그린 것으로 보인다. 주인공인 거문고를 타는 선비는 화면 깊숙이 대나무 숲 속에 앉아 있다. 이와 같이 김홍도는 종종 그림의 주제를 원경에 배치하는 구성법을 쓴 것을 볼 수 있다. 선면扇面의 좁은 부분에 해당하는 근경의 바위와 대나무는 선비가 앉아 있는 곳을 속세와 격리시키는 역할을 하는 듯하다. 오른쪽의 넓은 여백은 거문고 소리가 울려 퍼질 수 있도록 시원한 공간을 남겨 둔 것으로 보인다. 달을 에워싼 부드러운 선염渲染은 화면의 다른 곳에도 군데군데 그 메아리를 보내고 있으며, 대나무 잎을 묘사한 농묵濃墨의 필선과 좋은 조화를 이룬다. 시에 이어 '단원檀園'이라는 관서款署와 방인方印이 있다.

獨坐幽篁裡
彈琴復長嘯
深林人不知
明月來相照

그윽한 대밭 속에 홀로 앉아
거문고를 타며 휘파람도 부네.
사람이 모르는 깊은 숲속을
밝은 달이 와서 비추네.

일상의 품격, 그 아름다움

살갗에 닿는 옷감, 손에 쥐는 그릇, 몸을 장식하는 귀고리와 비녀, 마음을 담은 한 폭의 그림, 이 모든 것에는 아름다움이 담겨 있다. 그러나 이 아름다움은 단순히 외관의 화려함에서 비롯된 것이 아니다. 이들이 아름다울 수 있는 이유는 나를 가꾸고 사람을 마주하는 태도, 곧 '품격'이 그 안에 아로새겨져 있기 때문이다.

먹고, 입고, 꾸미고, 즐기는 일상의 행위 속에서 나를 지키고 타인을 존중하고자 했던 마음은 자연스럽게 사물에 스며들었고, 그 마음은 '품격'이 되어 마침내 '아름다움'으로 드러났다. 그래서 문양은 단순한 장식이 아니라 의미를 담은 상징이었고, 복식은 체면이 아닌 인격의 표현이었다. 장신구는 치장이 아니라 관계를 맺는 몸짓이었고, 그림은 단순한 여흥의 수단이 아니라 삶의 태도를 다듬는 수양의 매개였다.

태항아리의 단정한 곡선과 세밀한 문양에는 아기의 탄생을 축하하는 기쁨이, 봉잠과 귀걸이의 정밀한 세공에는 나를 꾸미고 타인을 응대하는 태도가, 심의의 절제된 선에는 선비의 담박한 삶의 양식이 깃들어 있다. 이들은 나와 타인을 존중하고 세상을 조화롭게 마주하고자 했던 아름다운 마음의 흔적이다.

其淵源深大, 沈懿雅麗
기연원심대, 침의아려

: 그 근원이 깊고 크며 진중하고 아름답다.

위소韋昭 국어해國語解 서敍

〔려〕 麗

022 분청사기인화국화문 태항아리(내외항)粉青沙器印花菊花文 胎壺(內外缸)

Buncheong Placenta Jars with Stamped Chrysanthemum Design(Inner and Outer Jar)

국보
15세기
외항
높이 42.8cm
구경 26.5cm 저경 27.6cm

내항
높이 26.7cm
구경 8.7cm 저경 9.5cm
박물관

태항아리는 조선 왕실에서 왕자, 왕녀의 태胎를 담기 위해 사용했던 것으로 항아리에 태를 넣어 산봉山峰에 안치하던 습속에 따른 것이다. 먼저 내항에 태를 담고 잘 싸서 이를 큰 외항에 넣은 후 끈으로 매어 태지석胎誌石과 함께 큰 석함石函에 넣어 묻고 작은 태비胎碑를 곁에 세워 기념하는 것이 일반적이다.
이 태항아리는 1969년 9월 고려대학교 이공대학 부근에서 발견된 것으로, 외항과 내항이 함께 수습되었다.
기형은 외항의 경우 전이 달린 넓은 구연口緣과 풍반한 동체胴體를 가지고 있어 안정감이 느껴진다. 문양은 전체적으로 촘촘히 시문施文하였는데, 견부肩部에 뇌문대雷文帶와 연판문대蓮瓣文帶, 국화문대菊花文帶를 차례로 장식하고 동체胴體 전면에는 국화문대를 꽉 채워 시문하였다. 그 위에는 복사문袱紗文을 흑상감黑象嵌으로 장식했으며, 저부에는 큼직하게 연판문대蓮瓣文帶를 둘렀다. 기벽은 두껍고 유색釉色은 담청淡靑을 머금은 회백색으로 전면에 곱게 시유施釉되어 있다. 뚜껑에는 4개의 구멍이 뚫린 연봉형蓮峰形의 낮은 꼭지가 중앙에 부착되어 있으며 꼭지를 중심으로 소국화문대, 파도문대波濤文帶, 뇌문대가 차례로 배치되어 있다. 굽은 평저平底로 가는 모래받침으로 받쳐 구운 흔적이 남아 있다. 특이한 형태의 전과 풍만한 둥근 몸체와 뚜껑, 그리고 시문된 국화문양 등이 15세기 중엽경 전남 광주시 충효동에서 발견된 항아리 편과 비슷하여 전라도 지방에서 제작되어 왕실의 태항으로 사용된 것으로 보인다.
내항은 원통형으로 접시모양 뚜껑 중앙에 둥근 꼭지가 붙어 있다. 문양은 동체 전면에 작은 국화문이 빼곡히 시문되어 있고 뚜껑에는 꼭지 주변으로 2중의 연판문이 촘촘히 인화되어 있으나 문양이 희미하다. 유색은 담청을 머금은 회백색으로 은은한 광택이 있으며 굽은 안바닥을 깎아 세우고 모래받침으로 받쳐 구워 냈다. 발견 당시 이 내항은 망태기에 싸여 있는 채로 외항에 담겨져 있었으며, 외항 안에 3분의 2쯤이 고운 점토로 채워져 있었다. 내항에 있는 명주조각과 망태기의 조각으로 태를 담는 습속의 한 면을 알 수 있다.

023-1 백자태항아리(내외항)白磁胎壺(內外缸)

White Porcelain Placenta Jar(Inner and Outer Jar)

1476
외항
전체 높이 57.7cm 호 높이 44.7cm
구경 24.7cm 저경 20cm
뚜껑 높이 13cm 뚜껑 지름 28.8cm

내항
전체 높이 36.5cm 호 높이 29.3cm
구경 10.5cm 저경 10.5cm
뚜껑 높이 7.2cm
박물관

태를 담아 보관하는 백자 항아리로 태지석胎誌石과 함께 출토되었다. 외항의 기형은 견부肩部에서 벌어졌다 서서히 좁아지는 형태로 견부 네 군데에 둥근 고리가 달려 있다. 뚜껑에는 네 개의 구멍이 뚫린 연봉형蓮峰形의 손잡이 꼭지가 달려 있고, 이 꼭지를 중심으로 방사형放射形으로 8개의 선을 굵게 음각하고 뚜껑의 끝부분에서 다시 삼각형으로 음각하여 연엽蓮葉을 나타낸 조촐한 문양이 특이하다. 유색은 짙은 회색빛을 띠며, 뚜껑은 약간 밝고 푸른빛이 감도는 회백색을 나타내고 있다. 기벽은 두껍고 묵직하며 동체胴體의 전면에는 새끼줄 흔적이 보인다. 내면에는 물레 자국이 거칠게 남아 있으며, 항아리의 바닥은 벽돌색으로 시유되어 있다. 뚜껑의 내저內底 중앙에 '만卍'자 명을 음각으로 조그맣게 나타내었고 그 주변에 태토胎土 비짐눈으로 받쳐 구운 흔적이 11곳 있다. 이와 같은 유색과 뚜껑에 시문된 특이한 연엽문 등은 15세기 후반경의 백자의 모습과 태항아리의 양식을 잘 보여 준다.

내항 역시 견부에서부터 서서히 좁아지는 형태로 견부 네 군데에 고리를 각지게 깎아 낸 점이 특이하다. 뚜껑은 연봉오리 형태로 네 곳에 구멍이 나 있고 문양이 없는 접시 형태를 취하고 있다. 유색은 짙은 회백색으로 뚜껑의 경우 담청회색을 잘 나타내고 있으며 기벽은 두껍고 묵직하다. 굽은 두텁고 안바닥을 깎아 세웠으며, 내화토耐火土 받침으로 받쳐 구운 흔적이 있다. 뚜껑 내면의 네 곳에 태토 비짐눈으로 받쳐 구운 흔적이 나 있다.

이 태항아리와 함께 출토된 태지석을 통해 제작 시기가 1476년임을 확인할 수 있어 현재까지 알려진 백자태항아리 중 가장 오래된 태항아리로 보인다. 태지석에 의하면 왕녀 아기씨[阿只氏]의 태항으로 성화成化 12년(1476) 6월 19일에 태봉胎封에 입석하였음을 알 수 있어 성종成宗, 1457-1495의 12녀 중에 한 왕녀의 태항으로 짐작된다. 유색과 굽처리로 보아 15세기 후반경 광주 우산리 일대의 가마에서 제작된 것으로 추정된다. 내항과 태지석이 함께 출토되어 학술적으로 매우 중요한 태항아리이다.

023-2 태지석胎誌石

Placenta Tablets

1476
오석烏石
세로 28cm 가로 22cm
박물관

백자태항아리[白磁胎壺]와 함께 출토된 태지석으로, 앞의 태항아리가 왕녀王女 아기씨[阿只氏]의 태항胎缸이며 1476년(성화 12) 6월 19일에 태봉胎封에 입석立石하였음을 밝히고 있다.

024 흑색마연직구단경호黑色磨研直口短頸壺

Black Jar with Short Neck

4세기
높이 17.5cm
구경 9.3cm 저경 9cm
박물관

서울시 송파구 가락동 일대에서 발굴 조사되었던 백제고분 가락동 2호분可樂洞2號墳에서 출토된 토기이다. 청동기 시대 말의 흑도黑陶로부터 내려왔으며 표면 전체가 흑색인 마연토기磨研土器이다. 흑도가 장경호長頸壺임에 반하여 백제의 경우는 단경短頸으로 변천되었음을 알 수 있다. 직립한 구연부口緣部에 이어 목은 짧고 견부肩部는 넓으며 평저부平底部에 이르기까지 안정감을 주는 기형이다. 문양은 견부에만 있는데, 약 2mm의 간격으로 작은 삼각형의 흑선문이 일렬로 둘러져 있으며, 그 흑선문으로부터 약 1mm 아래에 첨구尖具로 횡선이 둘러져 있다. 그 횡선으로부터 어깨 하부로 2cm의 지점에 세선각細線刻을 행하고, 그 사이에 1-1.5mm의 간격으로 위 왼쪽으로부터 아래 오른쪽으로 첨구에 의한 가는 사선을 그은 다음, 다시 위 왼쪽으로부터 아래 오른쪽으로 역시 1-1.5mm의 간격으로 사선을 새기고 있다. 그리고 횡선을 두른 1mm 정도 아래에 1-1.5mm의 간격으로 두 줄의 점으로 둘렀다. 기면 내부는 윤택이 없고 횡회전 물손질의 흔적이 남아 있다.

025-1 횡이부고경현문호橫耳附鼓頸弦紋壺

Globular Jar with Loop Handles

기원전 4-5세기
높이 16.5cm
구경 10cm 저경 7cm
박물관

색조는 적갈색이며 태토胎土는 0.01-0.1cm 정도의 할석립割石粒을 다량 포함하고 있으나 무문無文 토기로서는 비교적 정선된 편이다. 소성燒成은 무문 토기로서 상당히 양호하여 연질軟質에 가까우며 기벽도 비교적 단단한 편이다. 구연부가 넓게 외반되어 있는 전형적인 미송리형 토기이다.
경부頸部는 잘록하게 좁은 편이고, 구연부는 경부에서 구순부口脣部 쪽으로 부드럽게 구부러져 있으며 구순부는 손으로 눌러 얇게 마무리하였다. 동체부胴體部는 중앙 부분에서 가장 넓고 전체적인 형태는 구형球形에 가깝다. 동체의 양쪽에는 다리 모양의 가로 손잡이橋形橫耳 2개가 대칭으로 남아 있다. 동체 중상부에는 5개가 한 조를 이루는 3조의 횡침선문대橫沈線紋帶[弦紋]가 둘려져 있다.

025-2 횡이부사경호橫耳附斜頸壺

Jar with Loop Handles

기원전 4-5세기
높이 17cm
구경 8.3cm 저경 7.5cm
박물관

색조는 적갈색이며 태토는 0.01-0.1cm 정도의 할석립을 포함하고 있다. 소성은 양호하지만 위 〈횡이부고경현문호橫耳附鼓頸弦紋壺〉에 비하면 약한 편이다. 구연부는 거의 직선으로 외반하고 있으며 구순부는 별다른 처리 없이 그대로 마무리되었다. 동체부는 중앙에서 약간 아래 부분에 이르러 가장 넓으며, 동체 중앙 부위에 2개의 다리 모양 가로 손잡이[橋形橫耳]가 대칭으로 부착되어 있다. 토기의 바깥 면은 주로 목리조정木理調整되어 있으며 마연한 흔적도 일부 확인할 수 있다. 손잡이에도 목리조정 후 손가락 끝으로 눌러 마무리하였다. 저부低部는 뚜렷한 굽이 없이 밋밋하게 마무리되어 있고, 바닥 면과 이어지는 부분에는 손가락 끝으로 눌린 흔적이 촘촘하게 보인다. 토기의 안쪽 면은 거의 물손질로 마무리되었다.

026 청자음각연화절지문사이호青磁陰刻蓮花折枝文四耳壺

Celadon Four-Lug Jar with Incised Lotus and Flowering Branch Design

12세기 후반
높이 23.2cm
구경 10.2cm 저경 12cm
박물관

동체胴體는 견부肩部에서부터 풍만하게 벌어진 후 서서히 좁아지는 형태로, 목은 낮게 솟아 구연口緣이 외반되어 있다. 견부 네 곳에 귀 모양의 고리를 만들어 부착했으며 귀와 동체를 연결하는 부분을 양각의 꽃모양으로 표현해 장식성을 더했다. 동체 전면에는 연화절지문蓮花折枝文이 얕은 음각으로 큼지막하게 새겨져 있고 저부에는 뇌문대雷文帶를 단정히 시문하였다. 안정감 있는 기형에 맑고 투명한 청자유가 시유되었으며 전면에는 미세하게 갈라진 빙렬氷裂이 보인다. 이와 같은 사이호四耳壺 형태는 삼국시대부터 나타났는데 조선 시대에는 태항아리로 많이 사용되던 기형이다.

027 청자상감모란절지문과형주자 青磁象嵌牡丹折枝文瓜形注子

Celadon Melon-shaped Ewer with Floral Design

12세기 후반
높이 19.5cm
구경 3.4cm 저경 10.6cm
박물관

풍만하고 둥근 참외 모양의 동체胴體에 대마디 형태의 주구注口와 손잡이를 갖춘 주자이다. 참외 모양의 몸체에 15개의 골을 파서 구획을 나누고 각 면마다 활짝 핀 화려한 모습의 모란절지문牡丹折枝文과 연화절지문蓮花折枝文을 번갈아가며 흑백으로 상감하였다. 이 모란절지문대를 중심으로 윗면과 아랫면에 2중의 연판문대蓮瓣文帶를 촘촘히 둘렀으며, 뚜껑의 상면 역시 고리 모양의 꼭지를 중심으로 2중의 연판문을 구획하고 가장자리의 연판문蓮瓣文에 백상감白象嵌으로 꽃술을 나타냈다. 유색은 맑고 투명하며 녹청색이 감도는 청자유가 얇게 시유되었으며 전면에 미세한 빙렬이 보인다. 굽은 넓고 낮아 안정감을 주며, 점토가 섞인 내화토 받침으로 받쳐 구운 흔적이 남아 있다. 이처럼 풍만하고 단아한 모습의 참외 모양에 화려하고 다양한 모란문양과 연판문대, 대나무 마디의 주구와 손잡이, 그리고 맑고 투명한 유약이 잘 갖추어진 주자는 고려상감청자의 전성기인 12세기 후반부터 13세기 전반에 제작된 뛰어난 예의 하나로 부안 유천리요에서 제작된 것으로 추정된다.

028 청자상감국화문탁잔 青磁象嵌菊花紋托盞

Celadon Cup and Stand in the Shape of a Flower, Inlaid with Floral Design

12세기 후반
잔: 높이 8cm 구경 8.2cm 저경 4.4cm
받침: 높이 5cm 저경 7.9cm
박물관

받침 위에 화형花形의 잔이 놓이는 형태로, 고려 시대 청자 탁잔托盞의 일반적인 모습이다. 잔의 동체胴體에 음각으로 세로 골을 파서 입체적인 십화형十花形의 형태를 구현하였고, 구순부口脣部가 살짝 외반되어 마치 꽃잎이 펼쳐진 듯한 형태를 보인다. 잔대는 높이 솟아 있으며 잔대의 측면을 복련覆蓮을 양각으로 표현해 입체감을 더했다. 문양은 각각 하나의 꽃잎마다 두 송이씩 짝을 이룬 국화절지문菊花折枝文을 흑백상감 기법으로 장식하였으며, 받침 또한 동일한 방식으로 국화문을 배치하여 조화를 이루고 있다. 잔과 받침 일부에 수리 흔적을 찾아볼 수 있고 전체적으로 빙렬이 보인다.

029 백자청화석쇠문합 白磁淸畵炙鐵文盒

Blue and White Porcelain Lidded Bowl with Honeycomb Design

19세기
높이 13.8cm 구경 15.6cm 저경 11.4cm
박물관

원통형의 합으로 뚜껑은 상면 중앙에 원각圓角이 깎여져 있고 원각에서부터 비스듬히 넓어지다 세워졌다. 아랫부분은 뚜껑에 잘 맞도록 이중 구연口緣을 이루고 있으며 저부에서 좁아져 넓고 낮은 굽다리를 가진 발鉢의 모습을 하고 있다. 문양은 청화로 몸 전체에 석쇠 문양을 시문하였으며, 상면에는 촘촘하고 작게 아래로 갈수록 넓게 이어져 있다. 뚜껑 중앙에는 '수壽'명을 도안화하여 굵은 필치로 그렸다. 유색은 담청을 머금은 백자유가 그릇 전면에 시유되어 있으며 은은한 광택이 있고, 기벽은 두꺼운 편이다. 뚜껑의 구연과 아래 발의 구연 그리고 굽다리에 있는 유釉를 닦아 냈으며 굽에는 내화토를 받쳐 구운 흔적이 남아 있다. 구연과 내저內底에 균열이 있으며 일부는 결손되어 있다. 굽다리는 안바닥을 깊이 깎아 세웠으며 넓다. 그물망과 같은 석쇠 문양은 드문 편으로 19세기의 다양한 문양을 보여 주는 예라고 할 수 있다.

030 백자청화사군자문주자白磁青畫四君子文注子

Blue and White Porcelain Ewer with Design of Four Noble Plants

19세기
높이 15.8 cm 구경 6.4cm 저경 7.5cm
박물관

각진 견부肩部에서 동체胴體로 내려올수록 점차 좁아지는 형태의 주자注子이다. 구연부口緣部는 넓게 직립해 있으며, 넓직한 손잡이의 앞뒤에는 판이 부착되어 있다. 사각형의 뚜껑에는 반원의 고리가 달려 있고 짧고 각진 모양의 주구注口에는 수리 흔적이 남아 있다. 문양은 동체 각 면의 가장자리마다 외곽선을 두른 뒤 대나무, 매화, 난초, 국화를 각 화면에 생동감 있게 시문하였다. 손잡이에는 국화와 줄기를, 뚜껑에는 매화와 당초문을 자유로운 필치로 나타냈다. 유색은 담청을 머금은 백자유가 전면에 고르게 시유되었으며 기벽은 두꺼운 편이다. 굽은 안바닥을 깎아 낮게 세웠으며 모래가 섞인 내화토 받침으로 얇게 받쳐 구웠다. 이처럼 각진 몸체와 구연부를 지닌 주자는 제작이 까다로운 편이기에 전해지는 수량이 매우 드문 편이다.

031 백자청화모란국화불수감문주자

白磁青畫牡丹菊花佛手柑文注子

Blue and White Porcelain Ewer with Design of Peony, Buddha's Hand, and Chrysanthemum

19세기
높이 19.3cm 구경 7.4cm 저경 7.3cm
박물관

호박처럼 둥근 동체胴體에 대마디를 서로 얽어 손잡이를 만들어 붙이고, 동체에 주구注口와 뚜껑을 부착한 주자이다.
청화를 사용하여 동체의 한쪽 면에 활짝 핀 모란절지문牡丹折枝文을, 다른 쪽에는 불수감문佛手柑文을 큼직하게 시문하였고 뚜껑에는 국화와 난초문을 간결하게 시문하였다. 뚜껑 꼭지의 다각면을 삼각형이나 사각형의 문양을 시문한 점이 특이하다. 유색은 담청을 머금은 백자유가 그릇 전면에 곱게 시유되어 있으며, 대줄기 손잡이에는 마디마다의 표시를 음각으로 나타냈는데 마디가 깊어 유약이 모인 곳은 푸름이 짙다. 굽은 안바닥을 깎아 세웠으며, 내화토로 받쳐 구운 흔적이 남아 있다. 이 주자의 풍만하고 둥근 기형은 부귀를 상징하는 모란문과 잘 어우러져 있다.

032 백자청화국화 '수복'명각병白磁淸畵菊花 '壽福'銘角甁

Blue and White Porcelain Faceted Bottle with Chrysanthemum Design and Characters of Longevity and Good Fortune

19세기 전반
높이 16.8cm
구경 2.9cm 저경 7cm
박물관

전체적인 기형은 6각의 모로 깎여져 있으며 목은 구연부口緣部에서 약간 벌어진 후 굴곡을 이루며 가늘고 길게 내려갔다. 동체胴體는 양감이 풍부하여 전체적으로 아담하고 깔끔한 느낌을 주는 병이다. 문양은 구연부와 견부肩部에 뇌문대를 촘촘히 돌렸으며, 동체의 각 면에 활짝 핀 국화절지문菊花折枝文과 전서체로 쓰여진 '수복壽福'명이 서로 엇갈려가며 시문되어 있다. 굽은 안바닥을 깎아 세웠으며 모래받침으로 받쳐 구운 자국이 남아 있다. 유색은 담청을 머금은 백자유白磁釉로 전면에 고르게 시유되었으며 광택을 띤다. 19세기 조선에서는 다양한 양식의 백자가 제작되고 유행하였는데 표면을 6각의 모로 깎아 낸 이 각병 역시 이 시기의 추세를 잘 반영하고 있다.

033 백자청화운룡문호白磁淸畵雲龍文壺

Blue and White Porcelain Jar with Design of Dragon and Clouds

19세기 전반
높이 58.5cm
구경 19.5cm 저경 19.8cm
박물관

목은 높게 직립되어 있으며 동체부胴體部는 견부肩部에서부터 풍만하게 벌어진 후 서서히 좁아진 장신長身의 큰 용준龍罇이다. 문양은 청화안료를 사용하여 목 부분에는 세 줄의 추상화된 당초문대唐草文帶를 율동감 있게 나타냈으며 견부에는 변형된 여의두문대如意頭文帶를 큼직큼직하게 시문하였다. 저부에는 규형圭形 연판문대蓮瓣文帶를, 동체 전면에는 용문龍文을 나타냈는데 용의 큼직한 눈과 코, 수염, 오조五爪의 다리 그리고 구름 등이 활달한 필치로 그려져 있다. 기벽은 두껍고 묵직하며 유색은 담청을 머금은 백자유가 그릇 전면에 고르게 시유되어 있는데 유빙렬釉氷裂이 나 있다. 굽에는 모래받침으로 받쳐 구운 흔적이 남아 있다. 이와 같은 용준은 왕실의 연회나 제례 시에 사용되었다. 오조가 황제를 의미하여 중국의 제후국이었던 조선에서는 좀처럼 표현되지 않았던 문양이었던 것임을 생각하면 18세기부터 등장하는 오조는 변화된 조선의 시대정신을 엿볼 수 있는 단서라고 할 수 있다. 이처럼 당초문대와 여의두문, 규형의 연판문이 있는 운룡문雲龍文 항아리는 주로 18세기부터 만들어졌으나 이전과 달리 용의 발톱이 규형 연판문양대를 침범한 것이나 과장되고 양식화된 용의 얼굴 모습을 보아 19세기 전반 분원에서 제작되었던 것으로 추정된다.

034 **심의**深衣

Simui(Confucian Scholar's Robe)

국가민속문화유산
17세기 말-18세기 초
저마苧麻, 공단貢緞
길이 138cm 화장 113cm 품 78cm
박물관

심의深衣는 백색의 천으로 제작된 조선 시대 유학자들의 일상복이다. 한국에서는 고려 시대부터 착용하였으며 주로 소매가 넓고 옷깃, 소매 끝, 옷단 등에 검정 선을 두르는 특징이 있다. 이 심의는 1968년 경기도 오산에 소재한 조선 후기 문신 홍진종洪鎭宗, 1649-1702의 묘를 이장할 때 출토된 것으로, 심의를 비롯해 중치막中致莫과 소창의小氅衣, 답호搭胡, 바지 등이 함께 출토되었다. 허리에 두르던 대帶까지 함께 출토되어 복식 연구에 있어 중요한 자료이다.

앞면

뒷면 및 대대

035-1 솜 단저고리短襦

Short Cotton Padded Jacket for Woman

16세기
겉감: 주紬 화문단花紋緞 무문능無紋綾
안감: 주紬
뒷길이 49cm 뒷품 68cm 말기 66cm
박물관

파평 윤씨坡平 尹氏 모자묘母子墓 출토 유물인 이 저고리는 깃, 섶, 무 끝동에 소재나 문양, 색 등을 다르게 하여 회장저고리의 양식을 가지고 있다. 앞길과 뒷길은 한 장의 옷감으로 재단하였다. 깃과 몸판에는 모두 솜을 두었으며, 바느질 방법은 홈질을 사용한 것으로 보인다. 겉깃은 깃 나비의 약 1/3가량이 들여 달린 목판깃이고 안깃은 들여 달린 것으로 깃 가장자리는 홈질로 곱게 상침하였다. 무는 두쪽 무 형식이며 사다리꼴의 무는 곧은 올을 사선 방향으로 두었다.

앞면

뒷면

035-2 홑치마裳

Unlined Skirt

16세기
생초生綃
길이 119cm
박물관

파평 윤씨坡平 尹氏 모자묘母子墓 출토 유물로 9폭 치마이다. 이 치마에서는 양재洋裁 방법의 다트 형식과 유사한 삼각 입체형 주름이 확인된다. 삼각 입체형 주름은 정해진 방법이 있다기보다는 치마 길이의 차이 나는 분량만큼을 접어서 꿰매어 주는 실용적인 의도의 주름 형식임을 알 수 있다. 이렇게 삼각 입체형 주름을 잡은 치마의 착장 형태는 앞은 짧고 뒤는 끌리는 형태이며 오른쪽 자락이 겉자락이 되는 왼쪽 여밈의 치마로 추정된다.

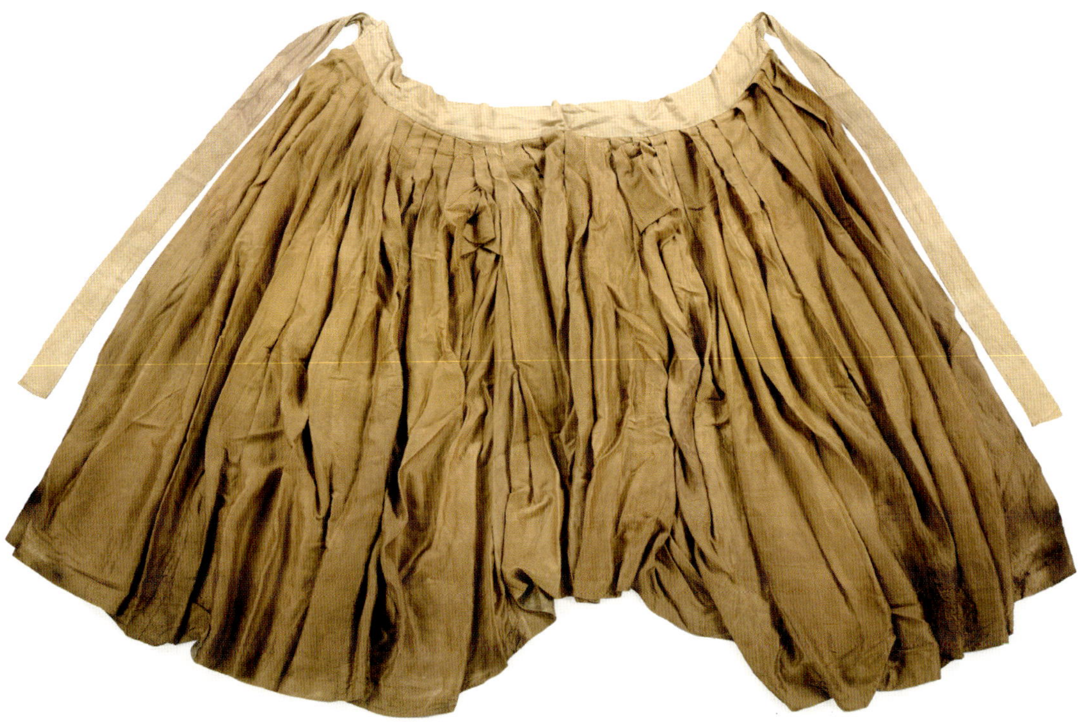

036 두석린갑주豆錫鱗甲胄, 투구鬪具

Brass Scale Armor(Duseokrin Gapju) and Helmet

18세기
두석豆錫, 모전毛氈
갑주: 길이 110cm 화장 66.5cm 진동 32cm
투구: 높이 28.5cm
박물관

포형전의袍形氈衣에 놋비늘[豆錫鱗]을 만들어 붙인 갑옷이다. 투구와 갑옷이 일습一襲으로 18세기의 원수元帥용이라 알려졌다. 감은 겉의 홍색전紅色氈과 안의 옥색 명주로 앞뒤와 양 옆이 트인 4자락의 합임合衽 겹포袷袍를 만들되 무명 두 겹을 누벼 심을 넣었다. 두석린豆錫鱗과 기타 두석으로 만든 장식을 못으로 붙이되, 못의 끝을 심지에서 마무리했다. 두석린은 황黃, 적赤, 흑黑으로 동체胴體와 상전부上膊部에 빈틈없이 박았고 나머지는 황두병黃頭鋲과 운학문雲鶴紋 등을 새긴 원동판圓銅板 등의 장식을 붙이고 자락이 트인 가선을 따라 수달피水獺皮를 댔다. 깃은 U자형인데 좌우 한 마리씩 놋으로 만든 용 모양 놋판을 동정처럼 둘러, 앞을 여미면 양쪽 용머리가 여의주를 함께 물고 있는 형상이 된다. 양 어깨에도 각각 놋으로 용을 만들어 정철釘鐵로 고정시켰다. 옷 안쪽에는 가죽편을 빽빽이 붙였다. 여밈은 단추로 한다.
앞의 갑옷과 일습인 투구는 정개頂蓋 부분은 간주幹柱 꽂이에 간주가 꽂혀 있는 상태이다. 투구에는 봉황새가 서로 대칭하여 양각되어 있고, 이마가리개[眉庇]에는 용 문양이 양각되어 있다. 목가리개는 좌우 후면에 드리웠고 털로 각각 선둘림을 하였다.

투구 앞

투구 뒤

앞

037 직금원삼織金圓衫

Ceremonial Robe

18세기
단緞
길이 133cm 화장 109cm
진동 17.5cm 뒷품 41cm
박물관

부녀 예복 중의 하나로 궁중에서는 대례복이나 소례복으로, 민간에서는 혼례복으로 쓰였다. 이 직금원삼은 영조英祖, 1694-1776의 2녀인 화순옹주和順翁主, 1720-1758의 유품으로 18세기 후반 공주 및 옹주가 착용했던 원삼의 화려한 격식을 보여 준다. 겉감은 수복도류불수문단壽福桃榴佛手紋緞, 안감은 국화당초문단菊花唐草紋緞의 두 겹이나 겉감과 안감에 각각 안단을 대고 두 벌의 홑옷으로 봉제한 뒤, 이들을 군데군데 싱거 한 벌의 옷으로 만들었다. 어깨와 소매통 윗부분, 앞뒤 자락은 포도동자문葡萄童子紋을 직금하고 소매 끝의 홍紅, 황黃 두 줄의 색동에서는 운보직금단雲寶織金緞, 한삼汗衫에서는 백색 화문직금단花紋織金緞, 안단에서는 국화당초문단을 살펴볼 수 있다. 명주실로 짠 대대大帶 고리가 가슴 높이에 있으며 자락의 곡선이 길에 당의唐衣 자락과 비슷하다. 현존하는 유물 원삼 중 최고의 격식을 갖춘 것이라 볼 수 있으며 사료적 가치가 높다.

뒤

038 제복祭服

Ritual Ceremonial Robe

국가민속문화유산
19세기
사紗
길이 95.5cm 화장 84cm
진동 29.5cm 뒷품 44cm
박물관

김병기金炳冀, 1818-1875 유품으로 제례에 입는 제복祭服이다. 제복은 양관梁冠, 청초의靑綃衣, 적초상赤綃裳, 백초중단白綃中單, 폐슬蔽膝, 대대大帶, 혁대革帶, 패옥佩玉, 후수後綬, 말襪, 혜鞋, 홀笏 등으로 구성된다. 제복은 조복朝服과 구성이 같으나 옷의 색상과 장신구가 다르다. 즉 제복은 적초의赤綃衣 대신 청초의靑綃衣이며, 청초의 깃에 방심곡령方心曲領을 더했다. 조선조 말기의 이 제복은 청초의인 흑삼으로 감은 사紗이며 깃 도련 수구袖口에 깃과 같은 감, 같은 색의 선을 둘렀다. 직령直領에는 흰색 사로 심지 없는 대동정을 달았다. 후수後綬를 달도록 홍색 끈으로 만든 작은 고리와, 혁대 걸이용 흑색 끈이 양 겨드랑이 밑에 달려 있는 점 등 홍삼의 제식과 동일하나 색과 방심곡령이 다르다. 방심곡령은 흑삼과는 별도로 첨가하여 착용한 것으로 벗으면 깃만 따로 떨어진다.

039-1 목걸이頸飾

Necklace

4세기
유리琉璃, 돌石
전체길이 67cm
박물관

경주 황남동 미추왕릉지구에서 출토된 목걸이이다. 푸른색 구슬이 연결되어 있고, 앞쪽에 하얀 곡옥이 크게 자리하고 있다.
흰 곡옥 옆에는 녹색의 곡옥, 단면이 육각형인 붉은 구슬이 흰 실 매듭으로 연결되어 있다. 푸른색 구슬은 육면체와 주판알 모양 등 형태가 일정하지 않다. 녹색의 곡옥은 크기가 2cm 내외로 작은 편이다.

039-2 금제태환이식金製太環耳飾

Gold Earrings

4세기
금金
전체길이 7.5cm 지름 3cm 두께 1.5cm
박물관

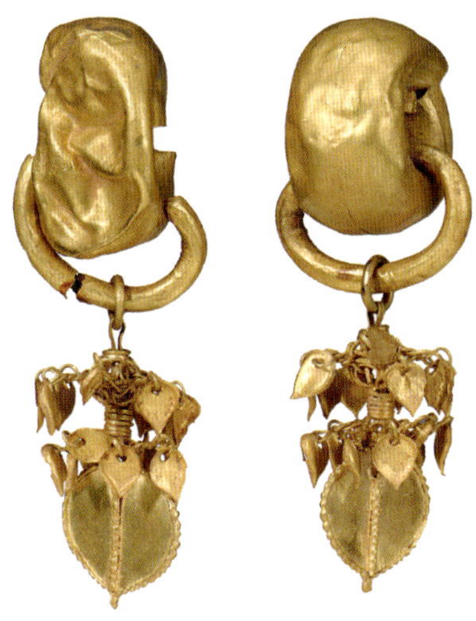

경주 황남동 미추왕릉지구에서 출토된 귀걸이이다. 원형의 고리와 중간 장식, 드리개가 갖추어져 있다. 고리는 두꺼운 편이고 속은 비어 있다. 드리개는 심엽형心葉形이 여러 개 장식되어 있는데 가장 아래에 큰 심엽형의 장식이 있고 가장자리는 누금鏤金기법으로 장식되어 있다.
한 쌍이 출토되었으나 1개는 변형이 심한 편이다.

040 귀고리耳飾

Earrings

조선 후기
은銀
길이 7.6cm
박물관

조선 시대에는 귀를 뚫는 것을 천박한 풍습으로 여겨 이전 시대보다 귀고리 사용을 많이 하지 않게 되었다. 그러나 귀고리를 애용하는 습속은 지속되어 귀를 뚫는 대신 고리를 만들어 귓바퀴에 걸 수 있는 새로운 양식이 등장했다. 이 귀고리도 조선 시대에 새로 등장한 귀고리 양식을 보여 준다. 조선 시대 귀고리는 대체로 은칠보 천도형天桃型이 많고 천도에 각색各色의 술을 늘이기도 한다. 이 귀고리는 꽤 큰 은고리를 만들고 은철사銀鐵絲를 꼰 줄에 천도 모양의 장식을 꿰어 고리에 건 것이다. 천도 윗부분에는 칠보로 꾸민 잎 모양 넷이 있으며 천도 아래위에 붉은 구슬이 달렸다.

041 옥로玉鷺

Ongno(Jade Heron Ornament)

조선 후기
옥玉, 금동金銅
높이 5.7cm
박물관

옥로玉鷺는 외국에 나가는 사신이나 무신의 벙거지에 사용했다. 이 옥로는 해오라기 세 마리가 꽃 위에 선 모양을 투각했으며 도금한 받침대에는 박쥐[蝙蝠] 다섯을 양각하여 오복五福을 상징하고 있다. 해오라기 모양의 옥으로 된 입식笠飾의 한 가지이다. 입식은 갓 정상의 장식을 말하는 것으로 이는 1370년(공민왕 19) 7월에 백관의 등위를 가리기 위하여 옥·수정 등의 정자頂字를 달게 한 것에서 비롯되었다.

042-1 옥로잠玉鷺簪

Hairpin with Heron Design

조선 후기
옥玉
길이 15.6cm
박물관

옥으로 만든 비녀로, 시원한 느낌을 주어 궁중이나 양반가의 여성들이 여름철용으로 사용하던 것이다.
옥은 잡귀를 물리친다고 믿어졌으며 장신구의 기본이 되는 재료이다.
이 옥로잠은 머리를 투각하여 해오라기를 만들었다. 해오라기 잠두簪頭는 흔하지 않은데 매우 섬세하여 귀족적인 멋을 풍긴다.

042-2 이화잠李花簪

Hairpin with Plum Blossom Design

조선 후기
은銀에 도금鍍金
길이 12.3cm
박물관

비녀의 몸체는 도금되어 있고 몸통은 가늘고 곧은 형태다.
도금하거나 은으로 만든 비녀는 주로 봄, 가을이나 겨울철에 사용하였다. 비녀 머리에 이화李花를 조각하고 중앙에 진주로 장식하였는데, 이화는 오얏꽃으로 조선왕조의 성씨인 이씨를 상징한다. 이는 고종이 중국의 제후국인 왕이 아니라 독립국의 황제로 등극하여, 대한제국을 선포함으로써 국가 상징인 문장紋章 역시 조선왕조의 성씨를 따르게 한 것과 관련이 있다.

043-1 봉 뒤꽂이鳳形首飾

Hairpin with Phoenix Design

조선 후기
금金, 산호珊瑚
길이 6.5cm
박물관

뒤꽂이는 머리 뒤에 덧꽂는 머리 장식품으로 광해군光海君, 1575-1641 때 가체加髢 대신 화관 족두리로 대체되면서 발달한 것이다. 백제 무령왕릉에서 발굴된 금제 뒤꽂이를 통해 삼국시대에도 이미 뒤꽂이가 사용되고 있었음을 알 수 있다. 고려 불화에 나타난 귀부인의 머리 장식에서도 뒤꽂이를 살펴볼 수 있다. 조선 시대에는 사대부가의 부녀자나 궁중의 내명부內命婦에 국한하여 사용되다가 조선 말기에는 기생이나 여염에서도 사용하게 되었다.

뒤꽂이는 장식부와 첨부尖部로 이루어져 있는데 장식부에 표현된 특징이나 장식부와 첨부가 연결된 상태에 따라 화접뒤꽂이, 화형뒤꽂이, 소형뒤꽂이, 연봉뒤꽂이 등으로 나뉜다. 이 외에 빗치개 뒤꽂이나 귀이개 뒤꽂이와 같이 실용적인 용도로 썼던 뒤꽂이도 있다.

이 뒤꽂이는 도금한 봉황형으로 궁중 비빈妃嬪만이 쓰던 것이다. 예장禮裝을 할 때 사용되었던 것으로 보인다. 봉황의 날개 등에 칠보를 입혔다.

043-2 봉잠 鳳簪

Hairpin with Phoenix Design

조선 후기
은銀, 진주眞珠
길이 23.5cm
박물관

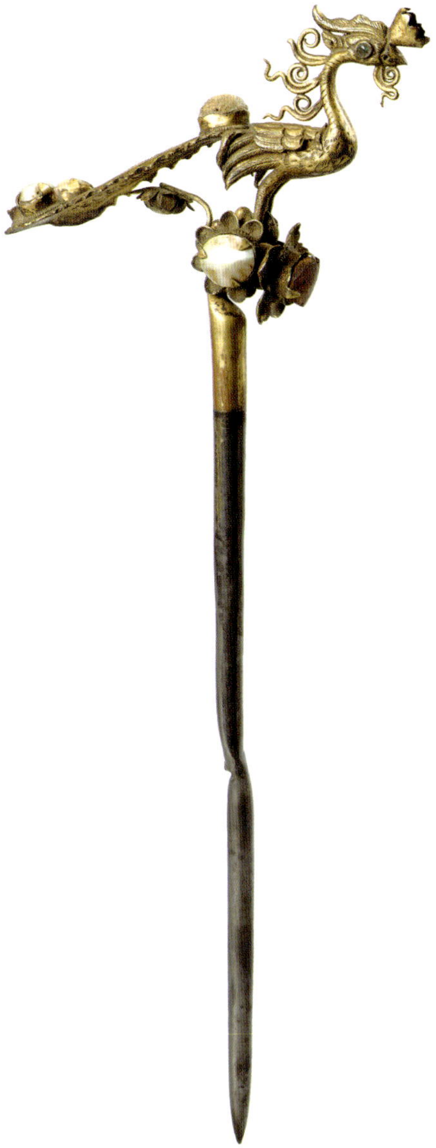

부녀자가 쪽을 진 머리가 풀어지지 않게 하기 위하여 꽂거나, 관冠이나 가체를 머리에 고정시키기 위하여 꽂는 머리 장식품이다. 조선 중후기에 쪽머리가 일반화되면서 더 널리 쓰이고 다양해졌다. 형태는 막대형의 몸과 그 한끝의 머리로 구성되는데 금, 은, 옥, 백동, 각角, 골骨, 나무, 대나무 등 여러 가지 재료를 사용해 만든다. 비녀는 단순히 머리를 고정하는 도구가 아니라 장신구로서 중요한 역할을 했기 때문에, 그 소재와 크기, 모양에 이르기까지 화려하게 장식되었으며, 특히 비녀의 머리 부분은 다양한 형상으로 만들어졌다. 비녀는 그 재료와 머리 부분의 형상에 따라 다양한 종류로 분화되었으며, 왕조 시대에는 신분의 존비와 귀천에 따라 차등이 있었고, 계절이나 예복 착용 여부에 따라 적절히 구분하여 사용하였다.
이 비녀는 몸통 끝을 진주와 화문으로 장식하고 그 위에 봉황이 날개를 펴고 앉은 모양을 만들어 붙였다. 봉황의 꼬리에는 두 개의 진주가 박혀 신비로운 분위기를 자아내며, 봉황 장식은 앞뒤로 흔들리도록 만들어져 착용 시 살아 움직이는 듯한 생동감을 준다.

044-1 은대삼작 노리개銀大三作 珩

Set of Three Silver Norigae

조선 후기
은銀, 사직絲織
길이 36.5cm
박물관

이 노리개는 방아다리, 투호投壺, 장도粧刀의 대삼작 노리개에 향낭香囊을 더하여 사작 노리개가 띠돈에 연결되어 있으나 패용할 때는 이 중에서 삼작만을 하였다. 방아다리는 보통 쌍 귀이개만으로 구성되지만, 이 노리개에는 양쪽에 칠보로 장식한 드리움 두 개가 추가되어 더욱 화려한 형태를 띤다. 향낭은 하단이 열리도록 만들어져 있어 내부에 향조각을 넣을 수 있으며, 가장자리를 따라 '아亞'자 문양이 새겨져 있다. 투호는 몸체의 앞뒤에 '복福'자가 새겨져 있고, 양옆에 나비가 있다. 장도는 몸체 전체에 불로초不老草 문양이 있으며 기능과는 무관한 장식적 역할을 하고 있다. 띠돈에는 난초 문양이 새겨져 있다. 낙지발술은 단일 색상이 아닌 세 가지 색상이 조화롭게 어우러져 있는데, 인접한 술들과의 색감 조화를 이루며 전체적으로 통일된 느낌을 준다.

044-2 도금대삼작 노리개鍍金大三作 珩

Set of Three Gold-plated Norigae

조선 후기
동銅에 도금鍍金, 사직絲織
길이 34cm
박물관

이 노리개는 도금한 방아다리, 투호, 장도 노리개가 합하여 삼작을 이루고 있다. 방아다리는 귀이개 2개가 늘어져 있고 몸체와 이어지는 부분에는 붉은 천 뭉치를 넣고 그 주위를 금사金絲로 둘러쌌으며 홍석紅石이 삽입되어 있다. 투호는 몸체 앞뒤에 '수壽', '복福'자를 새기고 양옆에 나비 문양을 더했으며, 이 역시 홍석으로 장식하였다. 장도는 전체에 불로초 무늬가 감싸고 있으며 중심에 홍석을 넣었다. 술은 진분홍, 황색, 백색의 낙지발술로 마무리되어 있다.

045-1 사인검四寅劍

Saingeom(Talismanic Sword of the Four Tigers)

조선 후기
나무木, 어피魚皮, 철鐵, 금金, 황동黃銅
칼자루: 길이 16cm
칼날: 길이 59.5cm 폭 3.2cm
칼집: 길이 65.8cm
박물관

인검은 간지의 '인寅'자가 들어가는 때에 제작된 칼로 무武의 기운이 강하여 부월斧鉞이 상징하는 바를 구현한다고 생각하였다. 인년寅年, 인월寅月, 인일寅日, 인시寅時, 이 네 가지가 모두 적용되는 시기에 제작된 칼을 사인검四寅劍, 세 가지가 겹칠 때 제작된 칼을 삼인검三寅劍, 두 가지가 겹칠 때 제작된 칼을 이인검二寅劍라고 한다. 이 칼은 인년, 인월, 인일, 인시에 제작된 사인검이다. 칼날의 한 면에는 북두칠성과 28수 천문도가, 다른 면에는 검결劍訣 27자가 전서체篆書體로 금입사되어 있다. 칼집과 자루는 나무이며 각각 흑칠黑漆과 어피魚皮로 마감되어 있다. 칼에 부착된 모든 금속 장식은 황동으로 제작되었다. 코등이는 귀면문鬼面紋, 검두는 여의如意 형태이며, 칼집 입구에는 화염火焰 문양이 장식되어 있다. 칼집 측면에는 용 모양의 장식과 함께 패용 고리가 달려 있으며, 고리에는 청색 수술이 매달려 장식성을 더하고 있다.

045-2 삼인검三寅劍

Samingeom(Talismanic Sword of the Three-Tigers)

조선 후기
나무木, 철鐵, 황동黃銅
칼자루: 길이 15.4cm
칼날: 길이 44cm 폭 3.1cm
칼집: 길이 45.6cm
박물관

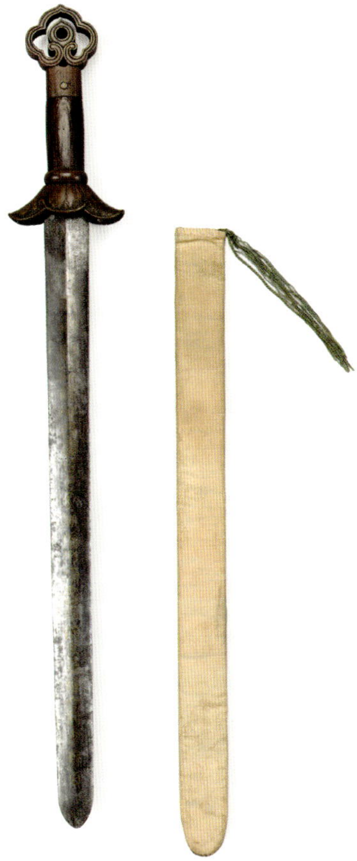

삼인검은 일종의 의장용 보검寶劍으로 하늘의 아들인 왕이 장수에게 주어 권위를 확인시키게 된다. 그래서 보통 문양으로 수면문獸面文이나 성좌星座 등이 표현되었다.
이 삼인검의 검신 한 면은 북두칠성에 좌필성左弼星, 우보성右補星이 포함된 구성의 금입사가 있고, 반대편에는 '三寅劍'이라는 명문이 전서체로 금입사되어 있다. 자루는 은입사한 당초문唐草紋 바탕에 '三寅劍'이라는 입사를 하였고, 황동 재질의 코등이는 연화문蓮花紋, 병두柄頭는 삼엽여의두형三葉如意頭形을 하고 있다.

045-3 어도御刀

Eodo(Royal Ceremonial Sword)

조선 후기
나무木, 철鐵, 동銅, 어피魚皮
칼자루: 길이 17cm
칼날: 길이 48cm 폭 2.1cm
칼집: 길이 55.3cm
박물관

칼자루와 칼집은 나무재질에 어피魚皮로 처리하였고, 장식은 황동으로 마감하였다. 칼날은 육각도六角刀의 단면을 가졌고 완만한 곡선이 우아하며 끝은 매우 예리하고 호인護刃은 금 재질로 판단된다. 코등이는 백옥으로 만들었고 패용 장식에는 백색 도포 끈이 남아 있다. 패용 장식의 상부 부속 일부와 칼집 끝의 마구리 장식은 망실되어 후대에 다른 부속으로 교체한 것으로 보인다.

046 **영모도**翎毛圖

Bird, Quails, and Crabs

최북崔北, 1712-1786
18세기
비단에 옅은 색絹本淡彩
각 세로 24cm 가로 18.3cm
박물관

최북崔北은 산수뿐만 아니라 꿩, 메추라기 등 새 그림에도 능숙했다고 하는데, 이 세 폭의 작은 그림들이 그러한 사실을 뒷받침해 준다.

첫 번째의 〈매조도梅鳥圖〉를 먼저 살펴보면 매화나무의 굵고 짤막한 나무줄기가 화면의 위쪽으로부터 내려오다가 오른쪽으로 급하게 구부러져 끊어지고 이 나무줄기로부터 몇 개의 작은 가지들이 꽃을 달고 각기 다른 방향으로 뻗어 나가고 있다. 수직으로 뻗어 내려간 가지에 고개를 틀어 균형을 잡으려는 듯 억지로 매달려 있는 새의 모습은 화면 전체에 팽팽한 긴장감을 불어넣어 준다. 그러나 대부분의 무거운 구성 요소가 화면 상반부에 몰려 있어 하반부에 대범한 여백이 긴장감을 어느 정도 이완시키고 여유를 찾아주는 역할을 하고 있다.

두 번째의 메추라기 그림은 대개 일각구도一角構圖로 약간 경사진 지면에 한쪽으로 새를 한두 마리 배치하고 갈대 잎, 난초 잎, 또는 수선화 잎을 몇 개, 혹은 이 그림의 국화처럼 조그만 식물을 곁들여 둔한 새의 형태와 서로 보완 관계를 이루도록 한다.

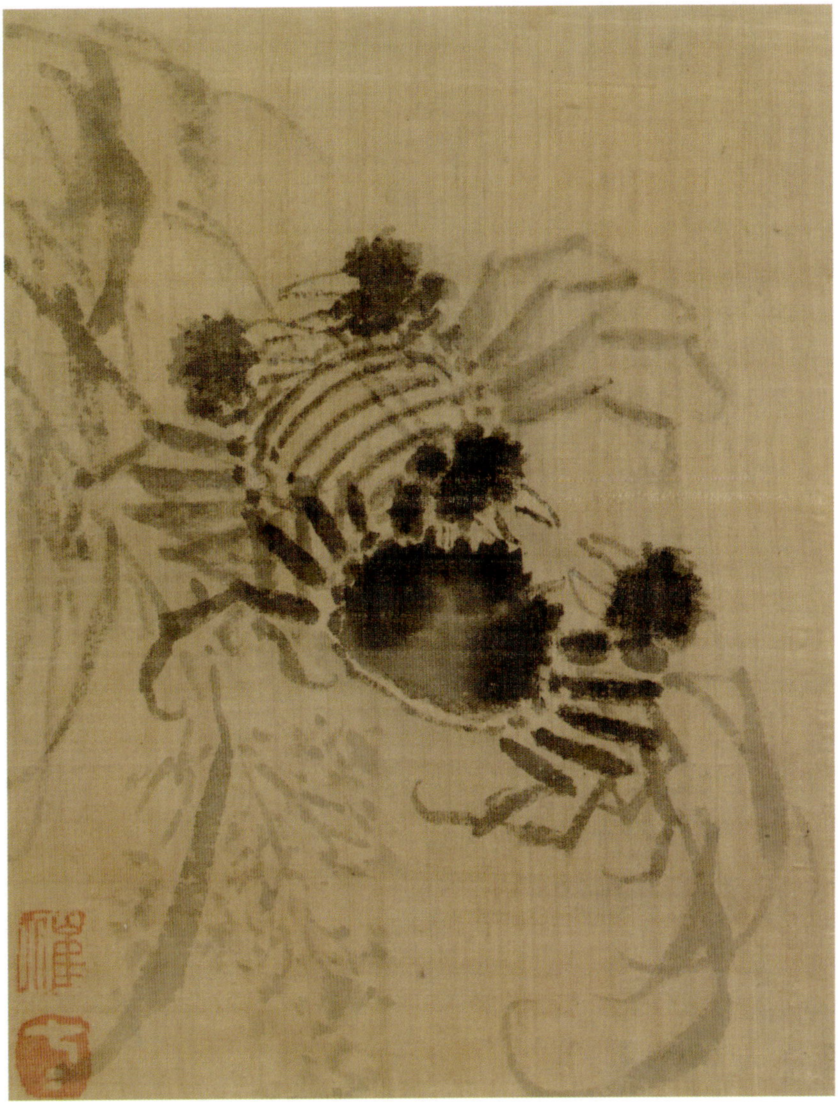

《고씨화보顧氏書譜》에 수록된 북송北宋의 화가 조창趙昌의 〈순도鶉圖〉나 휘종황제徽宗皇帝에게 전칭傳稱되어 오는 메추라기 그림들이 모두 이와 같은 구도를 보인다. 최북이 그린 이 작품도 이와 같은 전형적인 구도와 화면 구성 요소를 기본적으로 따르고 있다. 세밀한 공필의 메추라기와 몰골법으로 묘사된 갈대 잎과 국화가 대조를 이루며 최북의 기량을 한껏 드러내고 있다. 또한 오른쪽의 여백을 향하여 하늘을 바라보고 있는 메추라기의 시선을 따라 공간이 화면 밖까지 확대되는 효과를 보여 준다.

세 번째 폭은 두 마리의 게와 수초水草가 서로 얽혀 화면의 거의 중심부를 꽉 채우고 있는 그림이다. 위에서 아래로 흐트러져 있는 담묵의 수초와 한 마리는 담묵으로, 다른 한 마리는 농묵으로 묘사된 게들의 모습이 적절한 조화를 보여 준다. 수초의 구부러진 잎과 게의 구부러진 다리가 거의 구별이 안 될 정도로 몰골법의 호방한 필치를 보여, 작은 그림이지만 힘이 가득 찬 인상을 준다. 화면의 왼쪽 아래 부분에 '최북崔北'이라는 주문방인朱文方印과 '칠칠七七'이라는 백문방인白文方印이 연이어 찍혀 있다.

047 초충도첩草蟲圖帖

Plants and Insects

심사정沈師正, 1707-1769
18세기
종이에 채색紙本彩色
각 세로 16.3cm 가로 10.7cm
박물관

심사정沈師正은 다양한 양식이 성행하던 18세기 화단에서 명明의 오파吳派와 원말사대가元末四大家 등의 여러 화법을 연구하고, 이후에는 강한 묵법의 절파화풍浙派畫風을 융합시킴으로써 자신만의 독특한 화풍을 창출하여 조선남종화朝鮮南宗畵를 이룩한 화가이다. 그의 이러한 면모는 화가이자 비평가였던 강세황姜世晃, 1713-1791이 심사정 그림에 대해 비평했던 글에서도 나타난다. "명대 심주沈周 화법을 받아들여 처음에는 피마준披麻皴을 썼고, 때로는 미법米法의 대혼점大混點을 활용하다가 중년 이후에야 부벽준斧劈皴을 시작하였다"고 한 대목이 그것이다.

심사정은 대체로 산수화에 치중하였지만, 못 그리는 그림이 없었고, 그중에서도

화훼초충花卉草蟲을 제일 잘 그렸다고 평가되기도 한다. 수묵담채로 그린 심사정의 화훼초충도는 여러 점 남아 있어 담백하고 깔끔한 그의 화격畫格을 짐작하게 한다. 이 《초충도첩》은 대상의 윤곽이 없는 몰골 형식으로 채색만을 이용하여 꽃과 나비, 들쥐 따위를 그려 내고 있어 소박한 정서를 잘 드러낸 뛰어난 작품이라고 할 수 있다. 이 중에 바위와 화접花蝶을 한 폭에 그린 네 번째 그림은 서울대학교박물관 소장 심사정의 〈초충도〉와 필의筆義가 같아 연구 대상이 될 만하다.

관지가 없는 채로 각 폭에는 심사정의 호인 '현재玄齋'가 주문방인朱文方印으로, 그의 자인 '이숙頤叔'이 백문방인白文方印으로 하여 상하로 찍혀 있다.

048 한호팔곡병閑虎八曲屛

Relaxing Tigers

작자 미상
18세기
종이에 채색紙本彩色
각 세로 54.5cm 가로 39cm
박물관

18세기 조선 영조英祖, 1694-1776와 정조正祖, 1752-1800 대는 문예가 부흥되고 한국적 주제를 다룬 회화가 성행하던 시기이다. 이 병품은 이 시기 제작된 것으로, 호랑이와 양, 식물 등 다양한 소재가 등장하는 작품이다.

8폭 가운데 6폭은 각 폭에 호랑이 한 마리씩만 그렸고, 남은 2폭 중 한 폭에는 암수 두 마리와 새끼 및 어린 양들도 그렸다. 배경에는 송松, 죽竹, 매梅 등을 배치하였다. '한호閑虎'라는 제목 그대로, 한가로운 호랑이들의 여러 가지 모습을 각양각색의 자태와 기법으로 그렸다. 무서우면서도 친근한 호랑이의 품성을 상징적으로 조형한 그림이다.

흥미로운 것은 사군자나 기암괴석을 폭마다 달리 배치하여 화면의 독립성을 각각 부여하는 동시에 화면 아래쪽의 지형이나 초목에 대해서는 화면 간 연결성을 강하게 의도하였다는 점이다. 폭마다 따로 또 8폭을 연결하여 전체적으로 감상할 수 있도록 2중의 구도로 고안되어 있는 그림이다.

049 매화병제도梅花幷題圖

Plum Tree with a Poem

정약용丁若鏞, 1762-1836
1813
비단에 옅은 채색絹本淡彩
세로 44.9cm 가로 18.5cm
박물관

정약용丁若鏞은 전형적인 문인여기화가文人餘技畫家로서 소박하고 순수한 작품들을 남겼다. 정조의 총애를 받았던 그는 정조가 승하한 후 강진으로 유배되어 1801년부터 1818년까지 약 18년 동안 있었다. 〈매화병제도〉는 그의 외로운 유배생활을 그대로 반영하는 작품으로, 윗부분에는 간단히 매화와 새를 그리고 그 아래에는 시와 발문跋文을 적어 전형적인 문인화의 형식을 갖추고 있다. 시에 이어서 작은 글씨로 쓴 '嘉慶十八年癸酉七月十四日 洌水翁書于茶山東菴'이라는 연호와 간기, 그리고 관서款署가 있고, 이어서 이 작품을 만들게 된 사연을 다음과 같이 적었다.

翩翩飛鳥 息我庭梅
有烈其芳 惠然其來
爰止爰棲 樂爾家室
華之旣榮 有蕡其實

훨훨 나는 새가 우리 집 뜰 매화나무에 와서 쉬네,
그 나무에 짙은 향기 있어 그리도 잘 온다네.
거기 머물다가 살기도 하고 너의 집안 화락하기도 하다.
꽃이 활짝 피고 나면 열매가 가득 맺는단다.

余謫居康津之越數年 洪夫人寄敝裙六幅 歲久
紅渝 剪之爲四帖 以遺二子 用其餘為小障 以遺女兒

내가 강진에 가서 귀양살이한 지 몇 해 후에 부인 홍씨가 해진 치마 6폭을 보내왔는데,
너무 오래되어 붉은색이 다 바래 버린 것이었다. 그것을 오려서 족자 4폭을 만들어
두 자식들에게 주고 또 그 나머지로는 작은 칸막이를 만들어 딸아이에게 주었다.

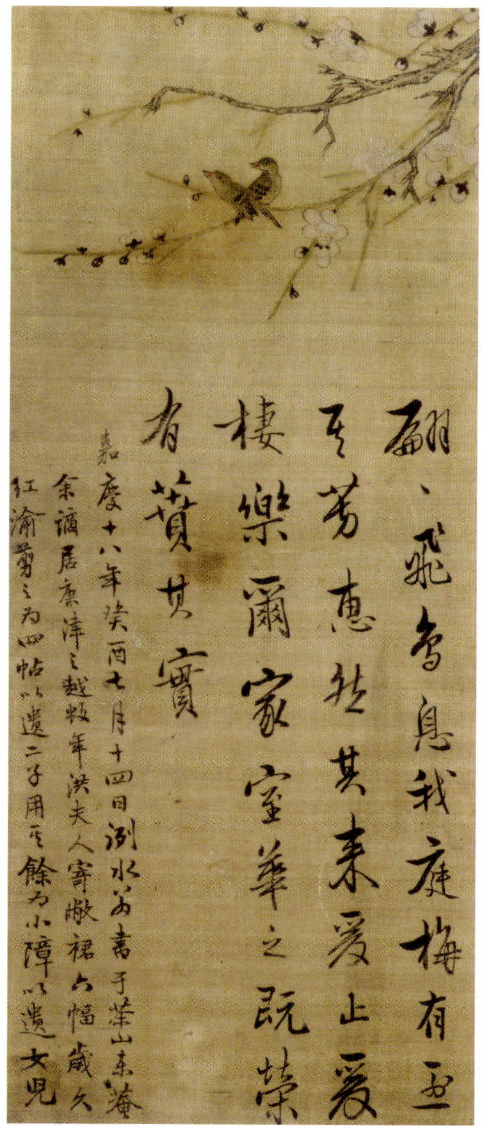

050 설죽도雪竹圖

Bamboo in Snow

유덕장柳德章, 1694-1774
18세기
종이에 먹紙本水墨
세로 150.7cm 가로 97.8cm
박물관

하얀 눈을 무겁게 이고 있는 겨울 대나무를 그린 그림이다. 유덕장柳德章은 댓잎과 줄기와 가지들이 눈을 잔뜩 이고 잎들은 모두 아래로 처져 있는 모습을 표현하였다. 댓잎이 빽빽한 곳은 흰 여백으로 눈을 표현하여 댓잎들 사이의 소밀疏密을 조절하였으며, 댓잎은 농묵으로 '个'자형으로 그렸다. 왼쪽 하단의 바위는 담묵으로 간일하게 표현하여 대나무와 대비를 이루고 있으며, 바위 틈에서 올라오는 세죽細竹 역시 대비감과 긴장감을 조성하고 있다. 한겨울 눈이 쌓인 가운데서도 푸르름을 잃지 않는 고고한 대나무의 자태를 잘 표현하였다.

051 잡화도雜畵圖

Various Objects

장승업張承業, 1843-1897
19세기 후반
종이에 먹紙本水墨
각 세로 101.2cm 가로 27.4cm
박물관

장승업張承業은 전통적인 남종화와 중국에서 유입된 양주화파揚州畵派와 해상화파海上畫派 등 다양한 화풍을 종합, 절충한 뒤 자기화하여 조선 말 화단을 화려하게 장식한 화가이다. 장승업은 산수, 인물, 화조, 영모, 기명절지器皿折枝 등 다양한 화목畵目에서 뛰어난 성취를 이루었으며 이처럼 병풍을 꾸민 예가 많다. 이 병풍에도 역시 다양한 소재가 섞여 있어서 다양한 화목에 뛰어났던 장승업의 면모를 잘 보여 준다.

제5폭과 제9폭에는 노자기우도老子騎牛圖, 왕희지환아도王羲之換鵝圖의 고사인물도故事人物圖, 제1·2·3·6·8폭에는 노루, 학, 고양이, 기러기 등의

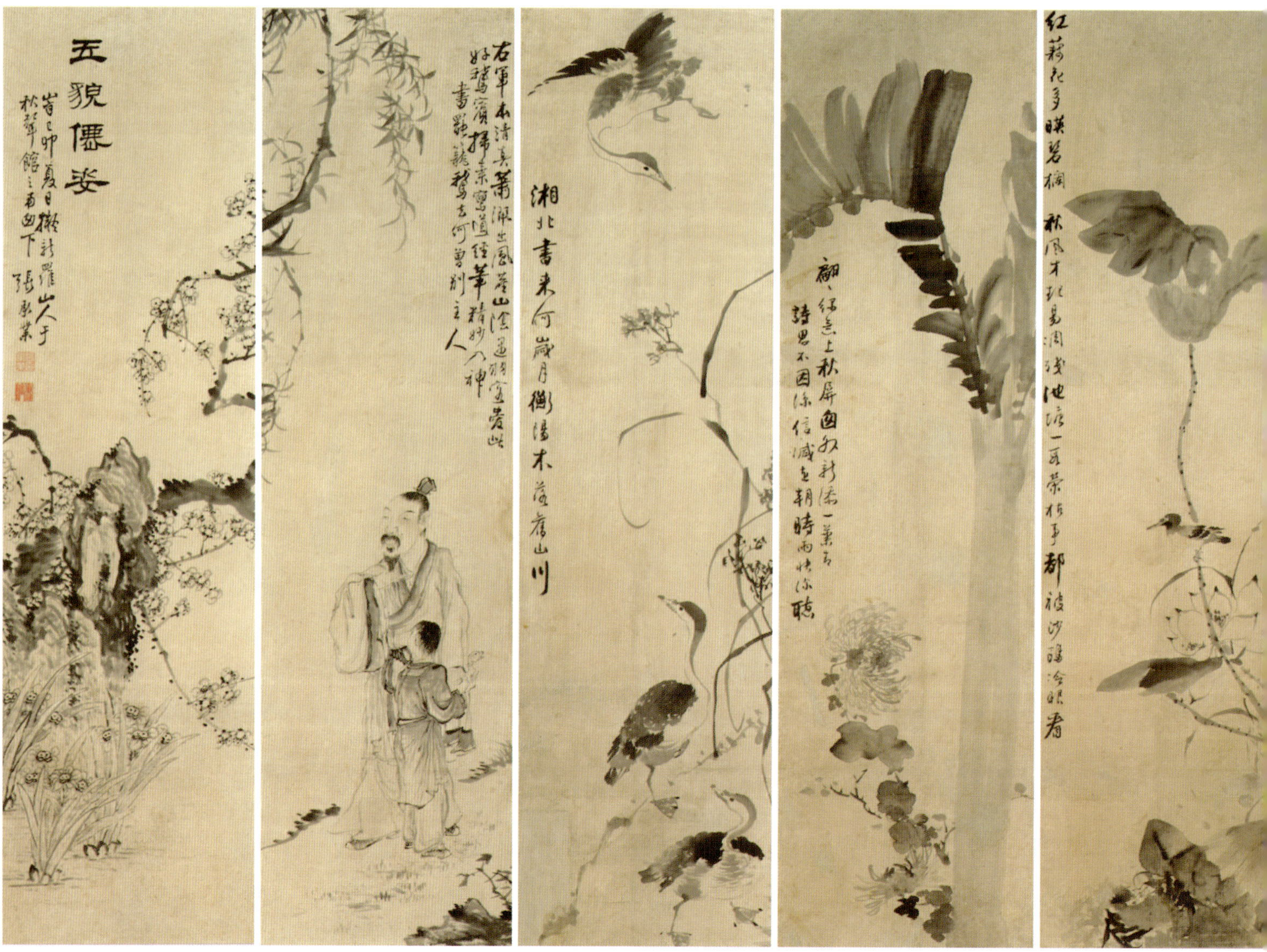

영모도翎毛圖, 제7·10폭에는 국화와 매화, 수선화 등의 화훼도花卉圖가 그려져 있는데 이들은 모두 근대기에 수요가 많았던 그림들이며 장승업이 즐겨 그린 분야이기도 하다. 그런데 제10폭의 괴석과 매화를 비롯하여 간혹 안중식安中植, 1861-1919의 필치가 느껴지는 그림들이 눈에 띈다. 장승업의 그림 가운데에는 당대의 명망가들에게 대리낙관을 받거나 안중식이 장승업 사후인 1900년대에 추제追蹟를 한 작품이 많은데, 이 작품 역시 안중식이 제발題跋과 간기刊記를 써 넣은 것으로 파악하기도 한다.

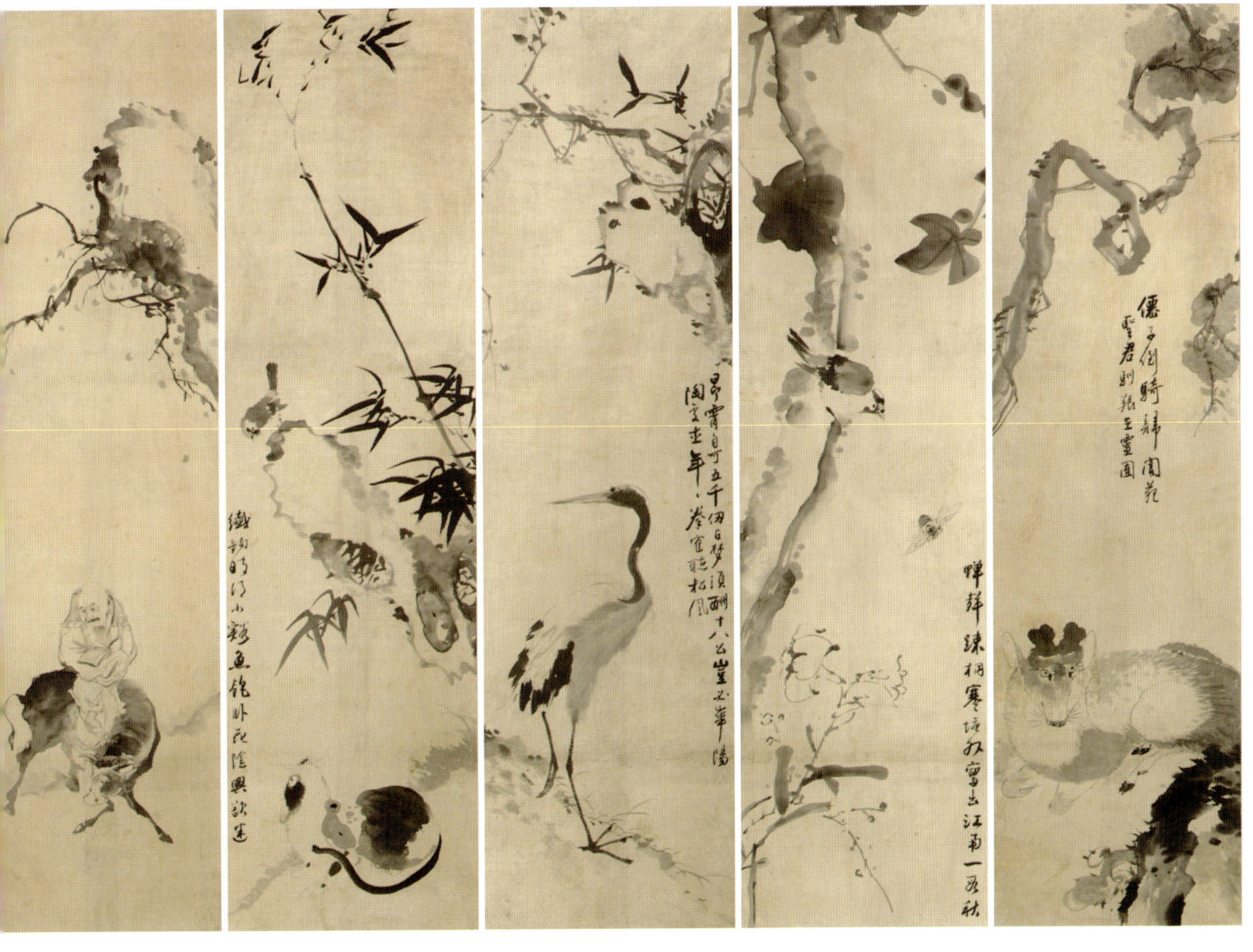

052 석란도石蘭圖

Orchids and Rocks

이하응李昰應, 1820-1898
19세기
비단에 먹絹本水墨
각 세로 51.8cm 가로 23.4cm
박물관

석란화石蘭畵와 총란화叢蘭畵로 이루어진 10폭 병풍이다.
흥선대원군興宣大院君이라는 작호爵號로 더 잘 알려진 고종高宗의 아버지 이하응李昰應은 조선 말기의 정치가로 서화에 능했으며, 특히 묵란墨蘭에 뛰어났다. 그가 그린 묵란은 대개 많은 수의 잎이 한 무더기를 이루고 있다. 각 난엽은 굵기의 변화가 심하고, 그 잎들이 가늘고 길며 끝이 예리하다. 그의 난초 그림은 김응원金應元, 1855-1921에 의해 계승되는 등 널리 유행되었는데, 그런 만큼 당대 및 후대의 모방 작품들이 많아서 그의 작품으로 전하는 것에는 그 진위 여부가 문제시되는 것도 적지 않다.
이 작품은 10폭 병풍으로 각 화폭에 대각선을 중심으로 난초와 바위가 각기 배치되어 있고, 두 폭씩 마주보거나 대칭되게 그려진 것이다. 바위의 윤곽선과

무더기진 난초를 담묵으로 처리하고 그 위에 진한 먹으로 다시 몇 가닥의 난엽과 태점을 군데군데 찍었다. 이 작품은 괴석怪石과 난엽蘭葉의 표현에서 묵법墨法과 필선이 매우 부드러워진 경향을 보이는데, 이는 이하응의 60대 이후 노년기 화풍의 특징이다. 이 시기 이하응은 석란화와 총란화를 본격적으로 제작하였으며, 특히 석란화는 이하응의 대표적인 묵란화 구도법으로 자리를 잡았다. 첫 폭과 끝 폭에 각각 다음과 같은 글을 썼다.

畫為漢園先生清鑒
石坡道人作

한원 선생이 청감하시도록
석파도인이 그리다.

053 월광月光

Moonlight

김환기金煥基, 1913-1974
1959
캔버스에 유채
세로 92cm 가로 60cm
박물관

김환기金煥基는 전남 신안군 기좌도 출생으로 1933년부터 1937년까지 일본 니혼日本대학에서 서양화를 배웠다. 한국 최초의 추상 화가이며 근대 화가 중 가장 국제적인 화가로서 도쿄, 서울, 파리, 뉴욕 등에서 작품활동을 하였다. 1930년대에는 구성주의적 추상, 1950년대에는 백자와 십장생, 산과 달을 소재로 한 반추상, 1960년대 후반부터는 기하학적 추상을 거쳐 1970년대에는 점묘 추상회화로 나아갔다.

1959년작 〈월광〉은 파리 시절의 연장선에 있는 작품으로 김환기 특유의 푸른색이 기하학적으로 단순화된 달과 산의 형상과 어울려 시적 감성을 불러일으킨다. 산허리의 빨갛고 파란 두 개의 직사각형은 화면에 생동감과 리듬감을 부여하는 요소로 작용한다.

whanki 59

054 꽃과 노란 어린이

Flowers and Yellow Children

이중섭李仲燮, 1916-1956
1955
종이에 펜과 유채
세로 22cm 가로 15cm
박물관

대향大鄕 이중섭李仲燮은 평남 평원에서 부농의 3남매 중 막내로 태어났다. 1937부터 1940년까지 일본 분카文化학원 서양화과에서 수학하였고, 도쿄의 미술창작가협회전美術創作家協會展에서 수차례 수상하였다. 귀국 후에는 조선신미술가협회 결성에 참여하여 활동하였다. 6·25전쟁 중 남하하여 통영, 진주, 서울에서 개인전을 개최하였으나 40세의 아까운 나이로 별세하였다.

이중섭의 작품은 민족과 개인의 생존을 위협하는 현대사회에 격렬하게 대항하는 표현적 작품군과 가족과의 행복한 만남을 열망하는 유토피아적 도상의 작품으로 크게 나누어 볼 수 있다.

〈꽃과 노란 어린이〉는 이중섭이 헤어진 두 아들을 그리워하며 많이 그렸던 군동群童 시리즈에 속하는 그림이다. 꽃과 나비의 크기에 비해서 아이들은 벌레처럼 작아서 마치 탐스럽게 핀 꽃 주변을 둥그렇게 에워싸고 노는 요정들처럼 보인다. 천진무구하게 벌거벗고 노는 아이들, 자연 속에서 하나가 되어 즐기는 열락의 세계는 이중섭이 꿈꾸는 유토피아였다.

055 복숭아

Peach

박수근朴壽根, 1914-1965
1957
캔버스에 유채
세로 28cm 가로 50cm
박물관

박수근朴壽根은 강원도 양구에서 태어났다. 가세가 몰락하여 양구 보통학교를 졸업하고는 상급학교에 진학하지 못했다. 해방 후에도 국전을 중심으로 활약하였다. 독실한 기독교 신자로서 가난하고 평범한 사람들의 소박한 모습을 진실하게 표현하고자 애썼다.
독학으로 그림을 공부하였고 조선미술전람회에 참가하여 수차례 입선하였다.
이 그림은 팔각 목반木盤에 담긴 복숭아를 그린 그림이다. 보통 박수근의 그림에는 회백색과 암갈색이 주색으로 사용되고 밝은색이 잘 쓰이지 않았지만 이 그림에서는 복숭아에 분홍과 연두색이 가해져 화사한 분위기가 조성되었다. 오래 사용해서 모서리가 닳은 목반, 끝이 뾰족하고 중간에 줄이 간 복숭아의 재미있는 형태, 느슨하게 풀어놓은 복숭아의 배열 등에서 소박하고 편안한 느낌이 전해진다.

세상을 담은 시선, 남겨야 할 길

인간은 세상에 태어나 삶을 영위하며, 다양한 시간적·공간적 경험을 축적하며 성장한다. 이렇게 경험하는 세계는 내가 딛고 선 이 땅과 아직 닿지 못한 미지의 공간, 나와 다른 타인, 그리고 현재를 넘어 전해지는 역사적 기억까지 포함한다. 그 속에서 인간은 자신의 자리를 찾고, 시대와 사회 속에서 주어진 역할에 응답하며 살아간다. 그리고 지나온 길을 되돌아보며, 기억을 담아 기록으로 남긴다.

견문록과 지리지, 지도에는 세상을 향한 호기심과 관찰의 시선, 그리고 그 세계를 인식하고 나아가려는 의지가 담겨 있다. 역사서는 한 시대를 살아 낸 이들의 삶과 일, 정신을 글로 전하고, 인물의 초상과 기록화는 그 시대가 무엇을 기념하고 어떻게 기억되기를 바랐는지를 보여 준다. 이들은 우리가 세상을 바라보는 방식이자, 세계를 향해 내딛는 태도이며, 다음 세대를 향한 책임을 담은 언어이다.

居天下之廣居, 立天下之正位, 行天下之大道

거천하지광거, 입천하지정위, 행천하지대도

: 천하의 가장 넓은 집에 거처하고, 천하의 가장 바른 자리에 서며, 천하의 가장 큰 길을 간다.

맹자孟子 등문공滕文公 하下

大

〔대〕

056 북행록北行錄

Bukhaengnok

이해李瀣, 1496-1550
1537
1책 | 필사본
세로 31.7cm 가로 20.0cm
도서관

퇴계退溪 이황李滉, 1501-1570의 형인 온계溫溪 이해李瀣가 1536년 5월 1일부터 5월 24일까지 함경도 어사御史로 나가 백성의 생활상, 관리와의 교유, 국경 지역 정보, 서울과 함경도를 왕래한 경로 등을 기록한 친필 행록이다. 어사 임무 수행 중에는 보堡와 진鎭에서 군졸軍卒 및 국방 장비를 점검하여 국경의 방비 상태를 확인하였다. 어면보魚面堡 지역에서는 문을 지키는 군사가 바로 문을 열어 주지 않고 방문한 사람에 대해 엄격히 확인하는 모습이 나오는데, 어사의 순행에 엄격한 방비를 보여 주기 위해 바로 문을 열어 주지 않았다고 하는 에피소드를 기록하였고, 신방구비神方仇非 지역에서는 보와 보 사이가 매우 멀다는 점을 기록하여 국경 방비에 대한 걱정을 보이기도 하였으며, 수자리 서는 군인들이 경작하는 농작지도 점검하였다. 5월 13일에는 어느 인가에 들어가니 늙은 아낙이 어린 남녀만 데리고 있으며 남자 주인은 군인으로 수자리 살러 가서 아직 돌아오지 않았다는 내용을 기록하여 국경 지역의 백성들의 고단한 삶을 보여 주기도 하였다. 또한 이깔나무가 울창하게 자란 숲을 지나며 이 진액을 채취하여 창瘡에 바르면 신효神效하다는 말을 전해 들은 소소한 에피소드도 빠짐없이 기록하였다. 《북행록》은 이해가 서울을 출발하여 경기도 포천, 강원도 철원 등을 거쳐 어사 임무를 수행한 함경도로 간 여정이 세세하게 기록되어 있어 조선 중기 서울에서 함경도를 왕래하는 경로를 확인할 수 있는 자료이기도 하다. 고려대학교도서관 소장본이 유일본이다.

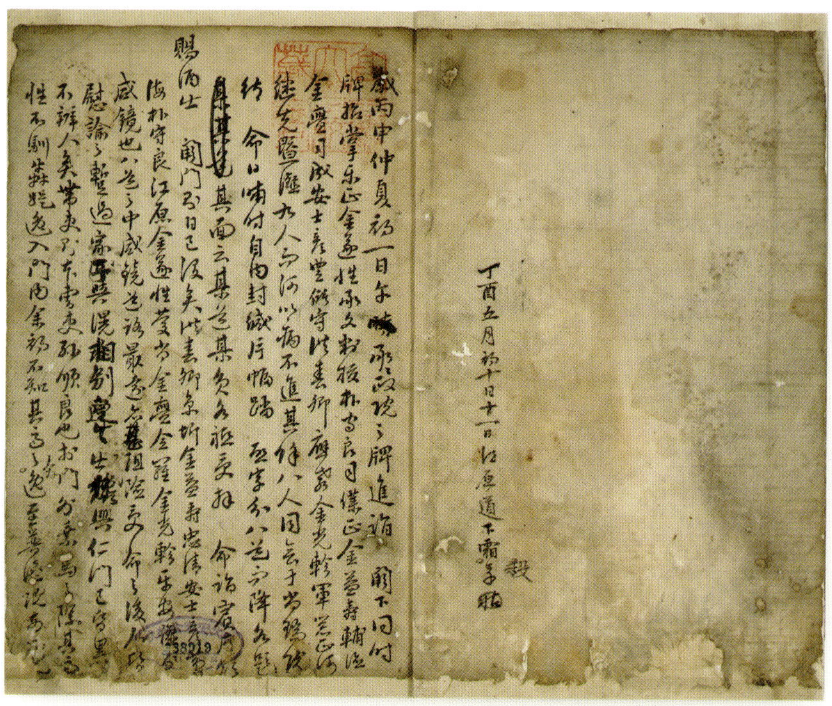

057 표해록漂海錄

Pyohaerok

최부崔溥, 1454-1504
1546-1567
영본零本 1책 | 금속활자본(갑인자)
세로 31.9cm 가로 20.8cm
도서관

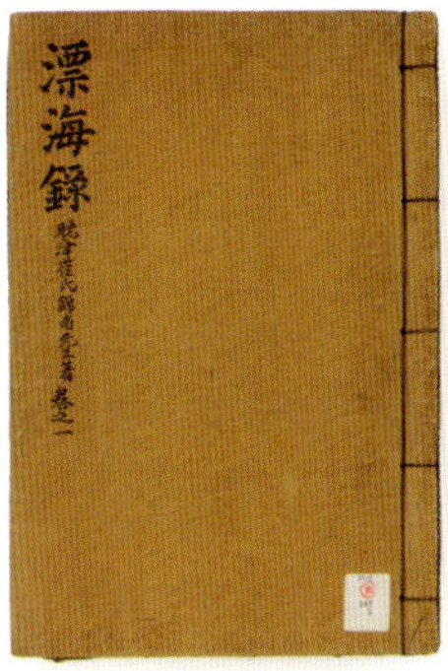

금남錦南 최부崔溥가 1488년 제주도를 출발했다 풍랑을 만나 명明나라에 표착漂着, 귀국하기까지의 일을 일기와 기사 형식으로 기록한 여행기이다. 최부가 부친상 소식을 듣고 1488년 윤1월 3일 제주를 떠나 고향 나주羅州로 가다가 뜻밖의 풍랑을 만나 표류하게 되어, 시종侍從들을 포함한 일행 42인을 거느리고 중국의 절강성浙江省 영파부寧波府 해안에 표착하여 온갖 고난을 겪은 뒤, 명나라의 호의로 북경北京과 요동遼東 및 의주義州를 거쳐 6월 14일 서울로 돌아와 성종成宗을 알현謁見하였을 때 명을 받아 지어 올리게 된 것이다. 절강성 영가현永嘉縣부터 북경까지 중국의 해로海路, 기후, 산천, 도로, 관부官府, 고적, 풍속, 민요 등 폭넓은 영역에 걸쳐 자세히 소개하고 있다. 특히, 중국 농촌에서 논밭에 물을 퍼올리는 수차水車를 보고 그 제작과 이용법을 배운 일을 기록하고 있다. 또한 3월 28일부터 4월 23일까지 북경에서 머무르며 경험한 일들, 4월 24일 북경을 출발하여 요동을 거치며 얻은 견문, 6월 4일 압록강을 건너 의주에 도착하기까지의 이정里程 등을 자세히 기록하고 있다. 왕명에 의하여 지어졌기 때문에 스스로 '신臣'이라고 기록하여 보고문 같은 성격도 띠고 있으며, 현재 전하고 있는 표해 기록문 중 가장 오래되었다. 고려대학교도서관 소장본은 1546-1567년 사이에 갑인자甲寅字로 간행한 활자본이다.

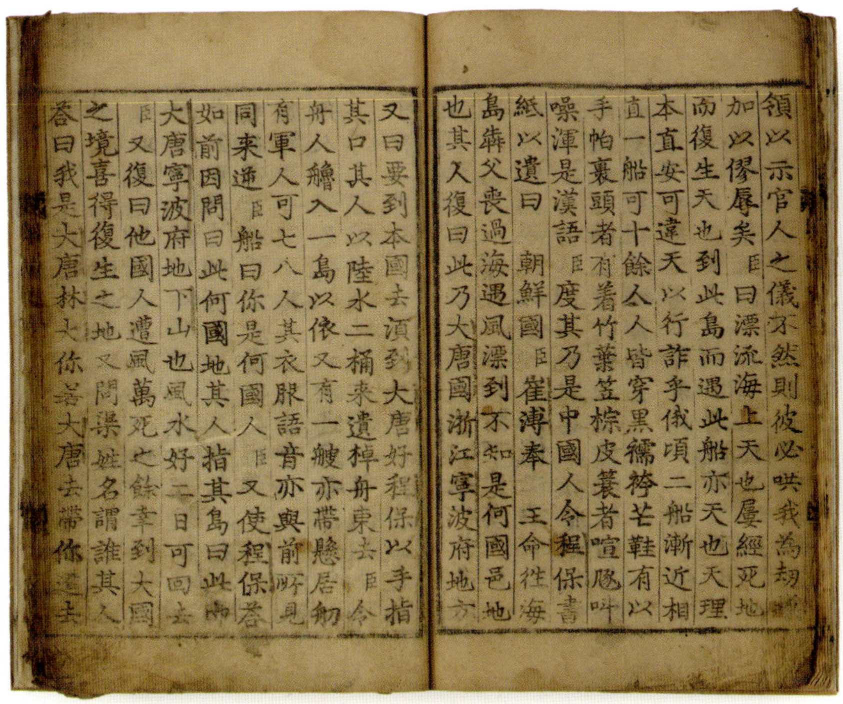

058 조천기朝天記

Jocheongi

허봉許篈, 1551-1588
1577
2책 | 필사본
세로 30.6 가로 21.9cm
도서관

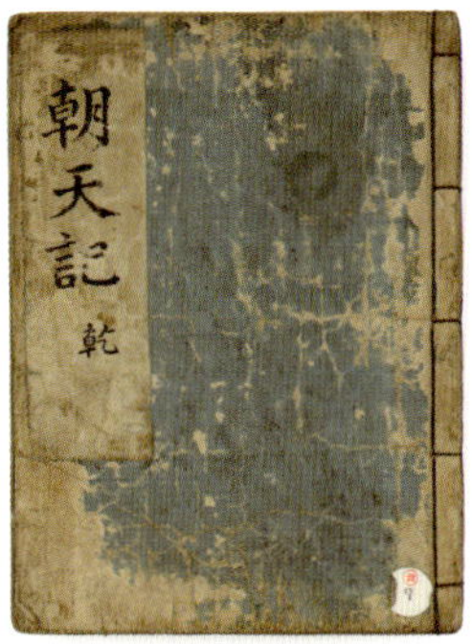

허균許筠, 1569-1618의 형인 하곡荷谷 허봉許篈이 명明나라 신종神宗, 1563-1620의 생일을 축하하기 위한 성절사행聖節使行의 서장관書狀官으로 중국에 다녀오며 기록한 책이다. 1574년 5월 11일부터 11월 3일까지 약 6개월간의 일정과 견문을 기록했다. 상·중·하 3권과 〈과강록過江錄〉으로 이루어져 있다. 상권은 서울을 출발해 6월 29일 해주위海州衛에 도착할 때까지 연혁과 경승, 풍속 등을 기록하였고, 중권은 7월 1일부터 8월 30일까지 우가장牛家莊에서 산해관山海關을 거쳐 북경에 들어가서 명나라 황제의 생일을 축하하고 북경을 구경한 내용을 기록하였다. 하권은 9월 3일 입궐해 사은謝恩한 다음 8일 도문都門을 나서서 의주에 이르기까지 돌아올 때까지 기록하였다. 예궐해 사은하는 절차, 궁궐 내의 정경, 정문呈文, 종계변무宗系辨誣의 교섭, 당시 명나라의 정치적 상황 등을 기록하였다. 〈과강록〉은 10월 10일 강을 건너 11일 의주 동헌에서의 연회, 11월 3일 서울에 도착해 모화관慕華館에서 왕의 환영을 받고 근정전勤政殿에서 명나라 황제의 칙서를 반포하고 하례를 끝낼 때까지의 기록이다.

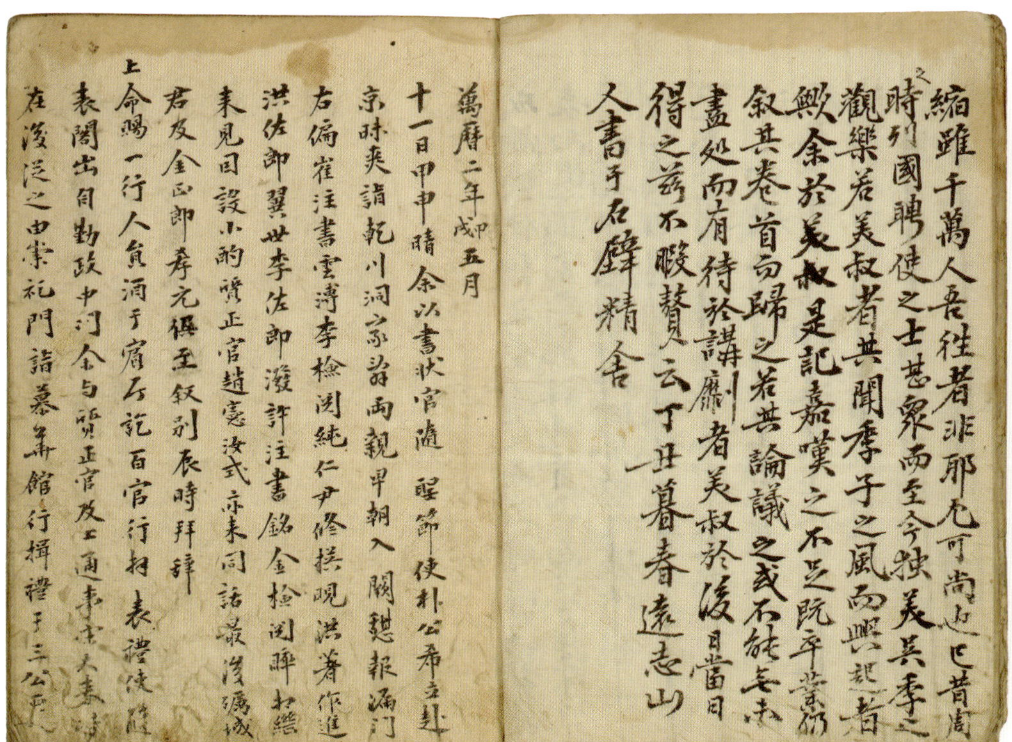

059 일본록日本錄

Ilbonnok

성대중成大中, 1732-1809
1763-1764
2책 | 필사본
세로 25.9cm 가로 17.4cm
도서관

청성青城 성대중成大中이 계미癸未 통신사通信使 조엄趙曮, 1719-1777의 서기관書記官으로 일본을 왕래한 후 남긴 책이다. 1763년 8월 3일부터 1764년 7월 10일까지의 행적을 날짜별로 기록한 〈사상기槎上記〉와 일본의 문물제도 및 풍속을 조목별로 서술한 〈일본록日本錄〉으로 이루어져 있다. 다른 사행록에서는 보이지 않는 예수와 마테오 리치의 학문이 일본에 전파된 과정에 대해 상세히 서술하는 등 조선 후기 일본 학술의 동향을 파악할 수 있는 중요한 지식과 정보가 많이 담겨 있다. 또한, 이덕무李德懋, 1741-1793, 박제가朴齊家, 1750-1805, 유득공柳得恭, 1748-1807 등 실학자들에게 일본에 대한 인식을 전환하는 계기를 마련해 주었다.

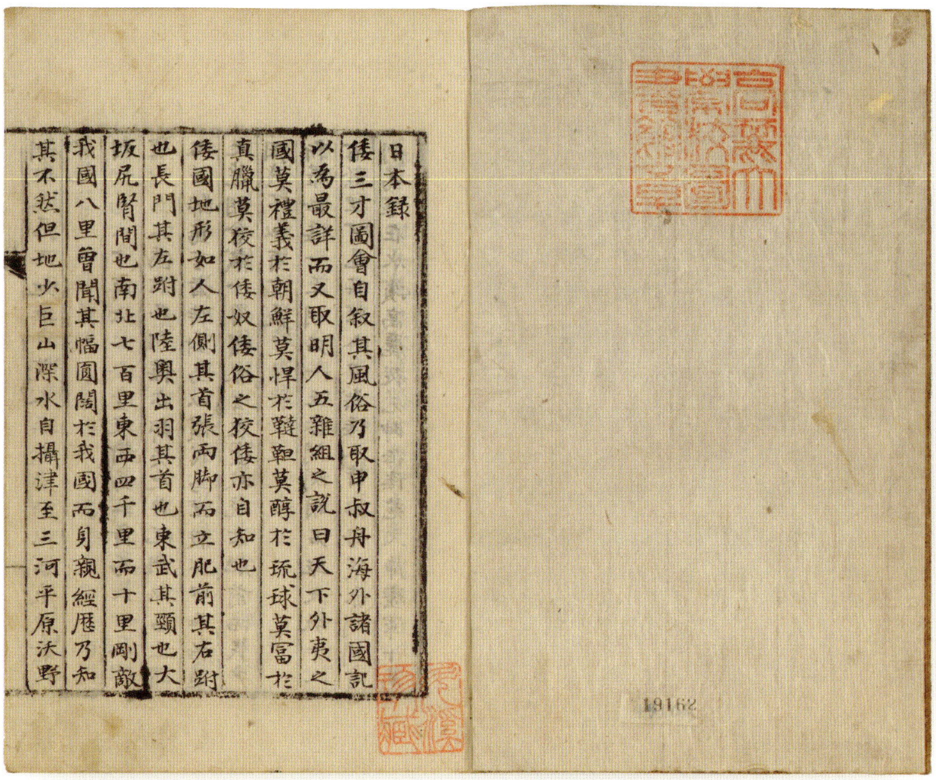
日本錄
倭三才圖會自叙其風俗乃取申叔舟海外諸國記
以爲最詳而又取明人五雜組之說曰天下外夷之
國莫禮義於朝鮮莫悍於韃靼莫醇於琉球莫富於
眞臘莫狡於倭奴倭俗之狡倭亦自知也
倭國地形如人左側其首張兩脚而立肥前其右肘
也長門其左肘也陸奥出羽其首也東武其頸也大
坂尻臀間也南北七百里東西四千里而十里剛敵
我國八里曾聞其幅圓闊於我國而身親經歷乃知
其不然但地少巨山深水自攝津至三河平原沃野

060-1 서유견문西遊見聞

Seoyu Gyeonmun

유길준兪吉濬, 1856-1914
1889 이후
10책 | 필사본
각 세로 26.8cm 가로 20cm
박물관

조선 후기부터 일제 시기 개화사상가이자 정치인으로 활동했던 구당矩堂 유길준兪吉濬이 서양 견문 후 저술한 한국 최초의 서양 소개서이다. 1889년 완성하여 갑오경장기인 1895년 일본 도쿄 교순사交詢社에서 간행했다. 단순히 서구를 견문하고 기록한 기행문이라기보다는 서구의 근대를 통해 우리의 근대를 어떻게 건설할 것인가를 정치, 경제, 법률, 교육, 문화 등 각 부문별로 제시한 근대화 방략서이다. 국한문혼용체로 쓰여 있으며 총 556쪽, 20편, 71항목으로 구성되어 있다.

유길준은 26세가 되던 1881년 봄 신사유람단으로 일본에 건너갔다가 시찰 후 일본에 남아 유학생활을 시작하면서 우리나라 최초의 일본 유학생이 되었다. 일본의 문명개화론자인 후쿠자와 유키치福澤俞吉, 1835-1901가 경영하는 게이오의숙에서 수학하면서 근대화에 대한 구상을 시작했다. 1883년 보빙사報聘使로 미국에 파견되어 각 방면의 시찰을 마친 후 다시 미국에 남아 학업을 이어 가다가 1884년 갑신정변의 실패 소식을 듣고 서구 여러 나라를 경유하여 조선으로 귀국했다. 1885년 귀국 후 갑신정변 관련 인물로 간주되어 가택연금에 처하게 되자 한규설韓圭卨, 1856-1930의 자택과 민영익閔泳翊, 1860-1914의

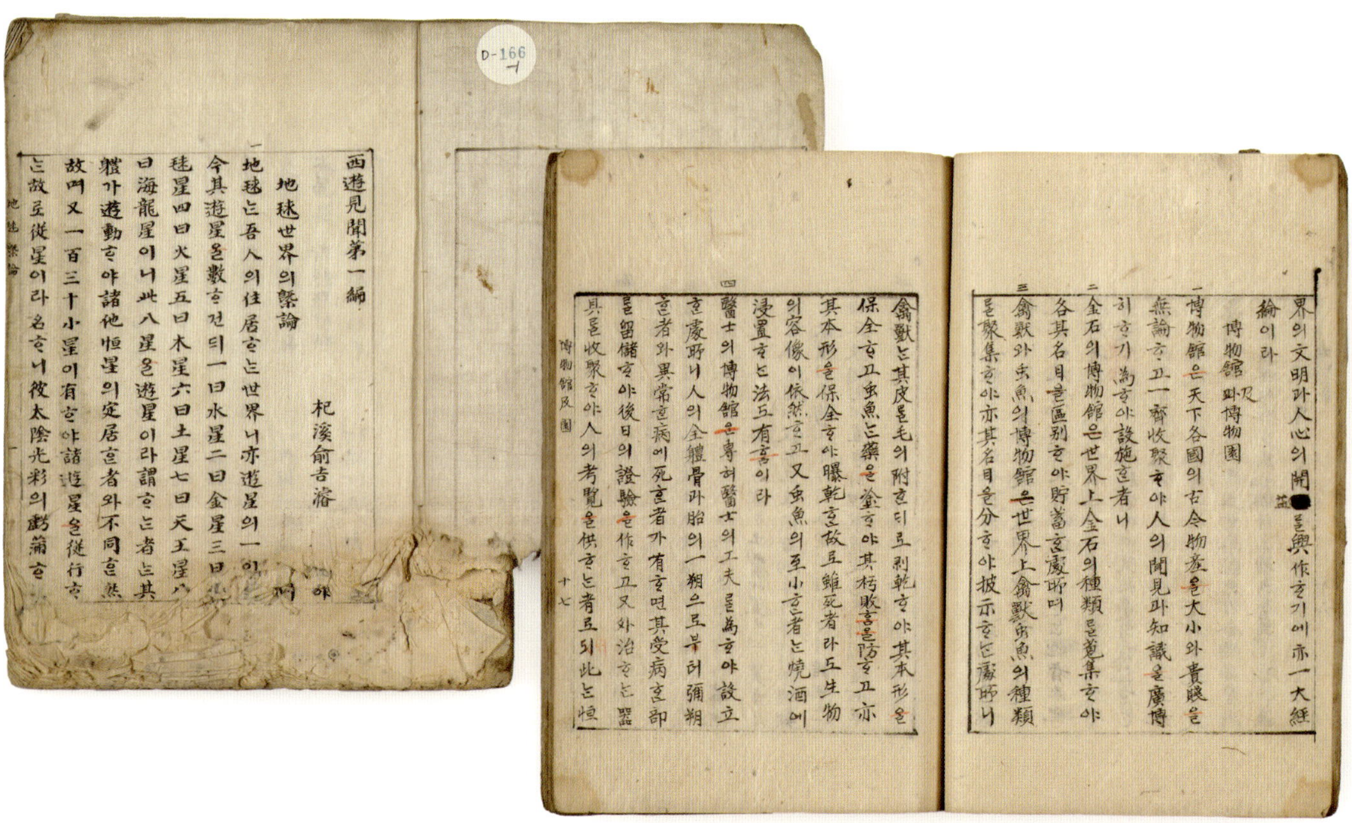

별장인 취운정翠雲亭에서 〈서유견문〉 집필을 시작하였고 1889년 봄에 완성하였다. 탈고 당시에 가지고 있던 필사본은 6년 후인 1895년 일본 교순사에서 인쇄, 간행되었다.
제1, 2편과 제19, 20편은 세계 개론 및 국가별 구분, 주요도시, 하천과 인종, 물산 등 세계의 인문지리를 담고 있고, 제3편부터 제18편까지는 서양의 정치제도 및 경제, 문화 실태를 소개하는 내용으로 이루어져 있다.
〈서유견문〉은 서양 각국의 지리, 역사, 행정, 풍속 등 광범위한 내용을 20편에 걸쳐 다룬 소개서로, 갑오개혁의 사상적 배경이 되었고 계몽사상의 형성과 국문학, 신소설의 내용과 주제 형성에도 큰 영향을 미쳤다.
고려대학교박물관 소장 〈서유견문 필사본 교정본〉은 1895년 도쿄 교순사에서 인쇄하기 전 교정을 보기 위해 필사한 것으로 군데군데 교정 흔적이 보인다. 교정과 인쇄가 완료되기 전 〈서유견문〉 초고 상태를 확인할 수 있는 자료라는 점에서 의미가 있다.

구당궤

구당 세면도구

060-2 유길준 단령兪吉濬 團領

Yoo Gil-jun's Danryeong

국가등록문화유산
1909 추정
모시苧
길이 119cm 화장 73cm
박물관

유길준兪吉濬, 1856-1914이 입었던 소례복小禮服 단령이다. 소례복은 문관용 통상의복으로, 1885년 을미의제개혁乙未衣制改革에서 그 용어가 처음 등장했다. 폭이 좁은 소매에 단령 형태를 한 옷으로 사모紗帽를 쓰고 화자靴子와 함께 착용하도록 규정되어 있었다. 이 옷 역시 두루마기를 기본으로 하여 단령의 깃을 부착했고, 고름 대신에 단추로 여미도록 구성하였다. 즉 단령, 두루마기, 양복의 요소가 적절하게 조합된 근대 과도기적인 양식을 보여 준다. 특히 고름 대신 단추가 부착되어 있는 점은 1908년 민간 주도로 결성, 활동했던 국민예복의정회國民禮服擬定會에서 국민의 통상예복으로 공모, 채택한 디자인을 토대로 만든 것이다. 1909년 대한협회 2주년 기념사진에서 이러한 형태의 단령 착장 모습을 볼 수 있어 대략 1909년 정도에 제작된 옷으로 추정된다. 이와 같은 단령의 전통식 소례복의 형태를 한 문관 복식은 1885년 을미의제개혁 이후 1900년 칙령 제14호 문관복장규칙에 따라 서구의 연미복으로 변경되면서 사라졌다.

이 단령은 1909년에 유길준이 직접 입고 촬영한 사진이 남아 있어 착장 고증도 가능할 뿐만 아니라 개항 이후 새로운 복식 체계를 도입하는 과도기적 단계를 보여 준다는 점에서 사료적·복식사적 가치가 높다.

061 # 해동팔도봉화산악지도 海東八道烽火山岳地圖

Haedong Paldo Bonghwa Sanak Jido

보물
1652-1712
종이에 채색紙本彩色
세로 218.0cm 가로 148.0cm
도서관

17세기 후반에 제작된 조선의 봉수대를 그린 지도이다. 전국의 봉수대를 산봉우리 위의 촛불처럼 묘사하였고, 지명과 산맥, 산봉우리를 자세히 그려 넣었다. 조선 시대 봉수로를 보여 준다는 역사적 가치 외에도 풍부한 회화성이 돋보인다. 산지 표현은 태세가 있는 회화적 필선을 사용하였으며 청록색 안료를 효과적으로 구사하고 있다. 우리나라 지맥의 종산宗山인 백두산이 우뚝 솟아올라 우람하게 묘사되고 흰색 안료로 강조되었다. 아래의 금강산 또한 흰색으로 강조하였다. 회청색 바다의 수파묘水波描가 인상적인데 마치 두 손을 깍지 낀 것처럼 마주하고 있는 특이한 모습을 반복적으로 나타내고 있다. 수파의 표면은 여러 개의 가는 곡선을 일정하게 긋는 등 공들여 표현하였다. 이러한 수파묘는 화면에 율동감을 더해 주어 이 지도의 회화적 효과를 더욱 높여 준다. 실용성과 예술성 모두 뛰어난 지도이다.

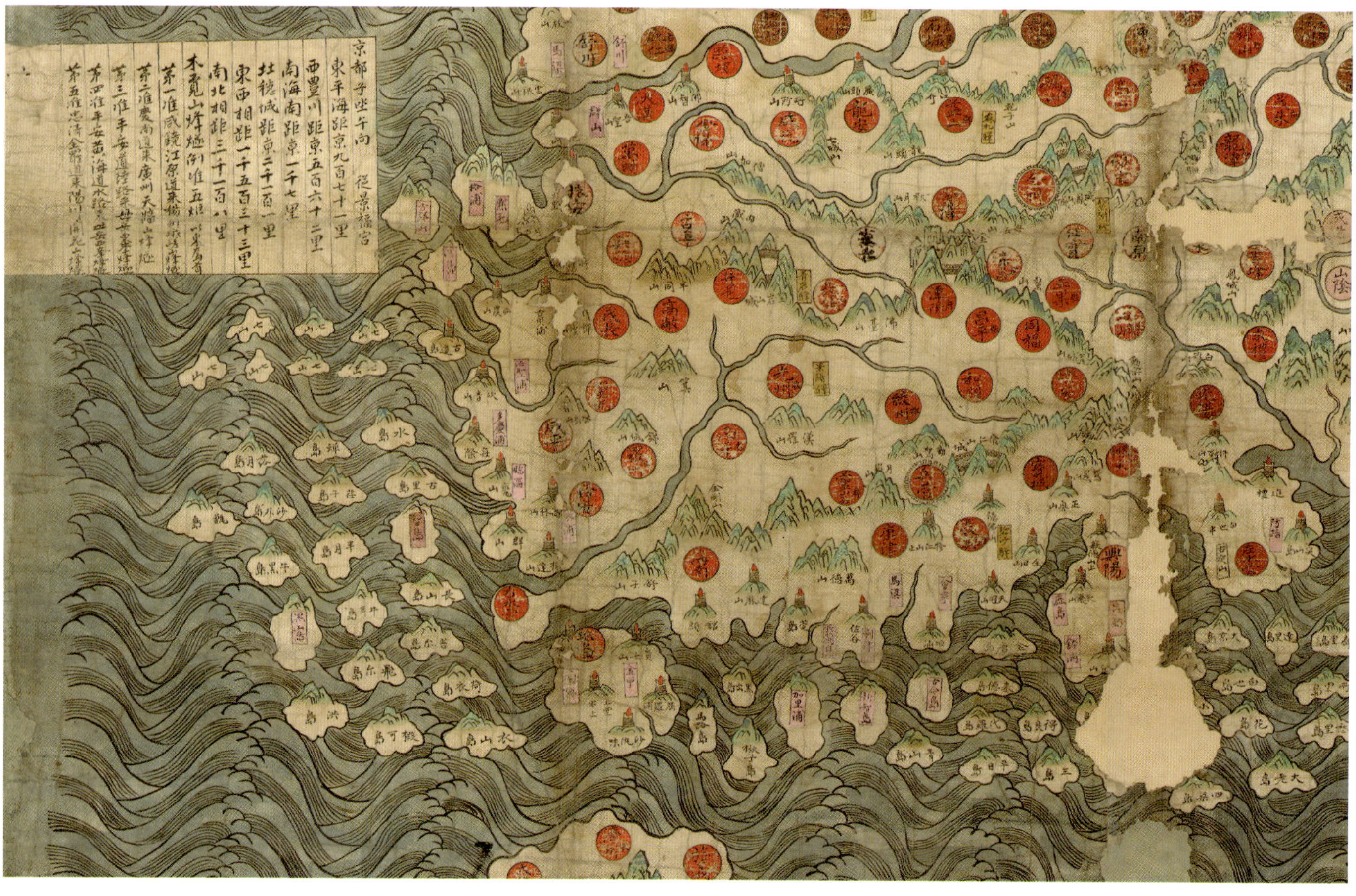

062 해좌전도海左全圖

Haejwa Jeondo

1835-1863
종이에 인쇄
세로 98.7cm 가로 56.5cm
박물관

지도의 윤곽과 내용이 정상기鄭相驥, 1678-1752의 〈동국지도東國地圖〉와 유사한 19세기에 제작된 대표적인 목판본 한반도 전도이다.

국토의 형태가 정확한 지도로 각 군현을 원형으로 그리고 도별로 채색을 달리하였다. 국토의 윤곽이 정확하게 그려져 있고, 산세와 수세의 표현이 잘 나타나 있다. 또한 압록강, 두만강 연안과 서남해안 및 도서 지방의 군사적 유지인 진·포 등이 상세하게 표시되어 있는 점도 주목된다. 각 읍 옆에 서울까지의 거리를 기록하였으며, 도로는 홍색으로 표시하였다. 도의 경계는 점선으로 표시한 뒤 채색으로 구분하였다. 바다 부분에는 푸른색으로 채색을 하였으며, 울릉도의 동쪽에 독도가 '우산于山'으로 표기되어 있으며 '울릉도는 본시 우산국으로 신라 시대 이사부가 공격해 항복을 받았다'는 기록이 있다. 바다에 해당되는 사방의 여백에는 각 지역의 연혁과 역사적 사실을 기입하였다. 이 주기註記의 함경도 부분에 1822년 후주厚州를 설치하였다는 기록이 있고, 1823년에 혁파되어 1866년에 복구된 경기도 풍덕에 읍 표시가 없는 것으로 보아 이 지도는 헌종憲宗-철종哲宗 대인 1835년에서 1863년 사이에 제작된 것으로 보인다.

063 청구도青邱圖

Cheonggudo

보물
김정호金正浩, 1804?-1866?
1834
2책 | 필사본
세로 30.6cm 가로 20.5cm
도서관

고산자古山子 김정호金正浩가 1834년(순조 34) 제작한 우리나라 지도로 채색 필사본이다. 지역을 가로 세로 방격方格으로 구분하여 표현한 방안식 지도方眼式地圖로, 1861년 제작된 《대동여지도大東輿地圖》의 바탕이 되었다. 축척은 《대동여지도》와 동일한 약 16만분의 1이다. 모든 고을마다 호구수, 토지 면적, 군사의 총수, 세금으로 거두어들인 곡식의 총량, 한성까지의 거리 등을 기록하고 중요한 역사적 사건이 있었던 곳에는 그 내용을 기록하여, 중요 역사지리 정보를 상세하게 수록한 지도이며, 황색, 적색, 회색, 청록색을 이용하여 군현별로 채색을 달리 하였다는 특징이 있다.

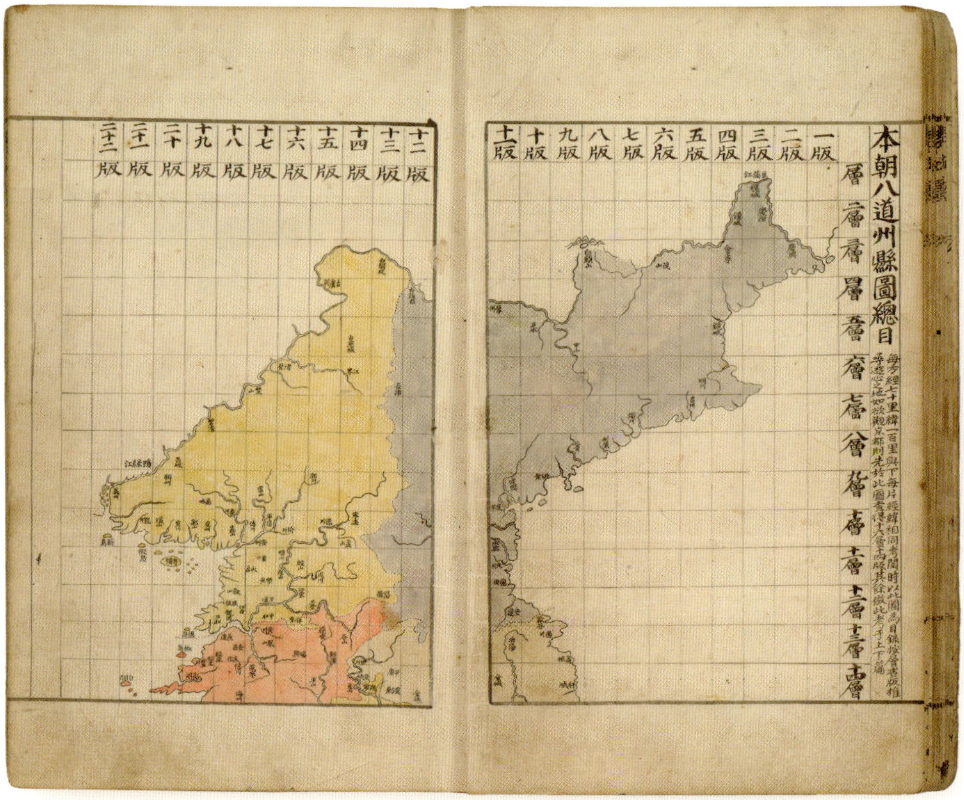

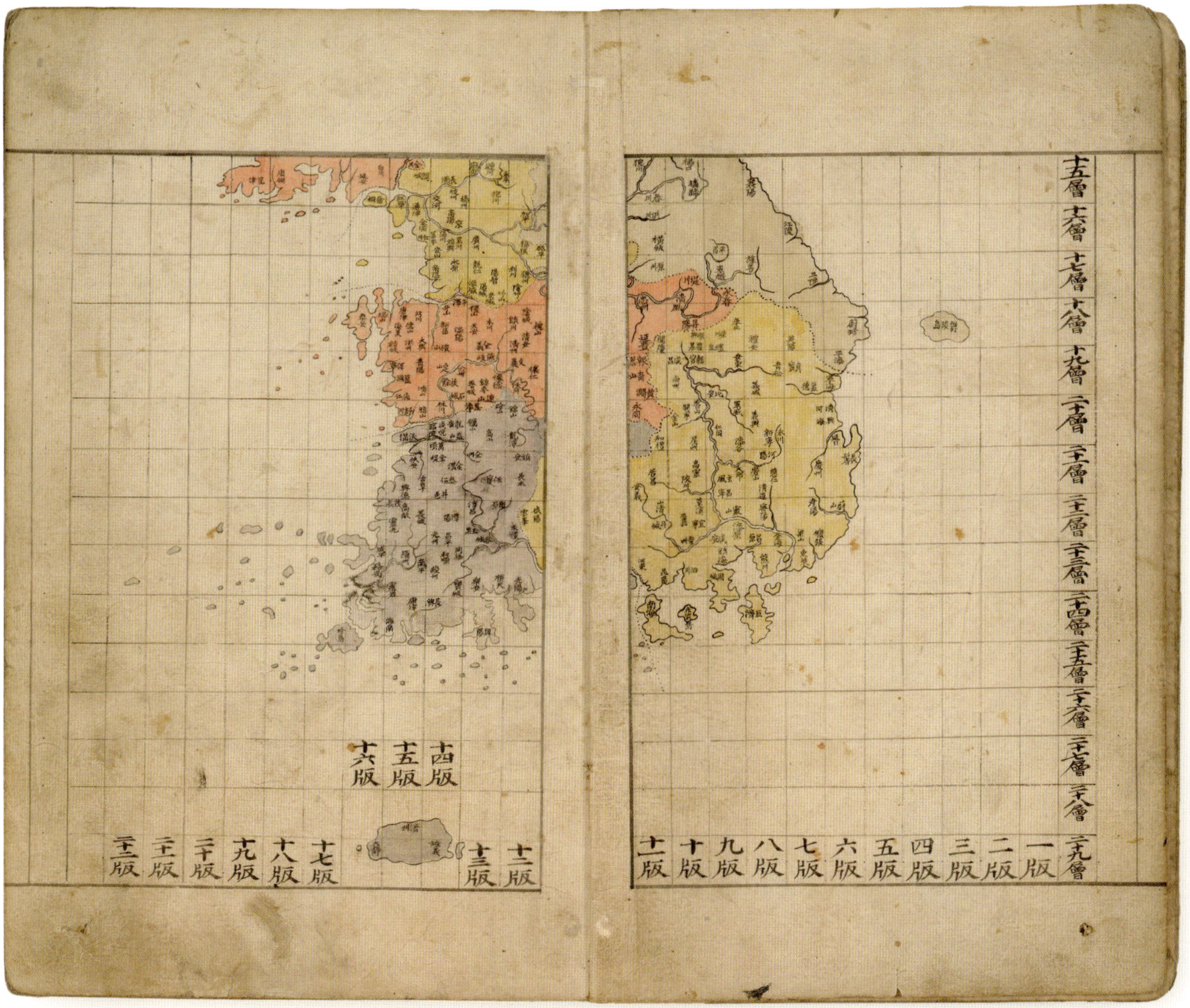

064 아국지도我國地圖

Aguk Jido

조선 후기
종이에 채색紙本彩色
세로 100.3cm 가로 62cm
박물관

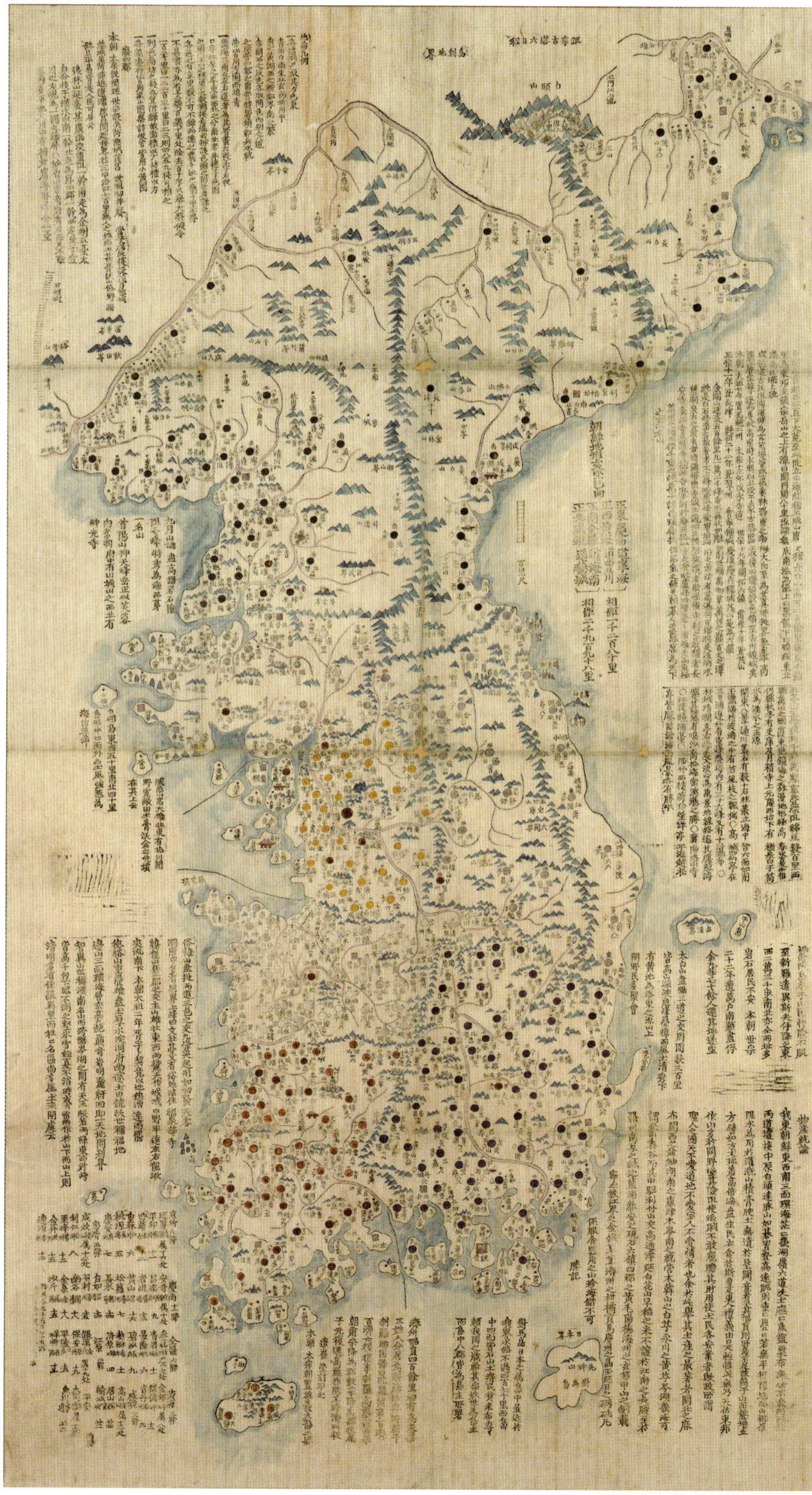

제주도와 울릉도, 독도[于山島]를 포함한 우리나라 전국 지도이다. 지명 이름이 상세히 적혀 있고 일부에 채색이 되어 있다.

18세기 중엽 이후 〈아국지도〉나 〈해좌전도〉와 같은 목판본 지도의 제작이 급증한 것은 지도 이용의 보편화와 일반화를 반영하는 현상이다. 지도가 정치·행정·군사적인 측면에서 관청 중심으로 제작 이용되었던 지배층의 전유물이 아니라, 민간에서 교육용 상업용으로 제작 보급되고 있었음을 보여 주는 점에서 중요한 의의를 지닌다.

065 근역강산맹호기상도槿域江山猛虎氣像圖

Geunyeok Gangsan Maengho Gisangdo

작자 미상
20세기 초반
종이에 채색紙本彩色
세로 80.5cm 가로 46.5cm
박물관

조선 시대 사람들은 우리나라의 형상을 동물에 비유하지 않고 서 있는 사람의 모습과 닮았다고 이해하였다. 그러나 조선 말에 이르러 일본인들이 우리나라의 형상을 토끼에 비유하자 최남선崔南善, 1890-1957이 《조선상식문답朝鮮常識問答》에서 우리나라의 형상을 호랑이로 비유하였다. 이 지도는 조선 말 이러한 생각을 지도화한 작품으로 추정된다. 이와 같이 우리나라의 형상을 사람이나 호랑이에 비유한 것은 국토를 생명체로 생각하는 사고가 반영된 것이라 할 수 있다.

066 팔도도八道圖

Map of the Eight Provinces

조선 후기
1책 | 필사본
세로 32cm 가로 21cm
박물관

〈팔도도〉는 원래 1402년(태종 2) 이회李薈, ?-?가 만든 전국 지도로 조선 시대 최초의 지도이다. 현재는 원본이 전하지 않아 내용을 정확히 알 수 없으나 당시 그가 만든 세계지도 〈혼일강리역대국도지도混一疆理歷代國都之圖〉의 조선 부분이 〈팔도도〉를 기본으로 한 것으로 알려져 그 특징을 살펴볼 수 있다. 전국 지도의 작성은 고려 말까지의 〈고려오도양계도高麗五道兩界圖〉와 조선 시대 초 이전에 작성되었을 것으로 보이는 〈팔도도〉를 그 시초로 본다. 함경도 동북쪽 끝부분이 다르게 나타나 있지만 전체적으로 국토 윤곽이 매우 실제에 가깝게 그려졌으며 산맥과 하천 등 지형 표기도 정확하다. 정치·군사상 목적으로 만들어진 듯 보인다.
고려 시대 이래 조선 초기까지의 지도제작기술 발달을 살펴볼 수 있는 자료이다. 이 〈팔도도〉는 책자 형태로 조선 후기에 이모移模된 것으로 보인다.

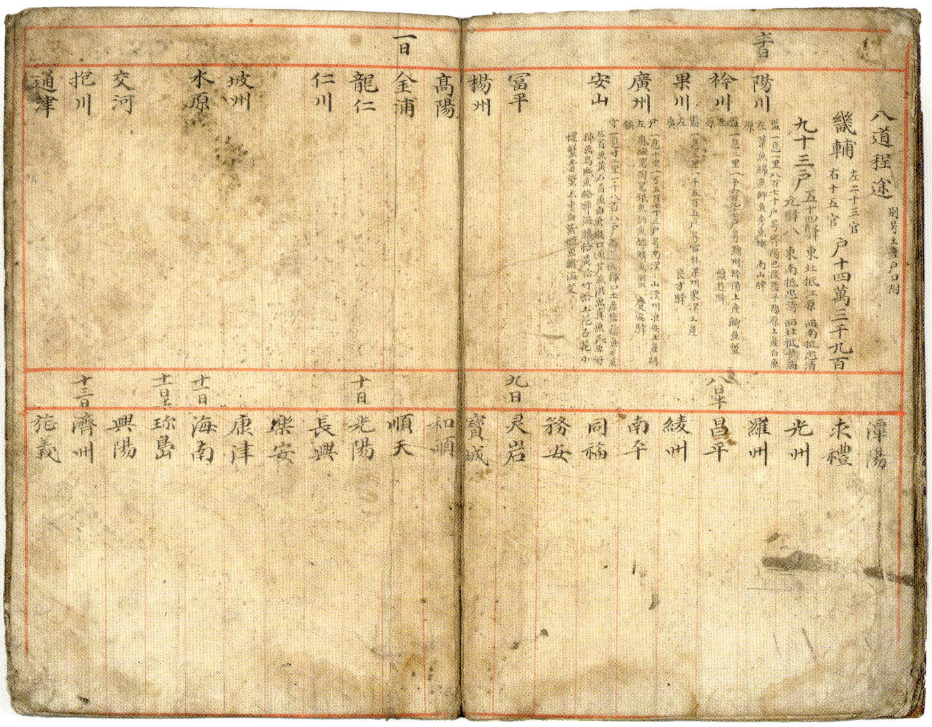

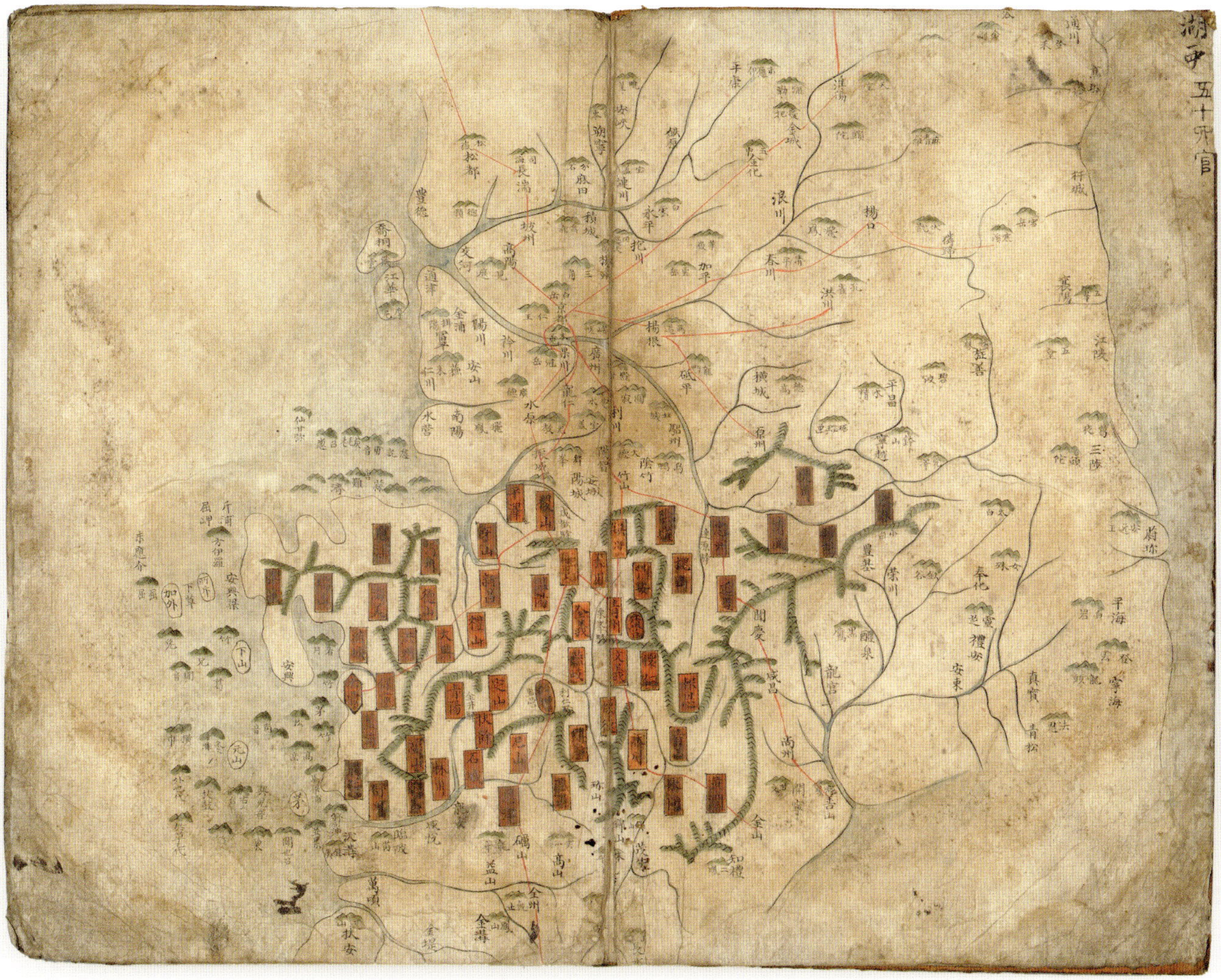
湖西五十四官
江華
松都
長湍
麻田
朔寧
永平
抱川
狼川
楊口
春川
洪川
加平
楊根
砥平
橫城
平昌
江陵
三陟
平海
寧海
眞寶
靑松
安東
禮安
奉化
榮川
豊基
醴泉
龍宮
咸昌
聞慶
尙州
金山
知禮
全州
金溝
益山
礪山
高山
萬頃
扶安
水原
南陽
安山
仁川
金浦
陽川
安興

067 수선전도 목판首善全圖 木板

Suseon Jeon-do(Woodblock of the Map of Hanyang)

보물
김정호金正浩, 1804-1866?
1840년대
나무木
세로 82.5cm 가로 67.5cm
박물관

김정호金正浩가 제작한 목판본 서울 지도이다. '수선首善'은 모범이 되는 곳이란 뜻으로 서울을 일컫는 말이다. 중국의 북경 시가지를 그린 지도 중에서 '수선전도'라는 이름으로 전하는 것이 있다. 지도의 가장 위쪽에 있는 도봉산과 세 개의 봉우리로 표시된 삼각산으로부터 지도의 나머지 삼면을 에워싸고 있는 한강에 이르기까지 풍수사상에 입각하여 서울 주변의 산세를 잡고 그 안에 시가지의 모습을 묘사하였다. 서울을 가로지르는 운종가雲從街를 중심으로 사방으로 뻗어 나간 도로를 그리고, 궁궐, 종묘, 사직, 문묘 등 주요 건축물과 시설을 비롯하여 주요 명소 및 부府·방房·동洞의 위치와 명칭을 정확하게 기록하였다. 멀리 도성 밖의 산들은 작고 뾰족한 봉우리들이 겹쳐 연결된 모습으로 산줄기를 단순하게 표시하는 정도에 그쳤지만 도성 내의 산들은 보다 크고 자세하게 표현하고 미점米點으로 질감도 표현하여 차이를 두었다. 지도의 내용과 구성으로 보아 김정호가 1834년(순조 34)에 제작한 《청구도靑丘圖》에 있는 〈도성도都城圖〉를 바탕으로 제작한 것으로 본다. 〈수선전도〉의 제작 시기에 대해서는 여러 의견이 있지만 《청구도》와의 유사성을 감안하고 김정호의 생존 시기를 1800년대에서 1860년대로 볼 때 1840년대로 보는 견해가 타당한 것으로 보인다. 또 1846년(헌종 12)부터 1849년(헌종 15)까지 자하문 밖에 있던 총융청總戎廳을 총위영總衛營으로 고쳐 불렀던 시기가 있는데 이 지도에는 총신청總新營으로 표시되어 있는 점도 1840년대 제작설을 뒷받침한다.

068 아방강역고我邦疆域考

Abang Gangyeok Go

정약용丁若鏞, 1762-1836
1800
12권 4책 | 필사본
세로 22.8cm 가로 15.1cm
도서관

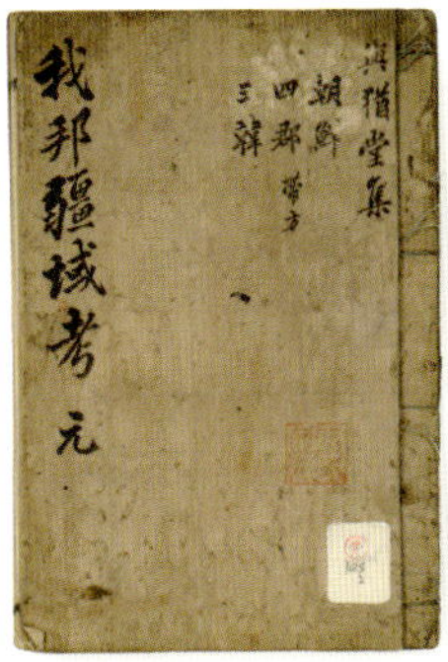

다산茶山 정약용丁若鏞이 우리나라 역대의 강역을 고찰한 역사 지리서이다. 국토의 역사를 우리나라 및 중국의 문헌을 인용하여 고증하고 저자의 의견을 부기했다. 조선고朝鮮考, 사군총고四郡總考, 낙랑고樂浪考, 현도고玄菟考, 임둔고臨屯考, 진번고眞番考, 낙랑별고樂浪別考, 대방고帶方考, 삼한총고三韓總考, 마한고馬韓考, 진한고辰韓考, 변진고弁辰考, 변진별고弁辰別考, 옥저고沃沮考, 예맥고濊貊考, 예맥별고濊貊別考, 말갈고靺鞨考, 발해고渤海考, 졸본고卒本考, 국내고國內考, 환도고丸都考, 위례고慰禮考, 한성고漢城考, 팔도연혁총서상八道沿革總敍上, 팔도연혁총서하八道沿革總敍下, 패수변浿水辨, 백산보白山譜, 발해속고渤海續考, 북로연혁속北路沿革續, 서북로연혁속西北路沿革續 등으로 구성되어 있다. 기자조선箕子朝鮮에서 발해에 이르는 우리나라 강역의 역사를 중국 및 우리나라의 문헌을 들어서 고증하고, 저자의 의견을 별도로 첨부하여 그 내력을 자세히 밝혔다. 대부분 한사군漢四郡, 발해, 북로(함경도), 서북로(평안도) 등 북방에 대한 강계를 밝히는 데 힘쓰고 있고, 부족이나 국가 외에도 위치의 비정比定에 문제가 많은 국내, 환도, 위례, 패수 등에 대하여 상세한 고증을 하고 있다. 또한, 강역의 고증에 그치지 않고 잘못 기록된 지리서의 정정에도 힘쓰고 있다. 고려대학교도서관 소장본은 저자의 외손 윤정기尹廷琦, 1814-1879가 필사한 책이다.

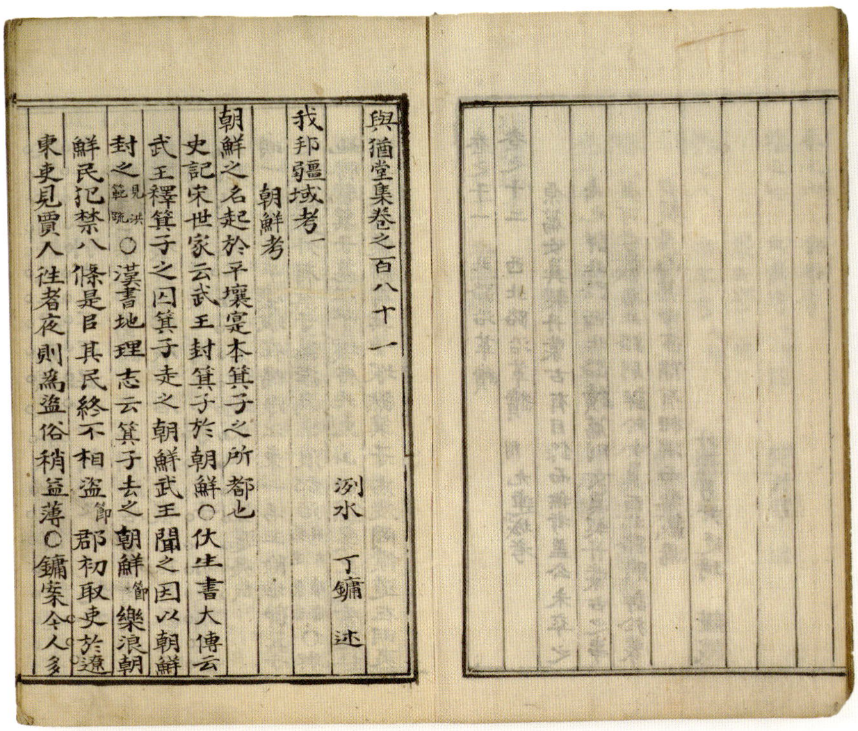
與猶堂集卷之百八十一
我邦疆域考一
朝鮮考 洌水 丁鏞 述
朝鮮之名起於平壤寔本箕子之所都也
史記宋世家云武王封箕子於朝鮮○伏生書大傳云
武王釋箕子之囚箕子走之朝鮮武王聞之因以朝鮮
封之(說見洪範)○漢書地理志云箕子去之朝鮮(節)樂浪朝
鮮民犯禁八條是日其民終不相盜(節)郡初取吏於遼
東吏見賈人往者夜則爲盜俗稍益薄○鏞案今人多

069 대동지지大東地志

Daedong Jiji

국가중요과학기술자료
김정호金正浩, 1804?-1866?
1861-1866
필사본 | 영본 14책(전 32권 15책)
각 세로 27.7cm 가로 18.1cm
도서관

《대동지지大東地志》는 목판본 《대동여지도大東輿地圖》 22첩을 간행한 1861년 이후부터 1866년 사이에 고산자古山子 김정호金正浩가 편찬한 32권 15책의 필사본 전국 지리지이자 역사 지리서이다. 관찬 및 사찬 지리지에 대한 종합적 연구를 통해 집대성한 작품으로 체제 및 항목의 구성, 내용 서술에서 독창성을 발휘하였으며, 《대동여지도》와 함께 짝하여 이용할 수 있도록 편찬하였다. 고려대학교도서관 소장본은 김정호 친필본이다.

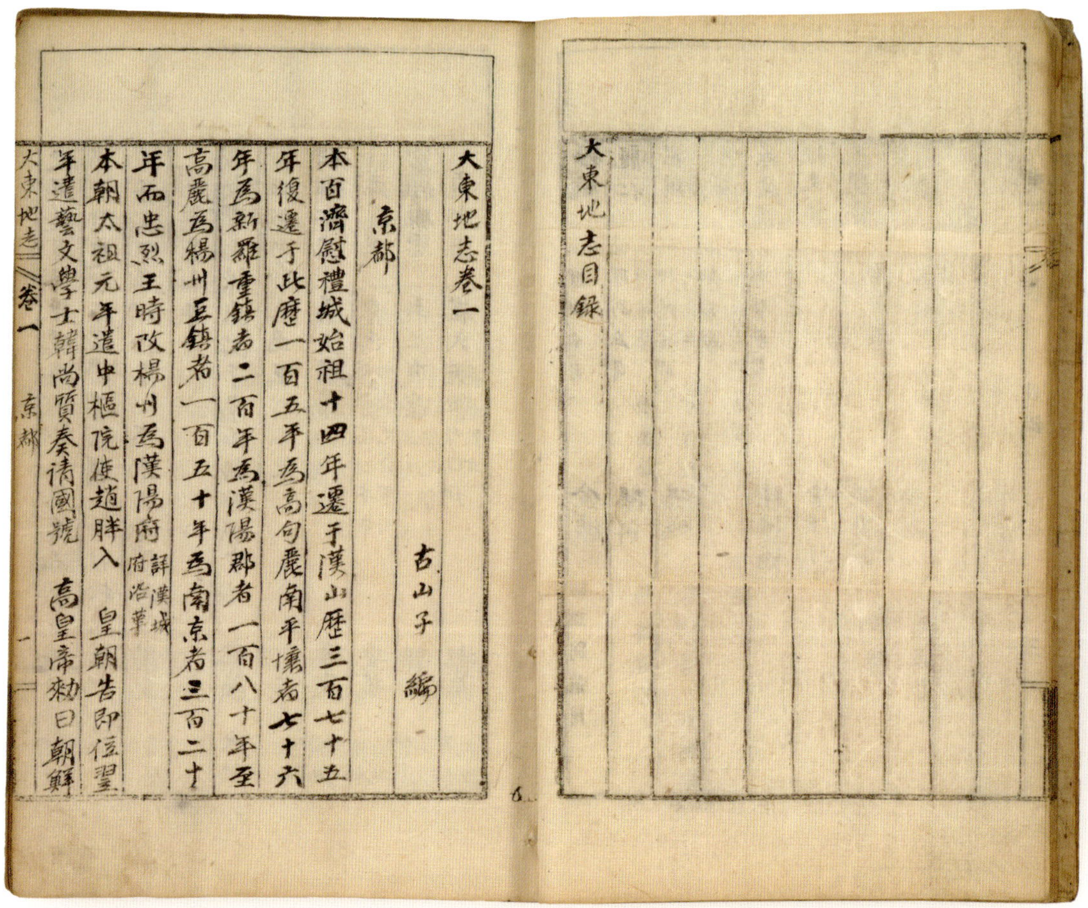

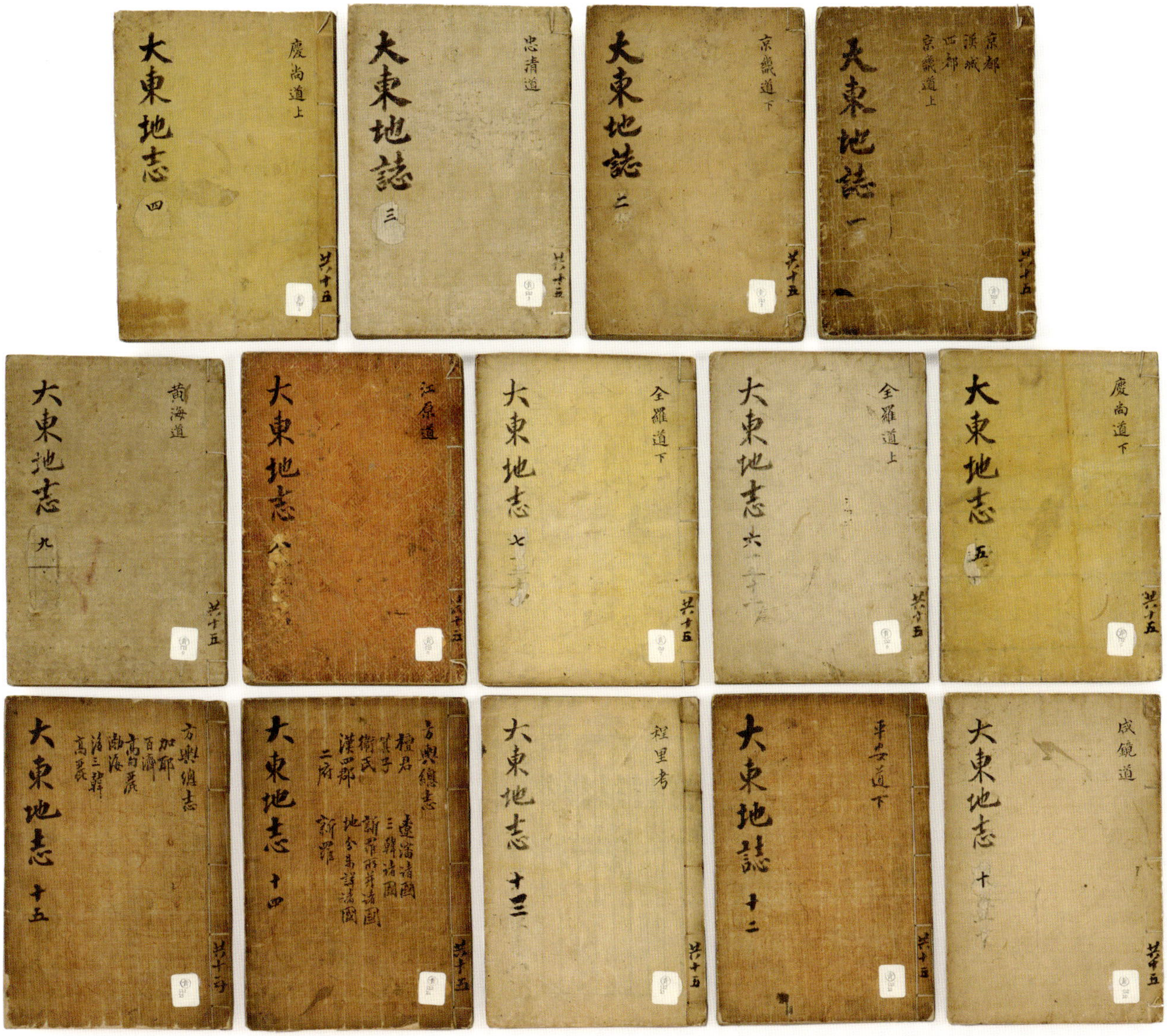

070 관동승경도關東勝景圖

Gwandong Seunggyeong-do(Scenic Views of Kwandong)

이윤영李胤永, 1714-1759
18세기
종이에 옅은 채색紙本淡彩
각 세로 22.5cm 가로 57.3cm
박물관

이윤영李胤永은 제한된 공간에 주제를 부각시키는 솜씨가 뛰어났다. 호기를 부리지 않은 세필의 담백한 필치로 관동 지방의 세 곳의 경치를 선면에 담아 내었다.
첫째는 삼척에서 가까운 능파대凌波臺를, 두 번째는 단양의 옥순玉筍을, 세 번째는 서울에서 백여 리 떨어진 화적禾積을 각각 묘사하였다.
상단의 첫 번째 작품은 부채 화면의 상단에 '바닷바위, 이름은 능파대인데 삼척부에서 북동쪽으로 십 리 거리에 있음海石 名凌波臺 在三陟府北東十里'이라고 썼는데 이렇게 실경을 그리고 위치나 명칭을 밝힌 것은 정선鄭敾, 김응환金應煥, 장시흥張始興, 김홍도金弘道 등 실경산수화를 많이 그린 화가들의 관행이었다.
화면의 앞쪽 근경에는 뾰족한 암골과 능파대 위에 앉아서 손짓을 하면서 먼 곳의 산과 바다를 구경하고 있는 두 인물을 그렸다.
두 번째 작품은 화면의 왼쪽과 위쪽으로 그린 중경과 원경이 곡선 구도에서 부드러운 느낌을 준다. 수묵과 담채도 맑고 온화하다. 화면의 왼쪽 위 여백에 '강바위, 이름은 옥순인데 청풍 상류지역 단양의 초입에 있음江石 名玉筍 在清風上流丹陽初境'이라 썼다. 화면 전체에 전개된 경치는 병풍 같은데 강 중심에는 우뚝 솟은 옥순봉과 그 아래에서 배를 타고 구경하는 두 인물을 그렸다.
세 번째 작품도 화면의 상단에 '시냇 바위, 이름은 화적인데 서울과 일백여 리 떨어진 거리에 있음溪石 名禾積 距京百餘里'이라고 쓴 이 그림은 화적과 그 아래의 연淵을 그렸기 때문에 〈화적연도禾積淵圖〉라고도 한다.

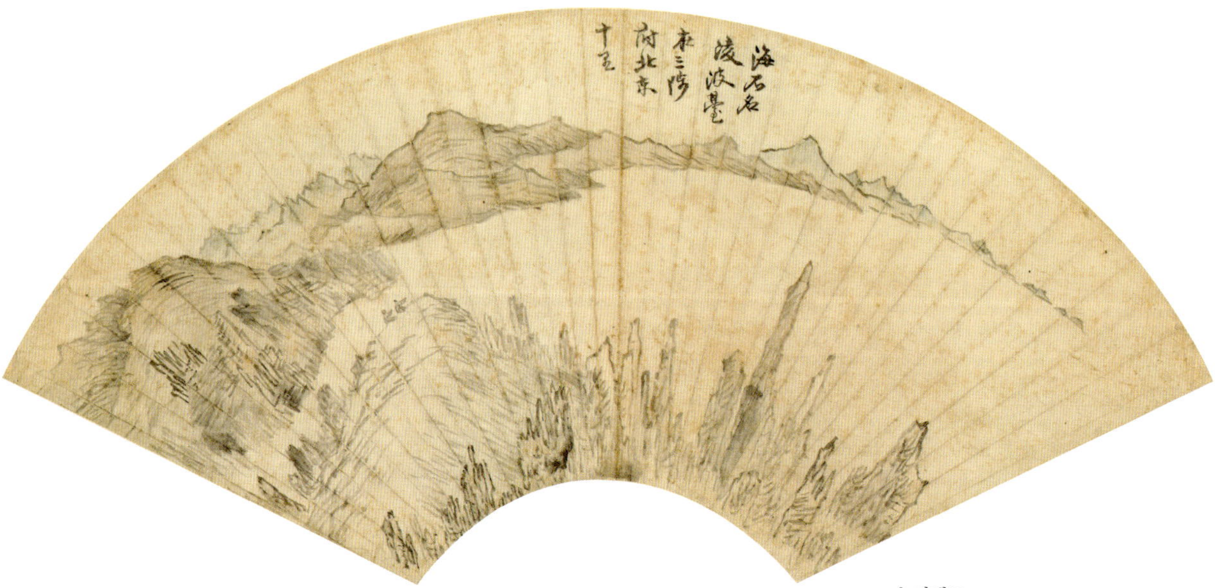

능파대도

《관동승경도》는 해석 능파대, 강석 옥순봉, 계석 화적석을 주제로 한 연작이다. 정선의 필법을 따르지 않은 또 다른 진경산수화파를 이 작가를 통해 볼 수 있다는 것은 중요한 의미가 있다고 볼 수 있다. 또한 그가 40대에 작고하여 비교적 남아 있는 작품이 적은 가운데 이 세 점의 작품들은 그의 화격을 볼 수 있는 좋은 자료이다.

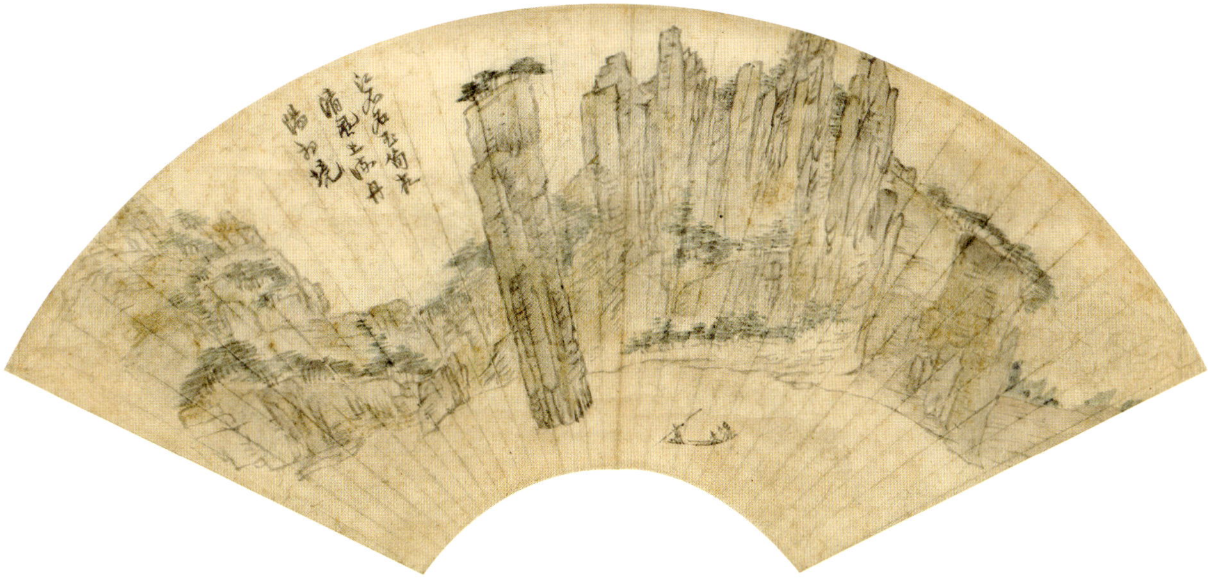

옥순봉도

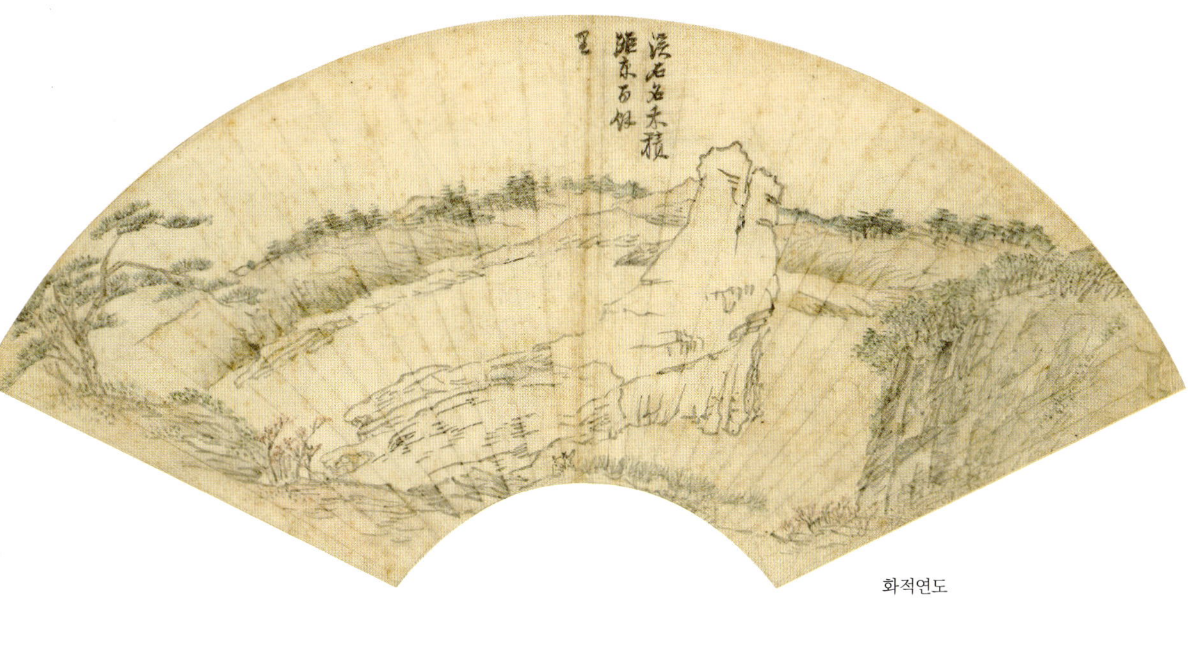

화적연도

071 금강산도金剛山圖

Geumgangsan-do(Painting of Mount Diamond)

정선鄭敾, 1676-1759
17세기
비단에 옅은 채색絹本淡彩
세로 28cm 가로 34cm
박물관

정선鄭敾은 크고 작은 작품 70여 점을 통해 금강산을 여러 각도에서 다양하게 그렸는데, 그의 금강산 그림은 중첩한 암골巖骨의 준엄한 모습을 거센 필선으로 그린 기법이 특징적이다. 정선은 대개 조감식의 구도로 대상을 화면 전체에 꽉 채우거나 중앙으로 몰아 집중적으로 그렸다. 준법은 미점준米點皴, 수직준垂直皴 등을 섞어 썼고, 청록색을 주조로 한 담채와 농담묵을 적절하게 사용하며 활달한 필치로 그렸다. 그의 금강산 그림에는 1만 2천 봉에 이르는 장대한 산봉우리가 화면에 가득 차서 차아嵯峨한 골산骨山의 암골미를 잘 보여 준다. 이 〈금강산도〉는 칼날 같은 첨봉尖峯들을 화면의 4분의 3쯤 가득 그리고, 그 왼쪽과 아래쪽으로 푸른색 바탕색 위에 미점米點을 부드럽게 찍어 남성적인 골산과 여성적인 토산을 대조시키고 있다. 이러한 기법을 통해 흑과 백, 강과 약, 음과 양 등의 대비는 물론 하늘과 땅의 조화도 담아 내려고 한 정선의 화풍을 느낄 수 있다. 그림의 위쪽 좌우에는 4행씩 쓴 자필自筆의 화찬畫讚이 있고, 그 사이에 오른쪽으로 치우쳐서 '겸재謙齋'라 쓴 관서와 백문방인白文放印이 찍혀 있다. 오른쪽과 왼쪽의 화찬은 다음과 같다.

山分内外 一以神秀 一以宏博 合之爲萬玉圃窟 大抵遠觀勝近觀 再遊勝始遊 所以回翔往復 乃至六七度理笻者 如此翁是已

산이 안팎으로 나뉘어 하나는 신기하면서 빼어나고, 하나는 크고 넓으니, 합하면 만옥포굴이 될 만하다. 대개 멀리서 보는 것이 가까이서 보는 것보다 낫고, 두 번째 구경이 첫 번째 구경보다 낫기 때문에 돌고 돌고 왔다 갔다 하게 된다. 지팡이를 마련하여 예닐곱 차례나 다닌 이 늙은이도 이런 까닭에서이다.

楚之南少人而多石 天地毓靈 石與人怕爭其分數
吾欲槌碎此萬二千金剛峯 博取萬二千金剛漢矣

초나라 남쪽에는 사람이 적고 돌이 많다고 하였다. 하늘과 땅이 영기를 길어 낼 때, 돌이 사람과 그 분수를 다툴까 두려워하므로, 나는 일만 이천 봉을 두들겨 부수어서, 일만 이천의 금강한을 만들고 싶다.

山分內外一以神秀一以宏博合之
為萬玉圖窟大抵遠觀勝近觀
再遊勝始遊所以回翔往復乃至
六七度理節者如此翁是已

072 청풍계도清風溪圖

Cheongpunggye-do(Cool breeze valley)

정선鄭敾, 1676-1759
17세기
종이에 옅은 채색紙本淡彩
세로 112cm 가로 61.5cm
박물관

청풍계清風溪는 지금의 청운동 일대이다. 정선은 이 주제를 여러 번 그렸던 것으로 보인다. 같은 제목의 작품들 가운데는 간송미술관의 〈청풍계清風溪〉가 알려져 있는데, 그것은 1739년 작으로 그의 나이 64세 때의 것이다. 고려대학교박물관 소장품을 간송미술관 소장품과 같은 시기에 그린 것으로 전제한다면, 원숙한 그의 필치가 한껏 발휘된 작품이라고 할 수 있다. 빗발준으로 처리된 화강암질의 검은 너럭바위와 지그재그식의 속필로 마무리한 수지법樹枝法 등에서 그의 개성이 돋보인다. 이 그림을 그린 연대는 적혀 있지 않고, '겸재謙齋'라고 쓴 관서款署 백문방인白文方印, '원백元伯'으로 읽히는 주문방인朱文方印이 화면 우측 상부에 있다.

073 금강산도金剛山圖

Geumgangsan-do(Painting of Mount Diamond)

허필許珌, 1709-1768
18세기
종이에 옅은 채색紙本淡彩
세로 21.8cm 가로 58.8cm
박물관

허필許佖의 호는 연객煙客이며 1735년(영조 11)에 진사가 되었다. 시도 잘 짓고 전예체篆隸體로 글씨도 잘 써서 그의 그림과 함께 삼절三絶로 칭송되기도 하였다. 그는 일생 동안 금강산을 주제로 많은 그림을 그렸다. 화면의 전후좌우를 토산으로 둘러싸고 그 내부에 금강산의 기암절벽을 배치하였다. 그 산간에 수없이 많은 사찰과 암자를 묘사하였고, 비로봉, 만폭동, 정양사 등을 비롯하여 많은 명승지의 명칭을 명기하였다. 정선鄭敾, 1676-1759의 금강산과 같은 웅건한 맛은 덜하지만 강세황姜世晃,1713-1791이 말하듯 정선식으로 휘둘러 그린 금강산이 아닌, 보다 사실적인 맛을 느끼게 하여 오히려 그 점이 이 그림을 돋보이게 하는 것 같다. 화면 정 가운데 상부에 '연객煙客'이란 관서가 있다.

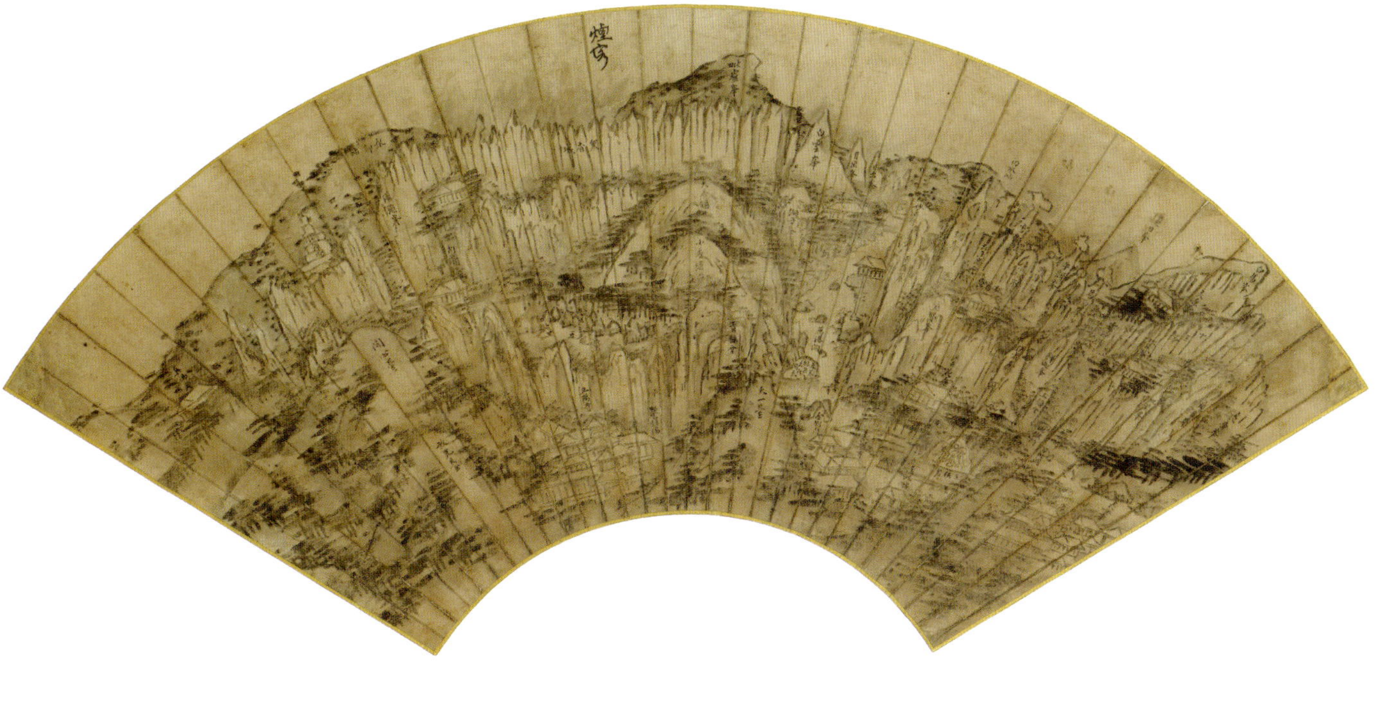

074 산수도山水圖

Landscape

최북崔北, 1712-1786
18세기
종이에 옅은 채색紙本淡彩
세로 28.7cm 가로 33.3cm
박물관

최북崔北이 가야산의 홍류동 계곡을 대각선 구도로 단순화하여 부각시킨 실경산수화이다. 흐르는 물의 근원을 따라 계곡을 거슬러 올라가면 화면 왼쪽에 짙은 안개가 가로막으며 더 이상 경물이 보이지 않게 된다. 오른쪽 상단의 원경은 차츰 안개 속으로 사라지며 시원한 여백으로 처리되었다. 대각선으로 반대쪽에도 역시 물줄기와 언덕의 경계선 아래는 완전히 여백으로 남아 있어 시구와 낙관의 자리가 자연스럽게 마련되었다. 계곡의 둔덕에는 엷은 묵조로 부드러운 피마준을, 그 위에는 짙은 윤묵으로 태점과 낮은 수직 필선을 가하여 계곡에 모습을 드러낸 식물들을 표현하였다. 바위틈으로 부서져 내려오는 물줄기에는 극도로 엷은 투명한 청색이 가해져 신선함을 더해준다. 담묵의 피마준은 최북이 원말사대가元末四大家인 황공망黃公望, 1269-1354의 화법을 따랐다는 말을 실감나게 하며, 이 당시 남종화 수용 양상의 한 측면을 볼 수 있게 한다. 왼쪽 하단의 여백에는 홍류동 농산정이란 정자에 각인되었던 통일신라 시대 최치원崔致遠의 칠언절구 중 한 구절과 '호생관毫生館'이란 관서款署, '최북崔北'이라는 주문방인朱文方印이 있다. 최치원의 칠언절구 내용은 최북의 탈속적 인생관을 대변해 주는 듯하다.

却恐是非聲到耳
故教流水盡籠山
- 毫生館

세상사람 다투는 소리 내 귀에 들릴까 봐
흐르는 물을 시켜 산을 모두 막았다네.
- 호생관

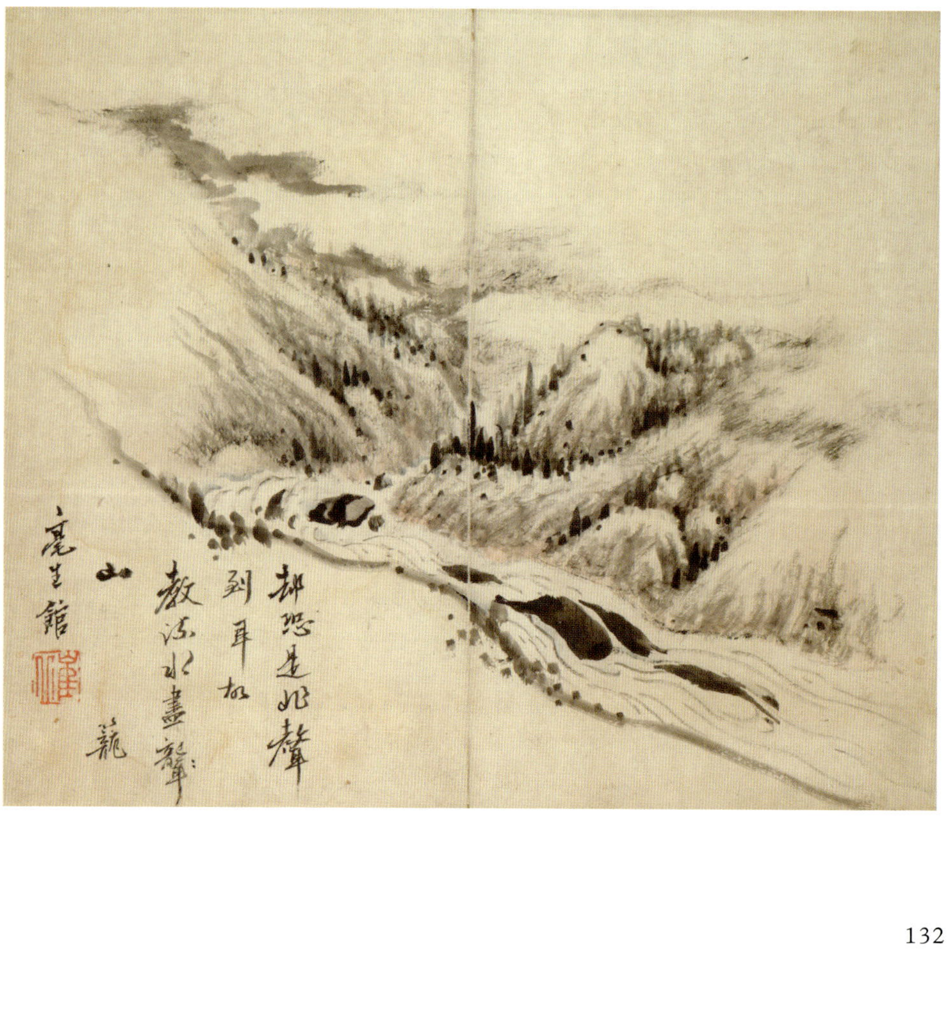

075 산수도山水圖

Landscape

강세황姜世晃, 1713-1791
18세기
먹지에 금가루墨紙金泥
세로 22.3cm 가로 56cm
박물관

丹青萬木秋
風老
金翠千峯落
照開
- 豹菴

붉고 푸른 오만 나무
갈바람에 시들하고
황금빛 봉우리마다
석양빛이 비치누나
- 표암

강세황姜世晃의 묵지금니 산수도이다. 검은 바탕에 금가루를 사용하였으며 화풍은 원대의 황공망黃公望, 1269-1354과 예찬倪瓚, 1301-1374을 따르고 있다. 근경으로는 몇 그루의 나무와 정자 및 작은 어선을 그렸고, 중경으로는 강을 그렸다. 근경과 중경은 피마준披麻皴으로 처리하여 부드러움을 더하고, 화면 우측의 정자는 비어 있어 예찬의 작품에서 주로 느껴지는 선기禪氣가 퍼져 있는데, 저녁 낙조에 어부가 포구에 돌아오고 있다. 먼 경치는 금가루를 발라 마치 저녁 햇빛에 반짝이듯 하다. 안정된 구도와 부드러운 필치를 통해 강세황의 문인화풍을 잘 드러내 주는 가작이다. 화면 우상부에는 7언시가 4행으로 적혀 있고 말미에는 '표암豹菴'이라 관서했으며, '광지光之'의 음각 방인이 있다.

076 신록新綠

Verdent Landscape

국가등록문화유산
노수현盧壽鉉, 1899-1978
1925 추정
비단에 채색絹本彩色
세로 203cm 가로 311cm
박물관

〈신록〉은 크기, 주제, 구도, 화법을 바탕으로 볼 때 1925년 무렵의 작품으로 여겨진다. 비단 네 폭을 붙여 제작한 것으로 현존하는 노수현盧壽鉉의 작품 가운데 제일 큰 대작이다. 이 작품은 청록산수화로서 초록색조가 거대한 화면을 지배하고 있으면서도 신록이라는 화제, 서구적인 투시법을 적용시킨 구도, 입체감을 살린 화법 등이 실경산수의 근대적 분위기를 잘 반영하고 있다. 또한 특정 지역을 사생한 것은 아니지만 철저한 투시원근법을 적용하여 현실감을 보여 주고 있으며, 서화미술회書畵美術會에서 익혔던 화보풍을 떠나 치밀한 세밀 묘사를 바탕으로 하는 작품으로 그의 초기 모든 특성이 잘 함축되어 있다. 구성 면에서 스케일이 큰 대관적大觀的 구도와 치밀한 묘사법, 청록의 색감은 북종화적北宗畵的인 특색을 보여 주는 것이다. 산악을 용필用筆 중심으로 섬세하게 표현하는 것은 노수현 특유의 화법이라 할 수 있다. 대관적인 구도에 섬세하고 치밀한 표현을 병용했으며, 새싹이 피어나는 나무와 흐드러지게 피어 있는 하얀 꽃들, 푸르스름한 안개 사이로 첩첩이 보이는 산봉우리는 새로운 감각과 개성을 보여 주고 있다.

077 동궐도東闕圖

Donggwol-do(The Eastern Palaces)

국보
1824-1830
비단에 채색絹本彩色
각 세로 45.7cm 가로 36.3cm
박물관

창덕궁과 창경궁의 모습을 16책의 화첩에 나누어 담은 궁궐도이다. 이 화첩을 모두 펼쳐 연결하면 평행사선구도에 의해 그려진 두 궁궐의 모습이 장대하게 전개된다. 각 첩의 표지에 쓰여진 인일人一부터 인십육人十六까지의 표시는 〈동궐도〉가 천天, 지地, 인人의 세 벌로 제작되었음을 시사한다. 〈동궐도〉는 전당, 누정, 재실 등의 건물은 물론 담장, 취병翠屛, 화계花階, 연못, 우물, 괴석 등의 시설물과 계류, 구릉, 나무 등의 자연을 실재하는 그대로 묘사하였다. 건물에는 그 위에 명칭을 적어 넣었다. 건물은 기둥과 칸수, 주춧돌과 기단 같은 구조에서부터 기와골, 용두, 잡상, 공포, 창호의 생김새까지 정확하고 치밀하게 그려져 있어 이를 바탕으로 복원이 가능할 정도이다.

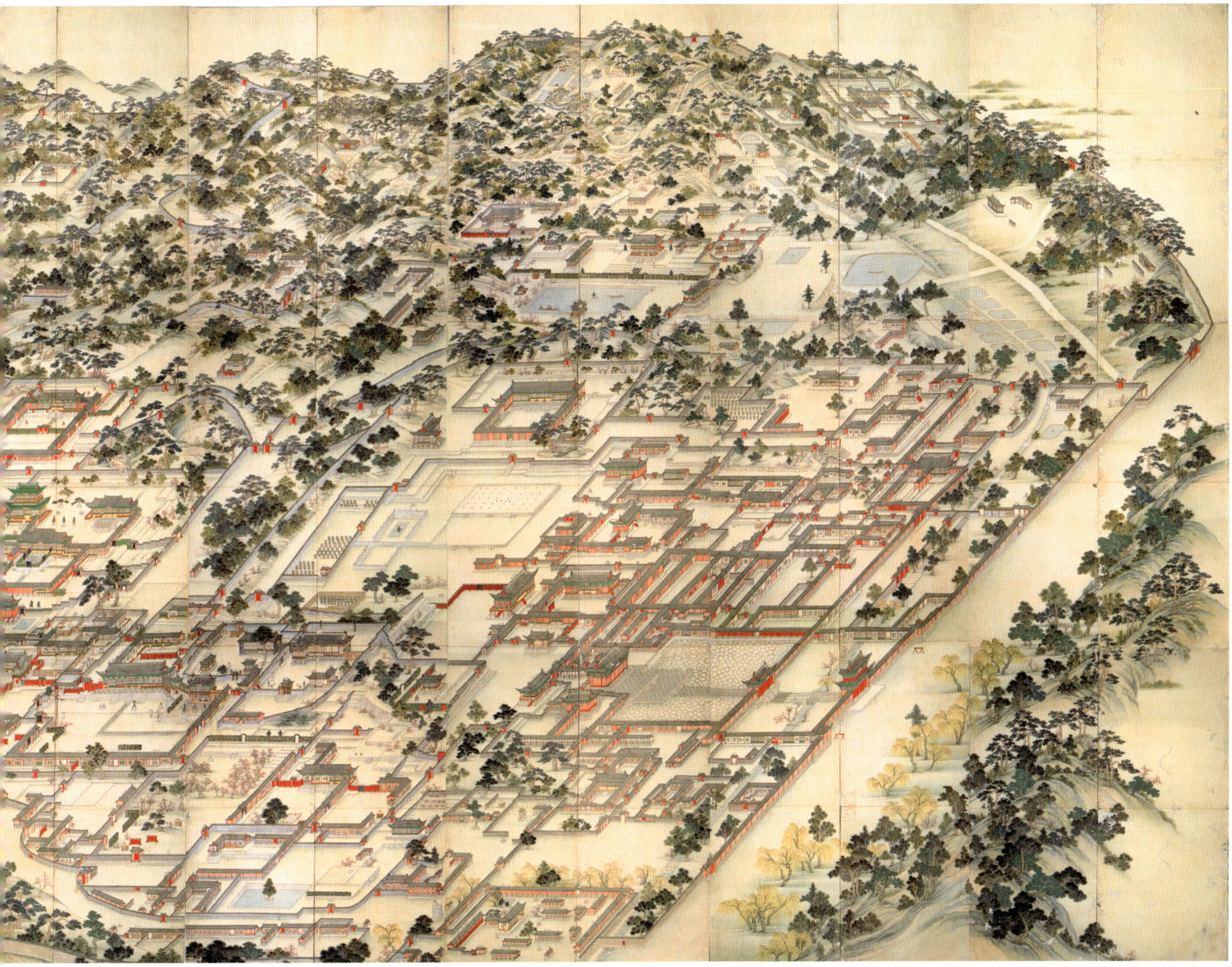

이 〈동궐도〉에 대해서는 실록이나 문집 같은 문헌에 기록이 남아 있지 않아 제작 시기와 동원된 화원 및 그 지위 체계에 대해 확실하게 알기가 어렵다. 〈동궐도〉의 제작 시기에 대해서는 여러 의견이 있으나 1824년(순조 24) 8월에 불탄 경복전景福殿이 터만 그려져 있고 1830년에 화재로 소실된 환경전歡慶殿, 경춘전景春殿, 양화당養和堂 등도 그려져 있기 때문에 1824년 8월 이후부터 1830년의 화재 발생 이전의 어느 기간에 제작된 것만은 분명하다. 제작 시기와 화원에 대한 궁금증을 남기고 있음에도 불구하고 〈동궐도〉는 창덕궁과 창경궁의 전체 구조와 배치, 규모, 주변의 자연환경을 소상하게 알려 주며 조선 시대의 궁중회화, 특히 본격적인 계화界畫의 일례로서 더없이 중요한 자료이다.

078 서궐도안西闕圖案

Seogwoldoan(Plan of the Western Palace)

보물
19세기
종이에 먹紙本水墨
세로 127.3cm 가로 401.8cm
박물관

〈서궐도안〉은 경복궁의 서쪽에 있는 궁궐, 즉 경희궁을 그린 궁궐도의 초안이다. 〈동궐도東闕圖〉가 그려졌다면 분명 서궐도도 그려졌을 가능성이 큰데 완성된 그림은 전하지 않고 현재 밑그림이라고 생각되는 백묘화白描畫가 남아 있다. 옛 경희궁의 전모를 확인하기 어려운 실정에서 이 〈서궐도안〉은 훌륭한 시각적인 자료를 제공한다.
경희궁 중건에 관한 자세한 상황은 《서궐영건도감의궤西闕營建圖鑑儀軌》를 통해 알 수 있으며 이 의궤에는 새로 건축된 전각의 정면 모습이 그려져 있어서

〈서궐도안〉의 건물과 비교가 가능하다.
《서궐영건도감의궤》의 도설圖說과 〈서궐도안〉을 당시 불에 탄 건물을 중심으로 비교해 보면 부분적으로 약간의 차이가 발견되어 〈서궐도안〉은 경희궁이 중건되기 이전, 즉 1831년(순조 31) 4월 이전의 모습을 담고 있는 것으로 여겨진다. 자를 대고 윤곽선을 명료하고 정확하게 긋고 각 건물의 지붕에 이름을 써 넣었다. 수목의 윤곽선도 또렷하고 자신감에 차 있어서 계화界畵에 뛰어난 화원과 산수에 능숙한 화원이 함께 동원되었음이 분명하다.

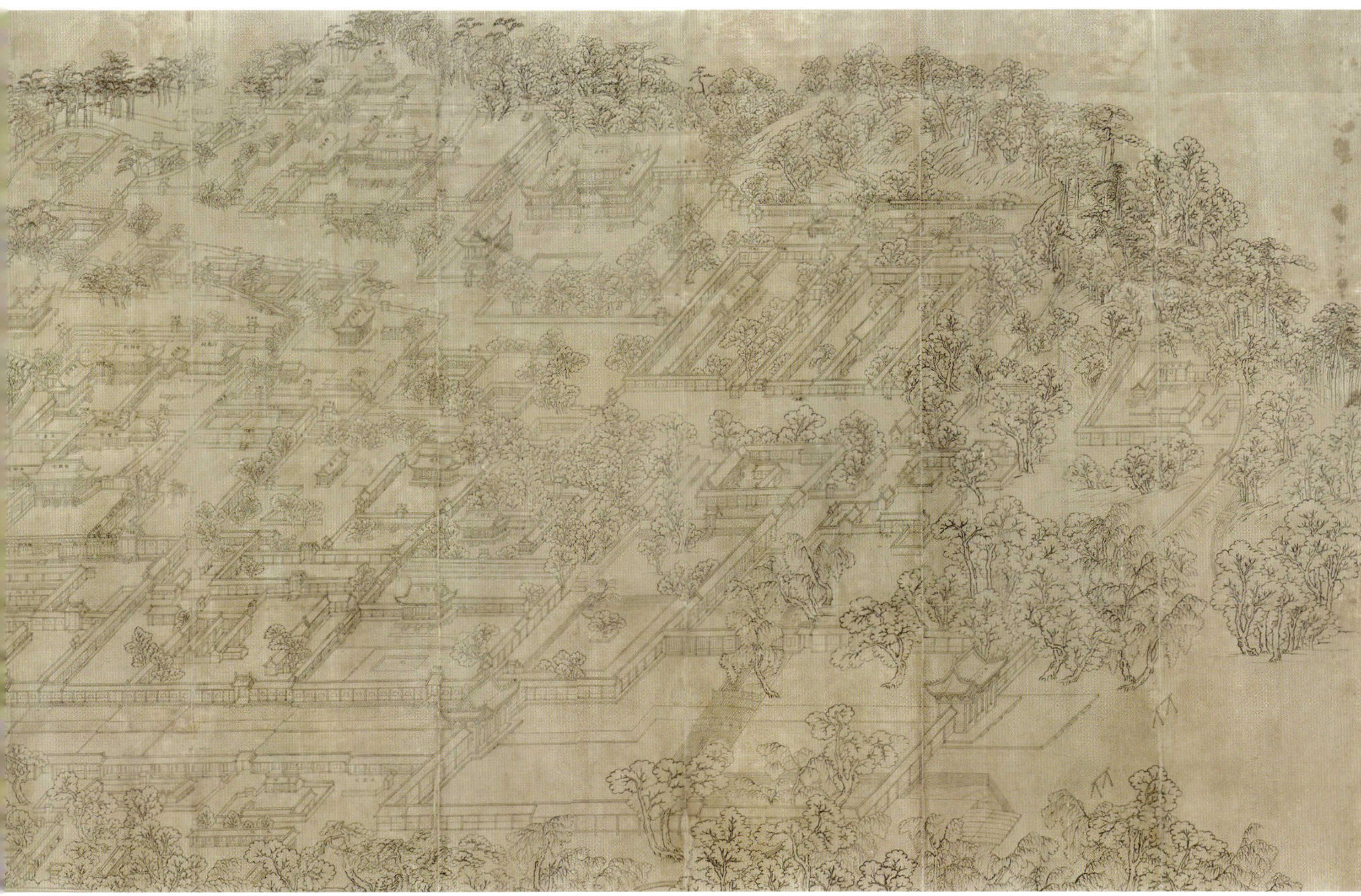

079 장용영 본영도형壯勇營 本營圖形

Jangyongyeong Bonyeongdohyeong
(The Blueprints of Jangyongyeong Headquarter)

보물
1799
종이에 먹紙本水墨
세로 38.6cm 가로 28.7cm
박물관

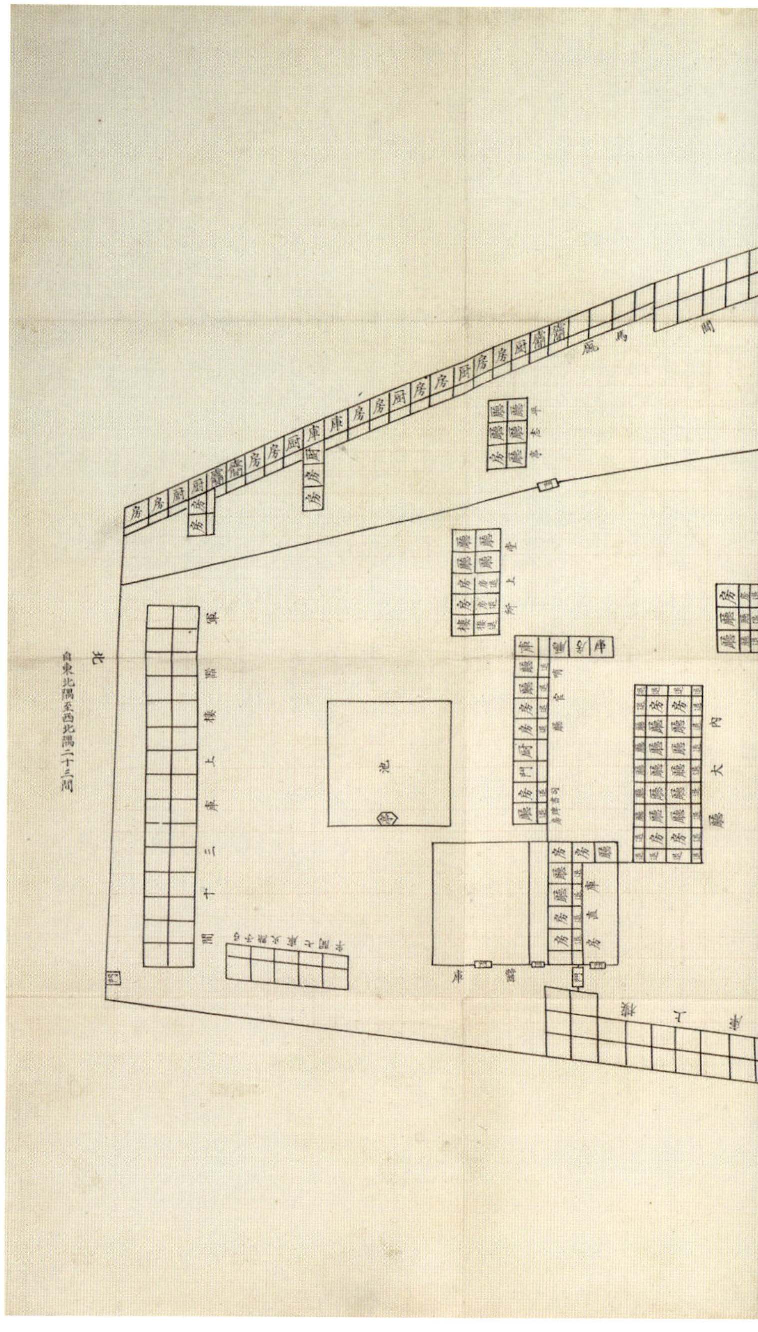

정조正祖, 1752-1800 재위 시절 친위부대였던 장용영壯勇營이 주둔한 청사의 본영本營을 그린 평면도안이다. 장용영 본영을 그린 건축 그림으로는 1799년에 그려진 채색화(도형 기미본) 1점과, 1799년·1801년에 그려진 평면도안(정간 기미본, 정간 신유본) 2점이 전하는데, 이 중 도형 기미본과 정간 신유본은 한국학중앙연구원 장서각에 소장되어 있고, 정간 기미본은 고려대학교박물관에 소장되어 있다. 고려대학교박물관 소장본 평면도안은 한국학중앙연구원 소장본과는 달리 건물 묘사를 할 때 바늘로 종이에 구멍을 낸 다음 먹칼로 선을 그어 표현했다.

이들 세 자료는 정간 구획의 대형 평면도 및 이와 일치하는 채색 건물도가 함께 남아 있는 자료로, 지금은 흔적조차 남아 있지 않은 장용영의 규모와 건물 배치, 기능 등을 밝힐 수 있는 역사적 자료로 평가된다. 특히 고려대학교박물관 소장 1799년 평면도와 한국학중앙연구원 장서각 소장 1801년 평면도는 동일한 시점에서 같은 도법으로 제작되어 장용영 건축물의 증축 과정을 시각적으로 확인할 수 있게 한다.

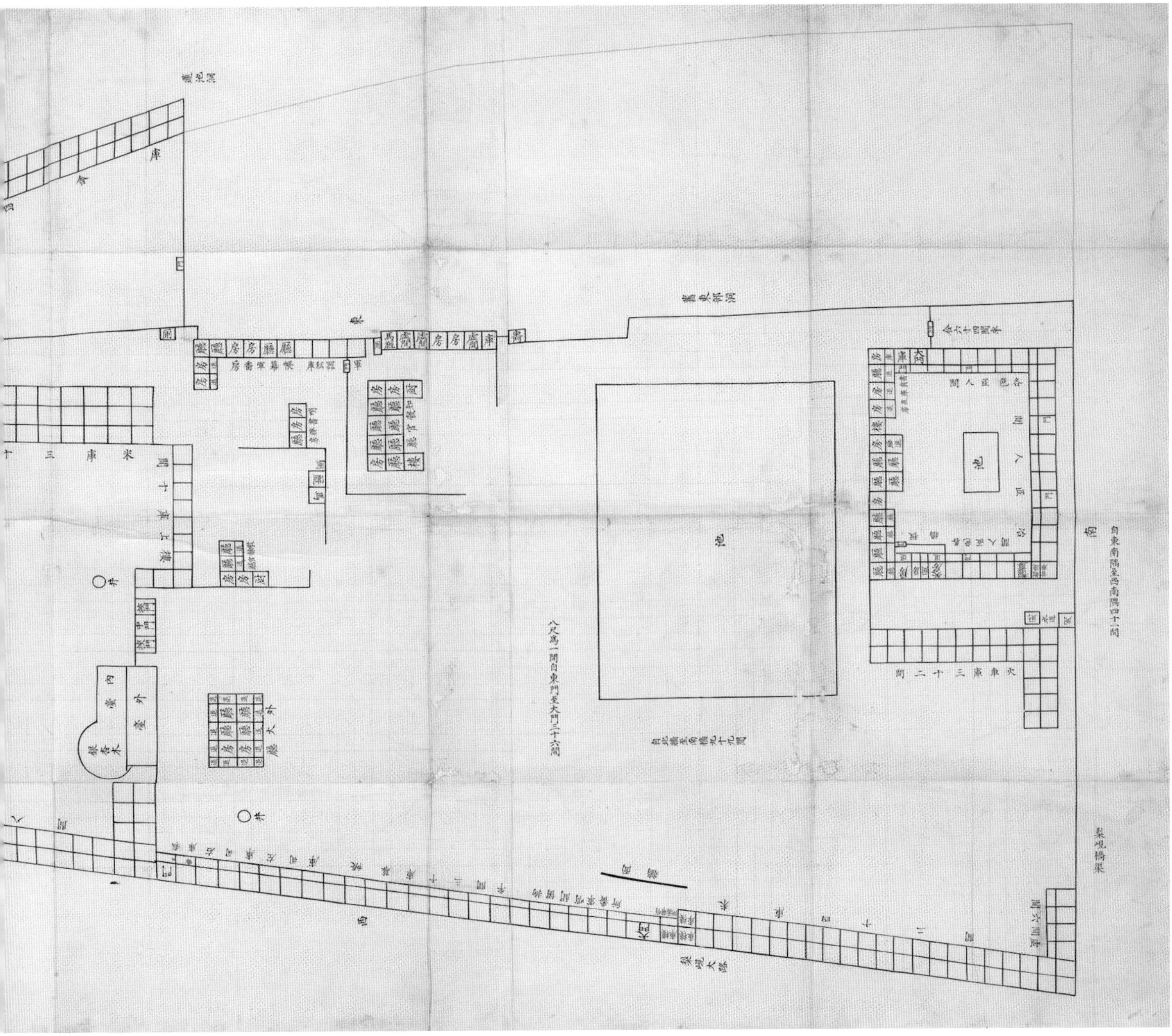

八尺爲一間自東門至大門三十六間
自東南隅至西南隅四十二間
梨峴橋渠
梨峴大路

080 경복궁배치도景福宮配置圖

Plan of Gyeongbokgung Palace

1887-1890 추정
종이에 먹紙本水墨
세로 407cm 가로 265cm
박물관

조선 후기 경복궁을 평면으로 그린 도면 형태의 그림이다. 경복궁은 1592년(선조 25) 임진왜란으로 소실되어 빈터로 남아 있다가 270여 년이 지난 1867년(고종 4) 중건되었다. 그러나 중건 후 두 차례의 큰 화재가 있었고, 1910년 경술국치 이후 일제에 의해 계획적으로 훼손되기 시작하여 1915년 조선물산공진회 개최를 명분으로 대부분의 전각이 철거되었다. 이 도면은 일제에 의해 훼손되기 이전 경복궁 전각의 배치와 규모를 알 수 있는 기록 자료이다.

〈경복궁배치도〉는 전각이 배치된 경복궁과 경복궁 북쪽의 후원을 그린 도면 두 장으로 되어 있는데, 이 도면은 전자에 해당한다. 두꺼운 종이[壯紙]에 붉은색으로 11-12mm 간격의 격자格子를 그리고, 그 위에 건물의 주칸柱間을 표시했다. 건물의 주칸은 먹선을 그려 표시하였고, 주묵선의 1칸을 건물의 1칸으로 삼아 그렸다. 문과 전각의 이름을 명기하였고, 담장에 난 문은 진입 방향에 따라 '凸' 형태로 그렸다.

이와 비슷한 도면으로는 1907년에 제작된 국립문화재연구소 및 규장각 소장 〈북궐도형北闕圖形〉이 있다. 그러나 〈경복궁배치도〉에는 〈북궐도형〉과 달리 내전 동쪽 영역 왕실의 생활과 관련된 건물에 '대왕대비전등촉방大王大妃殿燈燭房', '중궁전수라간中宮殿水剌間' 등 임금과 비빈에 소속된 나인들의 작업공간 및 생활공간이 기록되어 있다. 또한 향원지香遠池 남측, 영훈당永薰堂 담장 북측 부근에 건청궁乾淸宮 전등을 밝히기 위해 지어진 전기등소電氣等所(1887년 건립)가 그려져 있고, 함화당咸和堂(1890년 건립) 자리에 그 이전 건물인 '보광당寶廣堂', '춘희당春熙堂'이 보인다는 점에서도 차이가 있다. 이를 통해 볼 때 〈경복궁배치도〉는 〈북궐도형〉보다 이른 시기인 1887년에서 1890년 이전에 제작된 것으로 추정할 수 있다. 이 도면은 경복궁 중건 초기부터 〈북궐도형〉 제작 시기인 20세기 초까지 경복궁의 변화 과정을 파악할 수 있는 중요 자료로 평가된다.

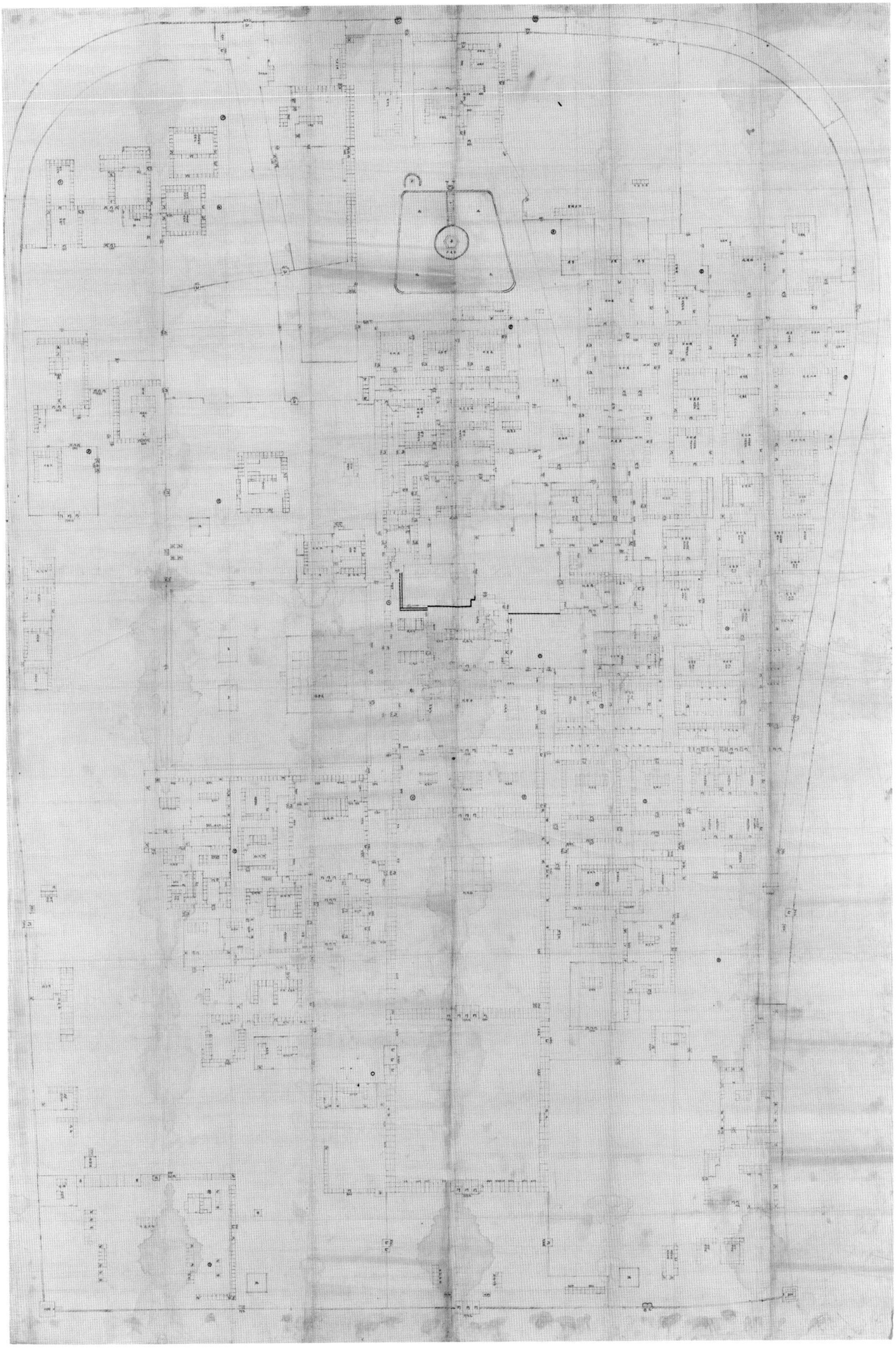

081 고려사절요高麗史節要

Goryeosa Jeolyo

김종서金宗瑞, 1382-1453 등 봉명편奉命編
1453
영본零本 1책 | 금속활자본(갑인자)
세로 34cm 가로 20.9cm
도서관

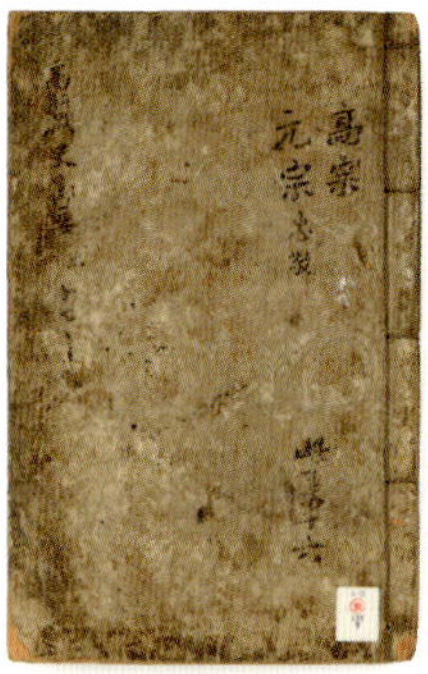

절재節齋 김종서金宗瑞 등이 문종文宗, 1414-1452의 명을 받아 고려 시대의 역사를 편년체編年體로 기술한 역사서이다. 《고려사高麗史》에 비해 내용이 소략하여 '절요'라는 명칭을 사용하였으나, 《고려사》에 없는 사실史實들이 많이 수록되어 있다. 1392년(태조 1)에 편찬되기 시작해 1395년(태조 4)에 완성된 편년체編年體 역사서인 《고려국사高麗國史》는 이후 다섯 차례나 개찬改撰되는 과정에서, 기전체紀傳體의 《고려사》로 편찬이 완료되어 1451년(문종 1) 8월 문종에게 바쳐졌다. 그 자리에서 감춘추관사監春秋館事 김종서는 《고려사》는 열람하기에 불편하니, 새로이 편년체의 사서를 편찬할 것을 건의해 문종의 승낙을 받았다. 이에 5개월 만에 김종서 등은 《고려사절요》 35권을 찬진하였다. 고려 32대에 걸친 역대 왕들의 주요한 일들과 행적들이 기록되어 있는데, 국가의 치란흥망治亂興亡에 관계된 내용으로 귀감이 될 수 있는 기사, 왕이 직접 참여한 제사, 외국의 사신 관련 기사, 천재지변에 관한 기사, 왕의 수렵 활동, 관료의 임명과 파면 관련 내용, 정책에 받아들여진 상소문 등 군주에게 교훈을 주기 위한 내용들이 상세하게 기록되었다. 고려대학교도서관 소장본은 1453년에 갑인자甲寅字로 간행한 활자본이다.

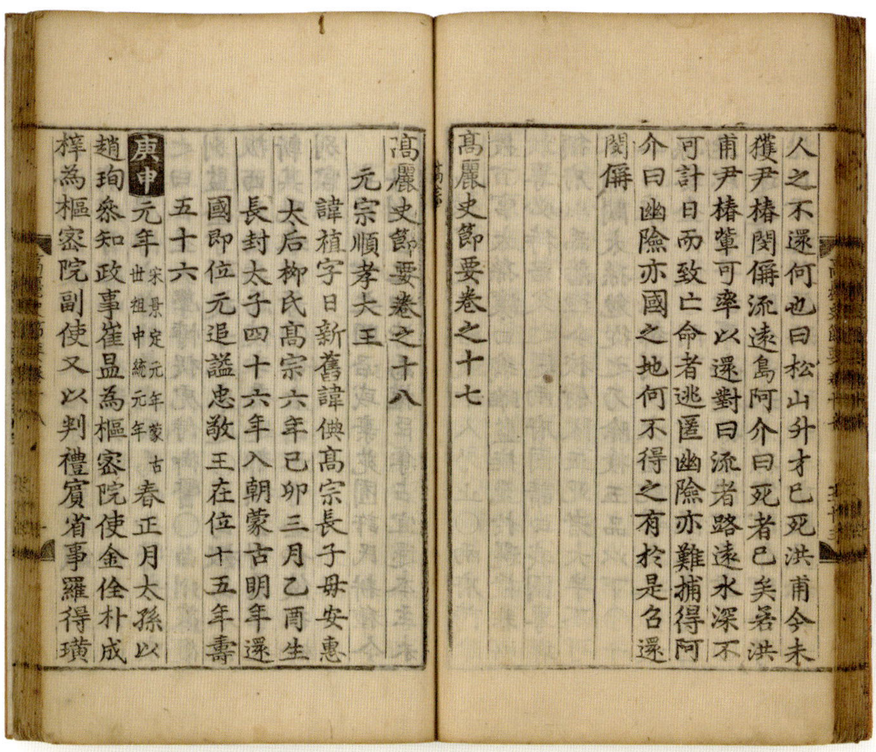

082 삼국유사 三國遺事

Samguk Yusa

보물
일연一然, 1206-1289
1512
영본零本 1책 | 목판본
세로 32.8cm 가로 21.5cm
도서관

고려 승려 일연一然이 편찬한 삼국시대 역사서이다. 1512년 경주에서 왕력王曆과 본문 5권을 목판으로 중간重刊했다. 고대 사회의 역사, 풍속, 종교, 문학, 예술, 언어 등에 관한 사료를 수록하고 있다. 《삼국유사》의 전체적인 구성은 먼저 모두 5권 9편의 체재이다. 권1 〈왕력王曆〉에는 삼국 및 가락·후삼국의 왕대와 연표가 있다. 다음 〈기이紀異〉에는 고조선부터 삼한·부여·고구려·백제·신라 등에 대한 내용이 실려 있다. 권2는 편목이 따로 있지 않고 계속해서 신라 문무왕 이후의 통일신라와 후백제 및 가락국기에 대한 내용이 이어진다. 권3 〈흥법興法〉은 신라의 불법 전래에 대한 내용을 중심으로 서술되어 있다. 권4는 〈의해義解〉로 신라시대의 학승 및 율사의 전기를 모았다. 다음 권5는 〈신주神呪〉, 〈감통感通〉, 〈피은避隱〉, 〈효선孝善〉의 내용이다. 〈신주〉는 밀교 신승의 사적을 다루었고, 〈감통〉은 근행감응한 사람들에 대한 내용이 이어진다. 다음 〈피은〉은 행적을 감춘 고승의 내용이 이어지며, 〈효선〉은 사람들의 효행과 선행에 대해 수록하였다. 이 책에는 향가나 이두로 표기한 글도 있으며, 향찰로 표기된 혜성가彗星歌 등 신라 향가 14수는 한국고대문학사에서 절대적 가치가 있는 자료이다. 우리나라 역사서 가운데 최초로 단군신화를 수록하였다는 점에서 의의를 가진다. 고려대학교도서관 소장본은 권3-5 부분이다.

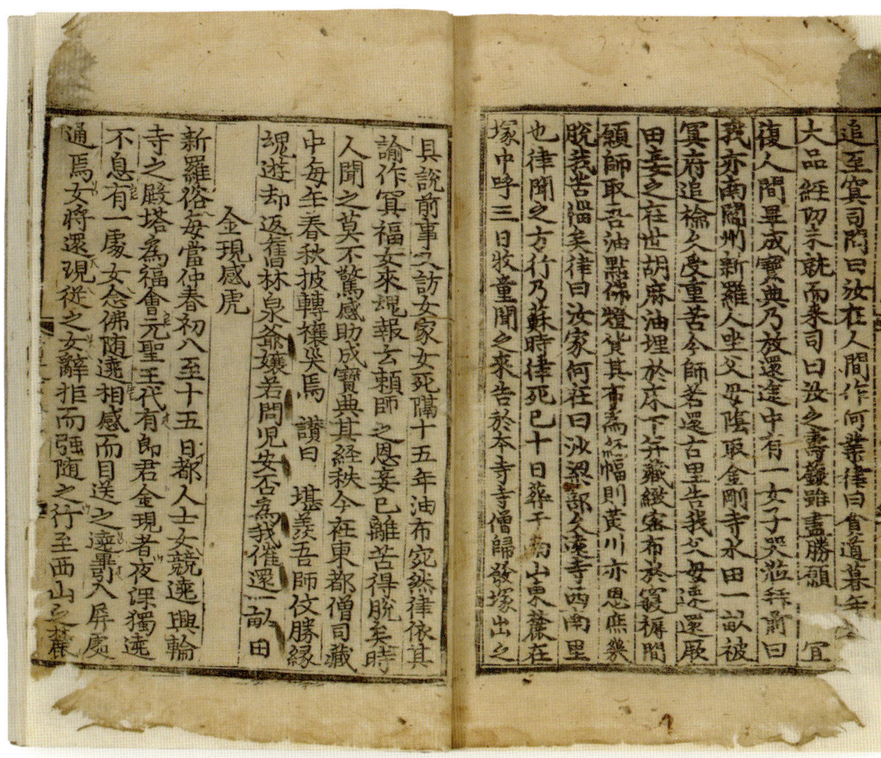

083 계미동경소진첩 癸未同庚小眞帖

Gyemi Donggyeong Sojincheop

서울특별시 유형문화유산
작자 미상
1771
1첩 | 필사본(채색화)
세로 46.7cm 가로 34.1cm
도서관

1703년인 계미년癸未年에 태어난 동갑 관료 7명의 초상화와 서문으로 이루어진 그림첩이다. 참판 이익진李翼鎭, 판서 조영진趙榮鎭, 참판 이규채李奎采, 영의정 한익모韓翼謨, 부사 송진흠宋晉欽, 영의정 신만申晩, 유언술兪彦述 일곱 명의 반신 초상화가 차례로 각각 그려져 있다. 피부색, 검은 반점, 주름살 등 외형 특징이 살아 있다. 유언술의 서문에 의하면 15명의 동갑내기들이 43세가 되던 을축년(1745)에 처음으로 동경첩을 만들었다고 한다. 그 후 벼슬살이 등으로 세상일에 바쁘게 지내다 보니 십수 년이 흘러 7명이 세상을 뜨고 8명이 남게 되었다는 것이다. 이들은 소상小像을 만들어 작첩作帖하기로 했는데 화첩이 완성되기도 전에 또 3명이 세상을 떠서 서문을 쓴 1771년 당시에는 다섯 명만이 생존해 있었다고 한다. 녹색의 무늬 없는 비단 표지에는 흰색 비단 위에 "계미동경소진첩癸未同庚小眞帖"이라는 표제를 썼다. 화면의 가장자리는 감색 비단으로 둘렀는데 18세기의 서화첩 장황 형식을 잘 보여 준다. 표지를 포함한 장황은 개장의 흔적 없이 원래의 상태를 보여 주며 그림도 바탕의 손상이나 채색의 변화 없이 보관 상태가 매우 양호하다. 당시 일반적인 계회도契會圖와는 달리 초상화만으로 꾸민 그림첩이다.

참판 이익진

판서 조영진

참판 이규채

영의정 한익모

부사 송진흠

영의정 신만

유언술

084-1 신홍주 초상申鴻周 肖像

Portrait of Shin Hong-ju

작자 미상
1826
비단에 채색絹本彩色
세로 186cm 가로 93.4cm
박물관

화면 우측 상단에 '훈련대장신공홍주육십사세진訓練大將申公鴻周六十四歲眞'이라는 제발題跋이 쓰여 있어 이를 통해 신홍주申鴻周, 1772-1829의 초상임을 알 수 있다. 신홍주의 본관은 평산平山이며 자는 의지儀之로, 홍경래의 난을 진압한 공을 세우고 평안도병마절도사平安道兵馬節度使, 전라도병마절도사全羅道兵馬節度使, 함경도병마절도사咸鏡道兵馬節度使, 삼도통제사三道統制使 등을 역임하였다. 초상화의 복식은 단령의 깃이 비교적 깊게 패여 있고 깃의 너비가 넓으며 고름이 이중으로 부착되어 조선 말기 특징을 보인다. 또한 사모紗帽는 이전 시대에 비해 모체가 낮고 모정이 둥글며 앞으로 약간 굽어 있어 이 역시 조선 말기의 특징을 드러낸다. 흉배에는 당상관堂上官용 호표虎豹 문양이 새겨져 있으며, 당시 관료들이 일반적으로 사용하던 학정대鶴頂帶를 착용하였다.

084-2 신헌 초상申櫶肖像

Portrait of Shin Heon

작자 미상
1870
비단에 채색絹本彩色
세로 131cm 가로 66.7cm
박물관

조선 말기의 무관 겸 외교관이었던 신헌申櫶, 1810-1884을 그린 좌안칠분면 전신의좌상左顔七分面 全身椅坐像이다. 화면의 오른쪽 위에 '판부사위당신공헌육십일세진判府事威堂申公櫶六十一歲眞'이라고 쓰여 있는 것으로 볼 때 1870년에 도화서 화원이 그린 공신도상功臣圖上이라 할 수 있다. 훈련대장訓鍊大將, 어영대장御營大將, 판삼군부사判三軍府事 등을 역임한 신헌은 시·서·화도 잘하였다. 고려대학교박물관에는 신헌의 할아버지인 홍주鴻周와 아들인 정희正熙의 초상화도 있어서 초상화 연구에 많은 도움이 되고 있다. 모두 정장복본正裝服本이다.

084-3 신정희 초상申正熙肖像

Portrait of Shin Jung-hee

작자 미상
1895
비단에 채색絹本彩色
세로 100.7cm 가로 78.5cm
박물관

화면 우측 상단에 적힌 '순무사신공정희육십삼세진巡撫使申公正熙六十三歲眞'이라는 제발題跋을 통해 초상의 주인공이 당시 순무사巡撫使를 지내던 신정희申正熙, 1833-1895의 63세 모습임을 알 수 있다. 신정희의 본관은 평산平山이며, 자는 중원中元, 호는 향농香農, 시호는 정익靖翼이다. 17세에 무과에 급제하였으며 형조판서刑曹判書와 어영대장御營大將을 비롯한 여러 관직에 올랐던 인물로 신헌申櫶, 1810-1884의 아들이다. 초상화의 복식은 사모紗帽와 흑단령黑團領, 품대品帶로 구성된 일반적인 조선 말기의 대례복이다. 사모는 전체적으로 크기가 작으며, 모정이 둥글고 모체가 낮다. 모체의 세로줄이나 짧고 굽은 양각 등은 모두 조선 말기의 특징이다. 단령 역시 이전 시기에 비해 깃이 많이 패여 있으며, 흉배의 크기도 작아졌다. 흉배에는 무반 당상관이 사용하던 쌍호문雙虎文이 수놓아져 있다. 품대는 대모대玳瑁帶로 보이며, 가슴 위쪽으로 올려서 착용하는 방식 역시 조선 말기의 것이다.

085 순종 어진純宗御眞

Portrait of Sunjong

김은호金殷鎬, 1892-1979
1920년대
유지초본油紙草本
세로 62cm 가로 46cm
박물관

이당以堂 김은호金殷鎬는 서화미술회에서 그림을 배우고 있던 21살 때 이미 창덕궁 왕실의 초상화 제작에 참여할 정도로 일찍이 재능을 인정받았다. 그가 그린 순종純宗, 1874-1926의 어진은 현재 국립현대미술관 소장본과 고려대학교박물관 소장본 2점이 남아 있다. 두 점 모두 머리를 짧게 자른 군복 정장을 입은 모습인데 고려대학교박물관 소장본에는 머리카락과 눈썹, 수염 등에 흰색이 섞여 있어 국립현대미술관 소장본보다 후대에 제작된 작품으로 짐작된다. 김은호는 초상화 제작 시 사진을 많이 참조하였는데 그의 초상화에는 이전의 화가들에게서 발견할 수 없는 묘사력과 필력을 느낄 수 있다. 시점, 비례, 구도 등에서 논리적인 정연함을 갖춘 작품이다.

086 청년의 초상青年의 肖像

Portrait of a Young Man

구본웅具本雄, 1906-1953
1930년대
캔버스에 유채
세로 42cm 가로 32cm
박물관

'한국의 로트렉(로트레크)'라고 불리는 구본웅具本雄은 서울의 부유한 가정에서 독자로 출생하였으나 어린 시절에 척추를 다쳐 불구가 되었다. 1933년 일본 다이헤이요太平洋미술학교 졸업을 전후하여 국내에서 개인전을 개최하였으며 '한국 최초의 모더니스트 미술가'로 주목을 받았다. 야수파와 표현주의를 수용한 신선하고 강렬한 색채와 필선을 구사한 작품 〈여인〉과 〈우인상〉은 구본웅의 대표작일 뿐만 아니라 우리나라 근대미술을 대표하는 작품이기도 하다. 작품 활동 외에 날카로운 미술 비평가의 활동을 겸하였으며 출판사를 운영하여 문예지의 창간 및 발행에도 심혈을 기울였다.
구본웅의 작품 양식은 1930년대 전반경의 야수파적 성향에서 1930년대 후반경부터는 '조선적 유화'를 지향하는 문인 산수화풍으로 전환되었다. 그러나 앞서 언급한 두 양식 외에 대상을 착실하게 묘사하고 재현하는 소박한 수준의 그림도 적지 않게 발견된다. 이 작품은 바로 이와 같은 계열에 속하는 그림이다. 정장 차림에 넥타이를 한 말쑥한 신사는 화면의 앞쪽 우측으로부터 들어오는 빛에 의해 얼굴에 강한 명암 대조를 보이고, 황색 얼굴과 하얀색 와이셔츠의 색감이 관자의 시선을 집중시킨다. 진한 눈썹, 단정한 이목구비에 짧은 머리 그리고 아래로 내리깐 시선은 식민지 인텔리 청년의 우울한 내면상을 보는 듯하다. 큰 붓질의 빠르고 성근 표현 기법과 자연스럽지 못하다고 느껴질 정도로 과장된 상의의 윤곽 및 주름 표현이 미완성의 느낌을 준다.

087 응시凝視

Staring

이종우李鍾禹, 1899-1981
1926
캔버스에 유채
세로 45cm 가로 53cm
박물관

이종우李鍾禹는 황해도 봉산 태생으로 평양고보를 나와 1918년에서 1921년까지 일본 도쿄미술학교 서양학과를 졸업하고 귀국하였다. 1924년 제3회 조선미술전람회朝鮮美術展覽會에서 3등으로 입상하였고 그해에 우리나라 화가 최초로 프랑스 유학을 떠났다. 개랑 슈하이에프 연구소에서 고전에 기초한 미술 기초를 쌓고 1927년 프랑스 파리 살롱 도톤Salon d'Automne에서 한국인 최초로 입선하였다. 3년간의 유학을 마치고 귀국해서는 중앙고보 등에서 후학을 기르는 데 힘썼고 해방 후에는 대한민국미술전람회의 추천작가 및 심사위원, 홍익대 미술학부장 등을 역임하며 활동하였다.

이 그림은 화면 우측 하단부에 'Paris 1926 Chongwoo'라고 쓰여 있듯이 이종우가 파리에 있을 때 제작되었다. 신사복 차림의 머리가 긴 서구인 모습이 화면 가득히 그려져 있는데, 전체적으로 황색의 배경과 남색 계통의 인물로 이분된 단순한 색채와 구성을 취하였다. 정면을 향해 눈을 치켜뜬 인물의 넓은 이마에는 가로로 4줄의 주름이 길게 잡혀 있다. 얼굴의 골상과 주름을 치밀하게 묘사하기 위해 얼굴의 튀어나오고 들어간 부분에 그림자와 하이라이트를 병용하여 표현했다.

이마와 광대뼈, 그리고 입가의 주름이 강조된 이 초상화는 탄탄한 구성과 해부학적 치밀함을 돋보여 일본 도쿄미술학교 시절과는 다른 파리 시절의 변화된 양식을 보여 준다.

088 의령남씨전가경완도宜寧南氏傳家敬翫圖

Paintings Transmitted by Uiryeong Nam Family

작자 미상
18세기
종이에 채색紙本彩色
세로 44.2cm 가로 802.5cm
박물관

이 그림은 〈중묘조서연관사연도中廟朝書筵官賜宴圖〉, 〈명묘조서총대시예도明廟朝瑞蔥臺試藝圖〉, 〈선묘조제재경수연도宣廟朝諸宰慶壽宴圖〉 등 세 종류의 그림이 연속적으로 이어져 있는 긴 화권畵卷이다. 화권 처음에 '남씨전가경완南氏傳家敬翫'이라고 쓴 전체 표제가 붙어 있다. 각 그림의 제목은 그림 앞 푸른색 종이에 큼지막하게 써 놓은 글씨에 근거한 것이다.
이 세 종류의 그림은 화첩의 형태로 전하는 홍익대학교 박물관 소장 《의령남씨가전화첩宜寧南氏傳家傳畵帖》에도 수록되어 있다.
두 이본을 비교해 보면 고려대본은 필치와 색감에서 홍익대본보다 후대에 이모移模된 것으로 보인다. 홍익대본은 중간색 계열을 위주로 얇게 설채設彩한 반면 고려대본은 전체적으로 채도와 명도가 모두 높은 색으로 진하고 고르게 채색하였다. 또 고려대본에 보이는 배경 산에는 단선점준短線點皴의 흔적이 거의 사라졌으며 굵은 호초점胡椒點이 윤곽선 주위에 들떠 있다. 특히 〈명묘조서총대시예도〉 속 산에는 검은 윤곽선으로 둘러싸인 옥색점 형태의 호초점도 보인다. 또 나무 주변에 잔잔한 초록점으로 땅의 질감을 나타낸 점, 〈명묘조서총대시예도〉의 주름 잡힌 차일의 단과 〈선묘조제재경수연도〉의 괴석에 가해진 도식적인 음영 등은 제작 시기를 추정하는 데에 참고가 된다.

고려대본에는 건물의 치미, 잡상, 공포가 화려하게 묘사되어 있고, 어도의 박석薄石 표시, 삼중계三重階의 부조 문양, 일월오봉병의 자세한 표현, 지붕과 나무 위에서 구경하는 동네 주민의 모습 등 홍익대본보다 세부적인 묘사가 추가되어 있다. 조상의 행적이 담긴 행사도를 후손 대대로 계승하는 경우 여러 본을 만들어 대소종가에서 나누어 보관하였으며, 자신의 직계조상과 관련된 그림이 아니더라도 모사하여 간직하는 경우가 많았다. 따라서 의령 남씨 집안에 전승되던 이 그림들도 시대에 따라 여러 차례 이모되었을 것이며 이 화권도 그 가운데 하나인 것으로 보인다.

중묘조서연관사연도

명묘조서총대시예도

선묘조제재경수연도

089 예궐반차도詣闕班次圖

Yegwol Banchado(Parade for Royal Wedding in Palace)

18세기
종이에 채색紙本彩色
세로 42.5cm 가로 407.6cm
박물관

반차도班次圖는 조선 시대 국가 의례에 참여하는 문무백관文武百官 및 기물 등의 정해진 위치와 행사 장면을 묘사한 기록화이다. 이 중 행렬반차도는 조선 시대 의궤반차도 가운데 다수를 차지하고 있다. 행렬반차도의 내용은 의궤의 종류마다 다른데 이 반차도는 회권의 맨 처음에 '예궐반차도詣闕班次圖'라고 명시되어 있다. 조선왕조에서 왕가의 혼례는 국조오례의에 의거하여 모든 절차를 진행하였다. 제1도는 삼간택三揀擇으로 선정된 배우자가 의식절차에 따라 혼례식을 거행하기 위하여 별궁으로 나아가는 행차도이고, 제2도는 혼례를 치른 후 배우자의 자격으로 본궁으로 이동하는 행차도이다.
이 〈예궐반차도〉의 행렬 중에는 교명채여敎命彩輿, 명복채여命服彩輿가 있지만 유모乳母, 비자婢子, 내인內人, 의녀醫女 등이 있어서 가례와 관련된 반차도라 여겨진다. 왕비의 교轎만 보이고 어마御馬나 왕의 가마[輦]가 보이지 않는 것으로 보아 왕비가 별궁에서 동뢰연同牢宴을 하기 위해 궐내로 들어오는 행렬을 그린 것이라 생각된다.
이 작품은 치밀하고 사실적으로 물상을 묘사하였고, 차분한 느낌을 주는 색을 위주로 하여 채색하였다.

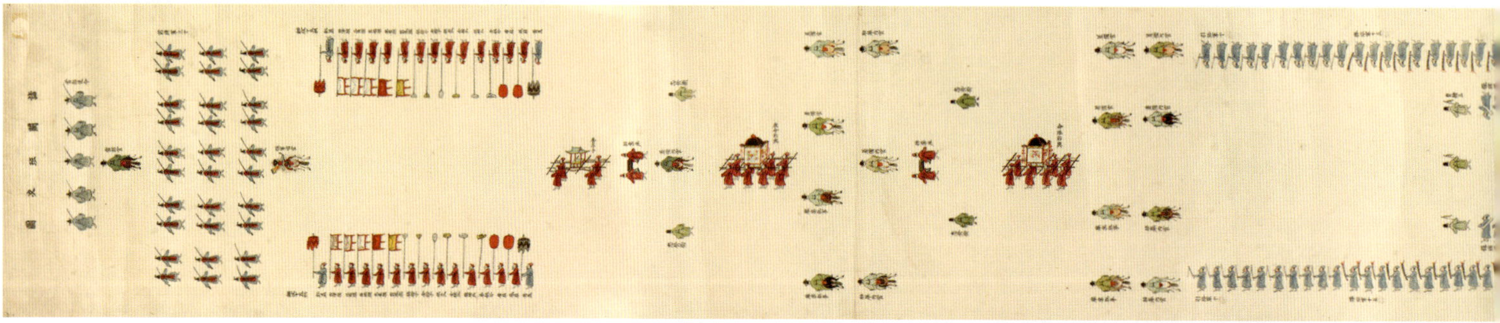

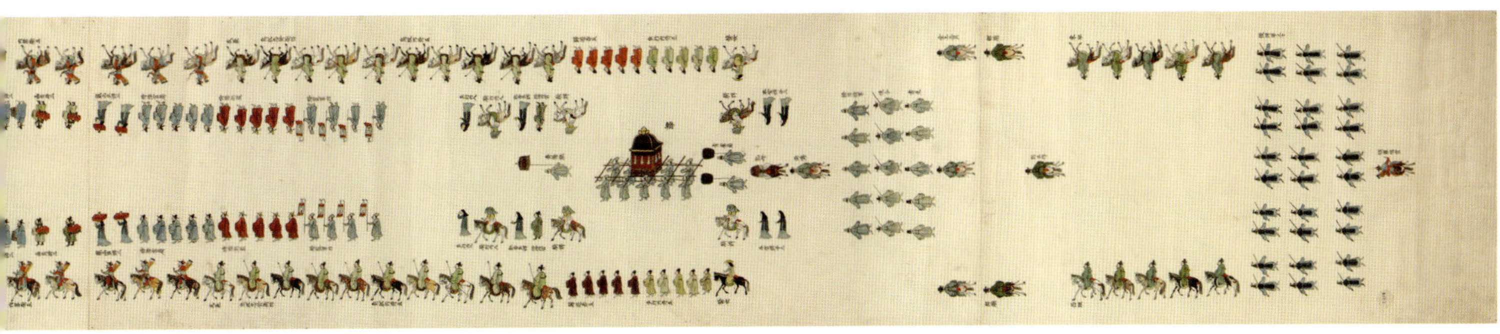

090 북관유적도첩北關遺蹟圖帖

Illustrated Album of the Northern Border Ruins

17세기 후반-18세기 초반
1첩 | 필사본(채색화)
세로 41.2cm 가로 31cm
박물관

고려 예종睿宗 대부터 조선 선조宣祖 대까지 북관, 즉 함경도에서 용맹과 지략으로 무공을 세운 인물들의 행적 또는 일화를 모아 그림으로 그리고 그 내용을 글로 설명해 놓은 역사고사화첩歷史故事畫帖이다. 내용은 채색이 선명하고 화려한 여덟 장면의 그림으로 이루어져 있다. 각 그림의 내용은 다음과 같다.

〈척경입비도拓境立碑圖〉는 1107년(예종 2) 평장사平章事 윤근尹瓘, ?-1111과 지추밀원사知樞密院事 오연총吳延寵, 1055-1116이 각각 행영대원수行營大元帥, 부원수副元帥로 임명되어 17만 군사를 이끌고 여진족을 물리친 뒤 국경을 넓혀 그곳에 함주咸州, 복주福州, 웅주雄州, 영주英州, 길주吉州, 공험진公險鎭에 육성六城을 쌓고, 마침내 선춘영先春嶺에 '고려지경高麗之境' 네 글자가 새겨진 비를 세움으로써 경계를 삼은 사실을 그린 것이다.

〈야연사준도夜宴射樽圖〉는 조선 세종世宗 때 김종서金宗瑞, 1390-1453가 야인野人을 격퇴하고 육진六鎭을 설치하여 두만강을 경계로 국경선을 확정한 뒤 도순문찰리사都巡問察理使로 있을 때의 일화를 그린 것이다. 그가 하루는 술과 음악으로 야연을 베풀고 있는데 화살이 날아와 주준酒樽에 적중하였다. 주위의 사람들이 놀라고 두려워하였지만 김종서는 '간사한 사람이 나를 시험하였을 뿐이다'며 침착하게 연회를 마쳤다는 것이다.

〈야전부시도夜戰賦詩圖〉는 세조世祖 때 신숙주申叔舟, 1417-1475가 함길도 도체찰사都體察使로서 야인을 정벌하는 동안 있었던 이야기이다. 야인이 밤에 진영을 습격하여 군사들이 이에 대해 응전하고 있는데 이러한 소란에도 불구하고 신숙주는 누워서 움직이지 않은 채로 막료幕僚를 불러 오히려 적군을 걱정하는 시 한 수를 즉석에서 지어 주며 두려워하지 않았다는 내용이다.

〈출기파적도出奇破賊圖〉는 어유소魚有沼, 1434-1489 장군이 슬기롭게 적군을 물리친 일을 그린 것이다. 1467년(세조 13) 길주 사람 이시애李施愛, ?-1467가 반란을 일으켜 조정에서 좌대장左大將으로 어유소를 파견하여 토벌하였는데 홍원洪原, 북청北靑, 만령蔓嶺에서 대전을 치렀다. 만령에서 적은 높고 험한 곳을 점령하여 화살을 아래로 내려 쏘았으므로 아군이 감히 올라갈 수 없었다. 어유소는 작은 배에 정예 군사를 싣고 푸른 옷을 입혀 풀빛과 구별하지 못하게 한 뒤 벼랑을 따라 돌아 위 봉우리에 이르러 적의 후방을 위에서 굽어보며 공격하였다. 적이 크게 놀란 사이 아래의 군사들도 기세를 몰아 진격함에 따라 적은 지탱하지 못하고 무너졌다.

〈등림영회도登臨詠懷圖〉의 주인공은 남이南怡, 1441-1468 장군이다. 그는 태종太宗, 1367-1442의 외손으로 약관에 이시애의 난을 정벌하고 적개공신 1등에 올랐다. 이시애를 토벌하고 돌아오는 길에 백두산에 올라 "백두산 돌을 갈아 칼을 만들어 다하고 두만강 물을 퍼서 말을 먹여 없앤다. 남아가 20세에 나라를 평정하지 못하면 후세에 어찌 대장부라 칭하겠는가"라는 유명한 시를 지어 대장부의 웅혼한 기개와 포부를 나타냈다는 내용이다.

〈일전해위도一箭解圍圖〉는 신립申砬, 1546-1592이 화살 한 발로 두만강변의 오랑캐를 소탕한 이야기를 그린 것이다. 1583년(선조 16) 봄 신립이 온성부사穩城府使로 있을 때 오랑캐가 경원도호부의 훈융진訓戎鎭을 포위하고 장성문長城門을 철거하는 등

척경입비도

야연사준도

야전부시도

출기파적도

등림영회도

일전해위도

수책거적도

창의토왜도

성을 훼손하자 신립이 즉시 달려와 격돌하였다. 오랑캐 중에는 신립의 얼굴을 아는 자가 있었는데 두목을 쏘는 빠른 활 솜씨를 알아보고 놀라 퇴각하였다는 내용이다.

〈수책거적도守柵拒敵圖〉는 이순신李舜臣, 1545-1598이 임진왜란 발발 전에 말직을 지낼 때 있었던 일을 그린 것이다. 1587년(선조 20) 경흥도호부 순찰사 정언신鄭彦信, 1527-1591이 녹둔도鹿屯島에 둔전을 설치하였는데 당시 조산만호造山萬戶로서 이순신이 그 일을 관장하였다. 가을이 되어 수확할 무렵 오랑캐가 침입하여 약탈하려 하자 목책木柵을 방어하여 농민을 보호하였다는 이야기이다.

〈창의토왜도倡義討倭圖〉는 1592년(선조 25) 왜군이 함경도에 들어왔을 때 의병을 일으켜 대항했던 북평사 정문부鄭文孚, 1565-1624의 활약상을 그린 것이다. 당시 경성鏡城의 절 노비 국세필鞠世必은 반역하여 적이 주는 관작을 받으며 성세를 넓히고 있었다. 정문부는 숨어 있다가 이붕수李鵬壽, 1548-1592가 의병을 일으킨다는 소리를 듣고 어랑리魚郞里 이붕수의 집으로 달려와 최배천崔配天, 지달원池達源, 강문우姜文佑 등과 함께 이를 저지하기로 하고 창의대장倡義大將이 되어 300여 명을 모집하였다. 그리고 경성부 성내에 있던 국세필을 달래어 의병군들을 성안으로 끌어들여 성 남쪽에서 노략질하는 왜적을 물리치고 성을 수복하는 데 성공하였다. 그리고 강문우에게 국세필을 사로잡아 목을 베어 현수懸首하도록 하여 군성軍聲를 떨치게 되었다는 내용이다.

091 괴원성회록 槐園盛會錄

Goewonseonghoerok

서울특별시 유형문화유산
19세기 중엽
1책 | 필사본
세로 30.5cm 가로 18.8cm
도서관

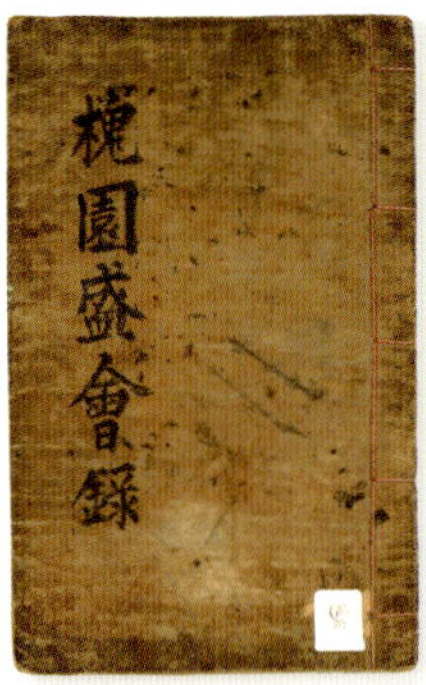

강원도 홍천에 거주하는 광산 김씨光山 金氏 족친들을 중심으로 결성된 친지들의 아회 광경을 그리고 아회에서 수창된 시부詩賦를 합록合錄한 시화첩이다. 이 모임의 대표인 괴원주인槐園主人 김재중金在重이 을묘년 6월 16일에 쓴 〈괴원성회록서槐園盛會錄序〉, 그림 한 장면, 김재긍金在兢이 쓴 〈괴원성회도기槐園盛會圖記〉, 남궁순南宮碩의 〈제괴원성회도기후題槐園盛會圖記後〉, 한상린韓祥麟이 쓴 〈괴원승회도설槐園勝會圖說〉이 차례로 수록되어 있다.

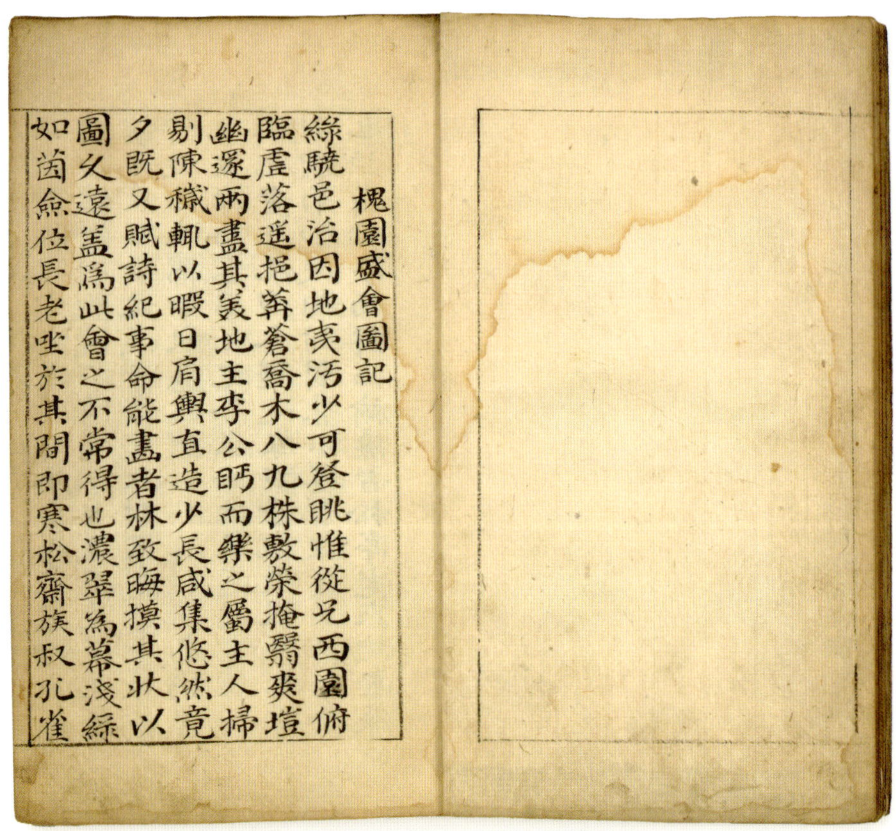

092 중조학사서한中朝學士書翰

Jungjo Haksa Seohan

홍대용洪大容, 1731-1783 편編
1781
1첩 | 필사본
세로 30.3cm 가로 21cm
도서관

중국 항주杭州의 문인 반정균潘庭筠, 엄성嚴誠, 육비陸飛 등 청조淸朝 삼학사三學士가 조선의 김재행金在行에게 보낸 서한 17편을 담헌湛軒 홍대용洪大容이 편집한 서한집이다. 김재행은 본관이 안동安東이고, 자字는 평중平中이며 호號는 양허養虛이다. 시와 글씨에 뛰어났고, 호방하고 자적한 성품으로 관직에 뜻을 두지 않은 채 은일하며 도학에 힘쓴 선비였다. 각 서한들은 모두 청조 삼학사의 친필 묵적과 낙관이 찍혀 있어 예술사적으로도 유용한 가치가 있다. 또한, 청조 문인들이 조선 지식인들은 생산 활동 등의 현실 문제에 적극적으로 참여하지 않는 폐단을 비판하고 있어, 조선 후기 실학에 끼친 영향도 있다는 점을 읽을 수 있다. 18세기 조선과 중국 문인간에 어떠한 경위를 통해 문화 교류가 이루어졌는가를 이해하는 데 도움을 주는 자료이고, 중국 문인들의 교유 상황을 파악할 수 있는 자료이다.

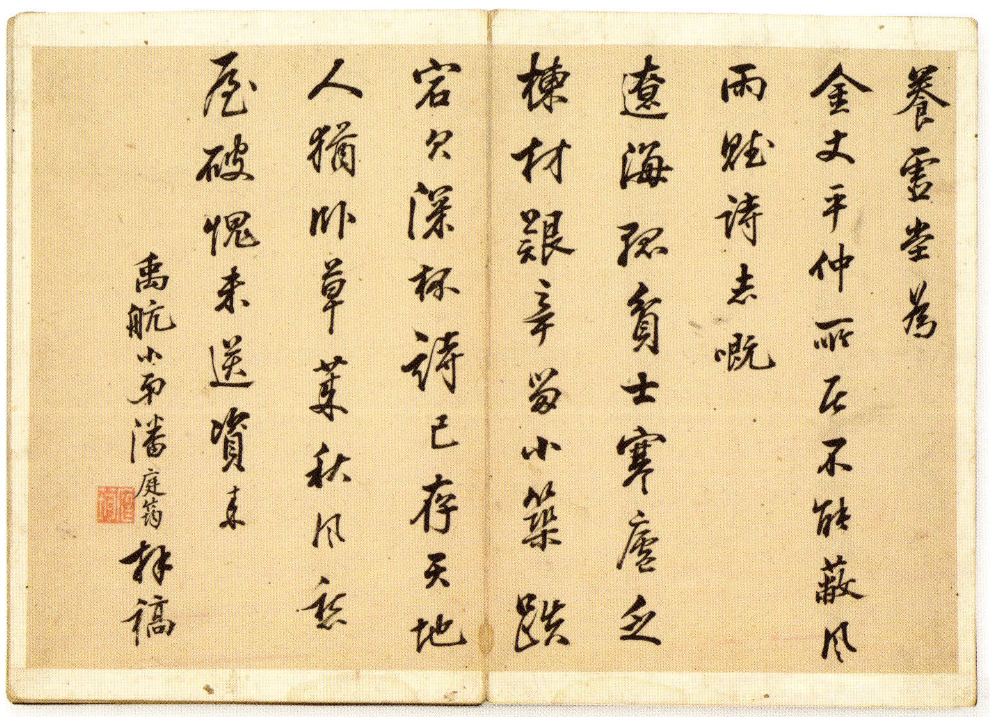

093 근역서휘총고 槿域書彙總考

Geunyeok Seohwi Chonggo

이이李珥, 1536-1584 등 서書
1658-1895
7첩 | 필사본
세로 44.4cm 가로 36.1cm
도서관

조선 선조宣祖, 1552-1608부터 고종高宗, 1852-1919 시기까지의 명사 280명의 친필 서한을 편집한 7첩으로 구성된 서첩書帖이다. 친필 서한을 성씨별로 모으고, 필자의 약력을 소개했다. 제1첩에 이이李珥, 이항복李恒福, 이재李縡, 이광사李匡師, 이서구李書九, 이의현李宜顯 등 62명, 제2첩에 이유원李裕元, 이건창李建昌 등 40명, 제3첩에 김정희金正喜, 김명희金命喜, 김윤식金允植, 김옥균金玉均, 남공철南公轍, 강백년姜栢年 등 40명, 제4첩에 윤증尹拯, 윤봉구尹鳳九, 전우田愚, 신흠申欽, 신익성申翊聖, 신정하申靖夏 등 41명, 제5첩에 조태채趙泰采, 조현명趙顯命, 조인영趙寅永 등 31명, 제6첩에 홍봉한洪鳳漢, 홍낙순洪樂純, 홍양호洪良浩, 홍석주洪奭周, 홍현주洪顯周 등 29명, 제7첩에 정태화鄭太和, 권상하權尙夏, 권돈인權敦仁 등 37명의 친필 서한이 담겨 있다.

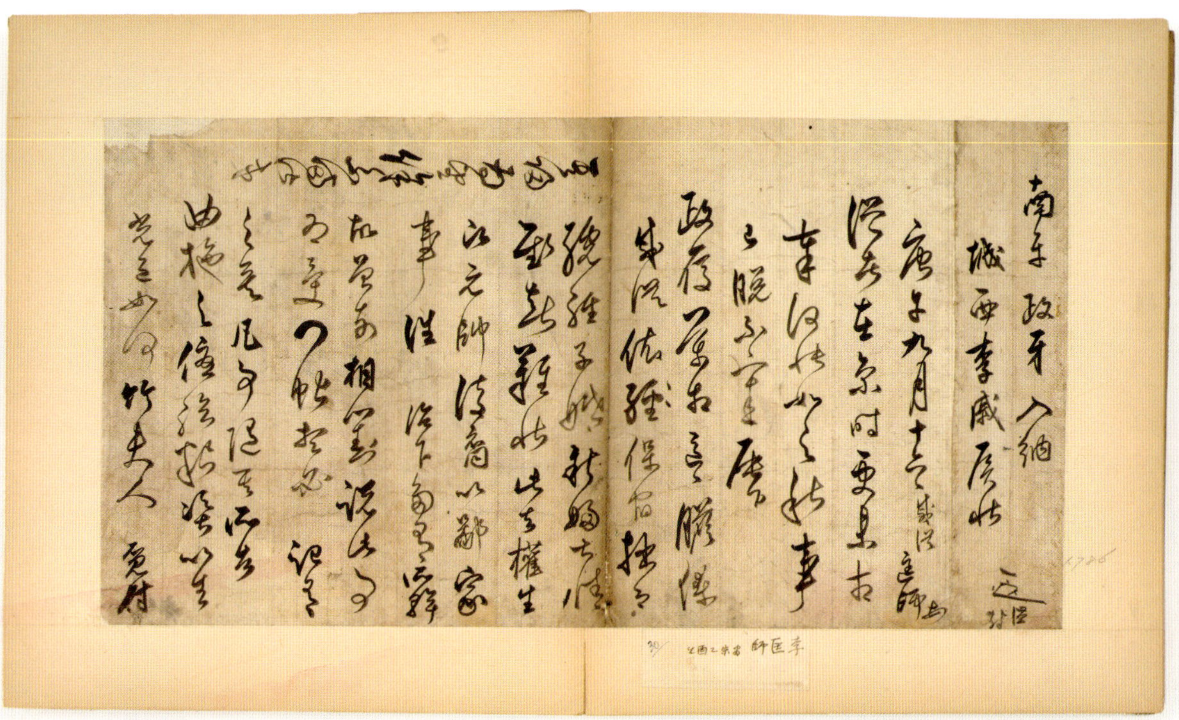

094 첩보牒報

Cheopbo

임두학林斗鶴
1894
1매 | 필사본
세로 35cm 가로 74cm
도서관

1894년 12월 2일 동학농민혁명 지도자 전봉준全琫準, 1855-1895의 체포 사실을 호남소모관湖南召募官 임두학林斗鶴이 작성하여 보고한 첩보牒報이다. 전라도 순창 피로리避老里의 한신현韓信賢이 전봉준을 붙잡았다는 내용이 담겨 있다. 전봉준은 동학 접주, 동학농민군 대장을 역임한 지도자로 자字는 명좌明佐, 호號는 해몽海夢이고, 몸이 왜소하였기 때문에 녹두綠豆라 불려, 뒷날 녹두장군이란 별명이 생겼다. 1894년 4월 4일 전봉준이 이끄는 동학농민군은 부안을 점령하고, 정읍, 흥덕, 고창에 이어 무장에 진입, 장악하였다. 여기에서 전봉준은 창의문을 발표하여 동학농민이 봉기하게 된 뜻을 천명하였다. 4월 27일 전주성을 점령한 후 폐정개혁안을 내놓았는데 양호초토사兩湖招討使 홍계훈洪啓薰, 1842-1895이 받아들임으로써 5월 7일 전주화약이 성립되었다. 청일전쟁이 일어나자 동학농민군은 9월 중순 항일구국의 기치 아래 다시 봉기하였으나, 11월 초 우금치 싸움에서 대패하고, 금구金溝에서 일본군과 정부군에게 진압되었다. 전봉준은 정읍에 피신했다가 순창에서 부하였던 김경천金敬天의 밀고로 체포되어 서울로 압송되고, 재판을 받은 뒤 교수형에 처해졌다.

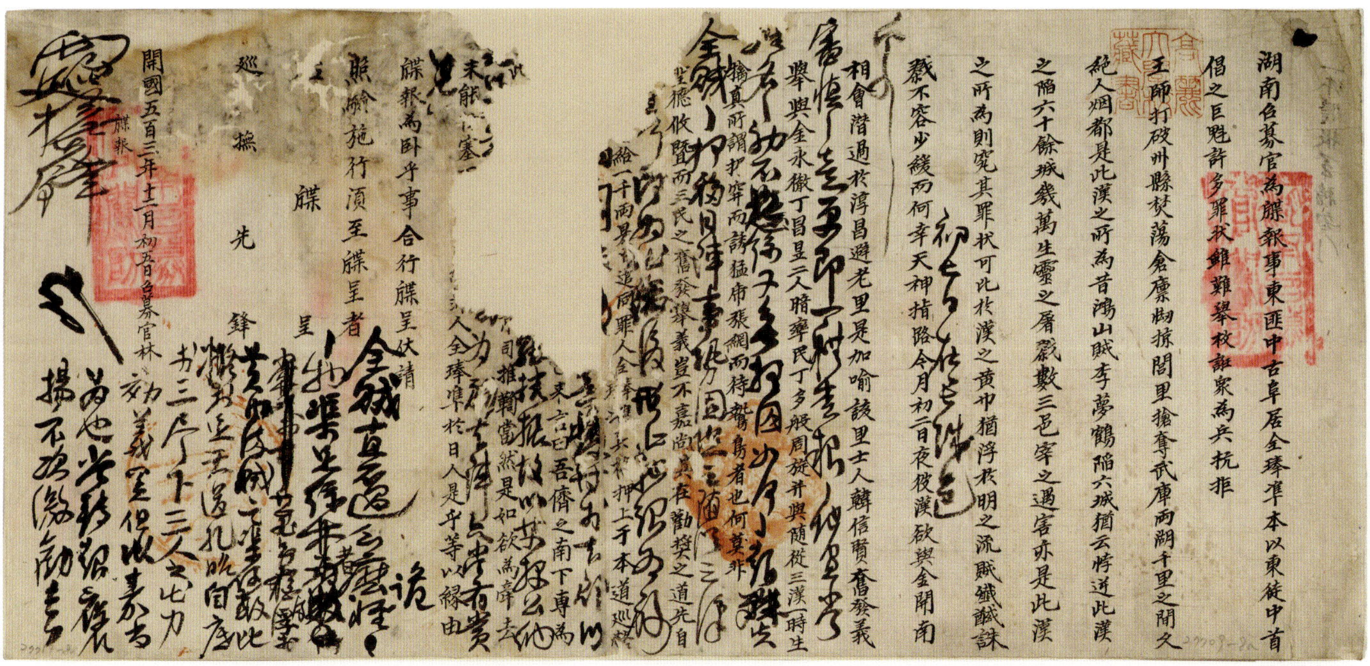

095 기재기이 企齋記異

Gijae Gii

신광한申光漢, 1488-1555
1553
1책 | 목판본
세로 31.9cm 가로 19.5cm
도서관

기재企齋 신광한申光漢이 쓴 책으로 1553년 목판으로 간행되었다. 〈안빙몽유록安憑夢遊錄〉, 〈서재야회록 書齋夜會錄〉, 〈최생우진기崔生遇眞記〉, 〈하생기우전何生奇遇傳〉 등 네 편이 수록되어 있다. 〈안빙몽유록〉은 주인공 안빙이 꿈속에서 꽃의 나라를 유람하고 돌아온 이야기이다. 〈서재야회록〉은 주인공이 서재에서 문방사우와 노닌 이야기이다. 〈최생우진기〉는 주인공 최생이 수부水府의 잔치에 참여하여 신선들과 노닌 이야기이다. 〈하생기우전〉은 주인공 하생이 무덤 속에서 죽은 여인과 사랑을 나누고 살려 내어 함께 살았다는 이야기이다. 고려대학교도서관 소장본이 유일본이다.

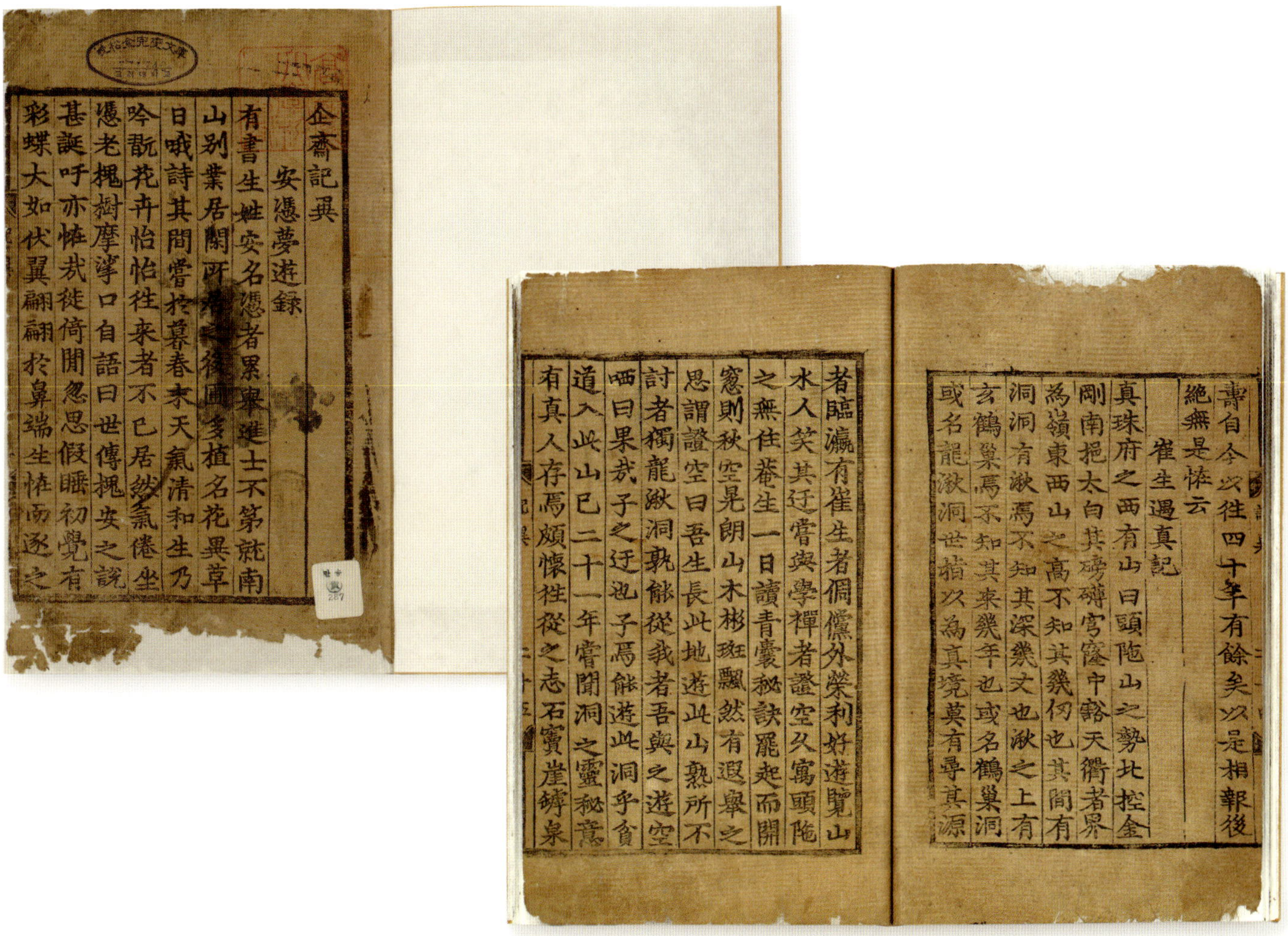

096 정소공주묘지명貞昭公主墓誌銘

Princess Jeong So's Epitaph

1424
오석烏石
세로 89cm 가로 56cm
두께 4.6cm
박물관

조선 제4대 국왕 세종世宗, 1397-1450의 장녀인 정소공주貞昭公主, 1412-1424의 묘지명이다. 정소공주는 세종과 소현왕후昭憲王后, 1395-1446의 맏딸로 태어나 왕실의 극진한 사랑을 받고 자라났으나 혼인 전인 1424년 13세에 사망했다. 빈소는 정소공주가 어려서 자랐던 총제摠制 이맹균李孟畇, 1371-1440의 집에 차렸고, 그해 4월 경기도 고양현 산리동酸梨洞 언덕 성녕대군誠寧大君, 1401-1418(태종의 아들)의 묘 옆에 지석을 묻고 장사 지냈다. 1938년 일제에 의해 정소공주의 묘역 일대는 농장으로 개발되었고, 1939년경 지금의 고양시 원당리에 있는 서삼릉西三陵으로 능역이 이장되었다. 서삼릉으로 이장할 때 이 묘지명과 태항아리(국립중앙박물관 소장)가 나왔다.

이 묘지명은 두 판으로 구성되어 있다. 첫 번째 판의 앞면에는 '유명조선국 정소공주 묘지有明朝鮮國 貞昭公主 墓誌'만을 적었고, 이어 다른 판에는 '유명조선국 정소공주 묘지명有明朝鮮國 貞昭公主 墓誌銘'이라고 적은 후 정소공주의 졸일卒日(1424년 2월 경자일), 향년享年(13세), '정소'로 증직贈職된 일, 장례(4월 16일), 장지(고양현 산리동), 성품 및 성장내용과 명銘, 글을 지은 날(1424년 4월) 등을 기록하였다. 이 묘지명은 예문관藝文館 제학提學 윤회尹淮, 1380-1436가 지었다. 묘지명의 내용은 다음과 같다.

永樂二十二年甲辰二月庚子 今我主上殿下之長女 以疾卒 年甫十有三歲矣 特贈貞昭公主 以是年四月辛酉 葬于高陽縣北酸梨洞之原 公主生而淑婉 姿容端潔 聰慧異常 稍長 莊重寡言 喜慍不形于色 兩宮慈愛尤篤 宮掖之中 咸致敬慕 期以肅雍之德 永爲戚畹之儀 不幸年未及笄 遽貽兩宮之慟悼 信乎天道之無知也 於虖悲 夫 銘曰 嗟嗟淑婉 夙承胎敎 有德有容 克愼克孝 天道蒼茫 奄爾不淑 國人之哀 曷其有極 卜地之吉 旣固且密 萬歲之藏

永樂二十二年四月 日誌

"영락 22년 갑진甲辰[세종 6, 1424] 2월 경자庚子에 우리 주상 전하의 맏딸이 병으로 졸하였으니, 연령이 겨우 13세이다. 특히 정소라는 칭호를 주시고, 올해 4월 신유辛酉에 고양현高陽縣 북쪽 산리동酸梨洞 언덕에다 장사한다. 공주는 나면서부터 현숙하고 완순하며, 자태와 용모가 단정하고 깨끗하였다. 총명하고 슬기롭기가 보통 사람과 달랐고 자라서는 장중하고 말이 적었으며, 즐거워하고 성냄이 얼굴빛에 드러나지 않았다. 양궁兩宮[임금과 왕후]께서 자애하기를 더욱 두터이 하였으며 궁액宮掖[궁중의 내시와 나인] 가운데에서 모두 공경하고 우러러보아, 엄숙하면서 화목한 덕이 있어 귀척貴戚들의 의범이 될 것을 기대하였더니, 불행하게도 비녀를 꽂는 성년에도 미치지 못하고 급기야 양궁의 슬픔을 끼치었으니, 진실로 천도天道란 알 수 없는 것이라 하겠다. 슬픈 일이로다!"
명銘에 이르기를 "애처롭다 현철한 아가씨여, 일찍부터 태교를 받으시어 덕도 있고 용모도 뛰어났으며, 능히 삼가며 효도하였는데, 천도가 창망蒼茫하여 어느덧 유명을 달리하였도다. 국인國人들의 슬픔을 어찌 다함이 있으리오. 길한 땅으로 점을 쳤으니, 이미 굳고 또 정밀하여 만세토록 갈무려 계실 곳이라."
영락 24년 4월 모일에 기록하다.

有明朝鮮國貞昭公主墓誌銘
永樂二十二年甲辰二月庚子今我
主上殿下之長女以疾卒年甫十有三歲矣特
贈貞昭公主以是年四月辛酉葬于高陽縣北峨嵋洞之原
公主生而淑婉姿容端潔聰慧異常稍長性重寡言喜慍不形于色
兩宮慈愛尤篤宮掖之中咸致敬焉期以
肅雍之德永爲戚畹之儀下嫁年未及笄遽貽
兩宮之慟悼信乎
天道之無知也於虖悲夫銘曰
嗟嗟
淑婉之風家
胎敎有德有容 克愼克
孝
天道蒼茫 奄爾不淑 國人之哀 曷其有極 卜地之吉
既固且密 萬世之藏
永樂二十二年四月 日誌

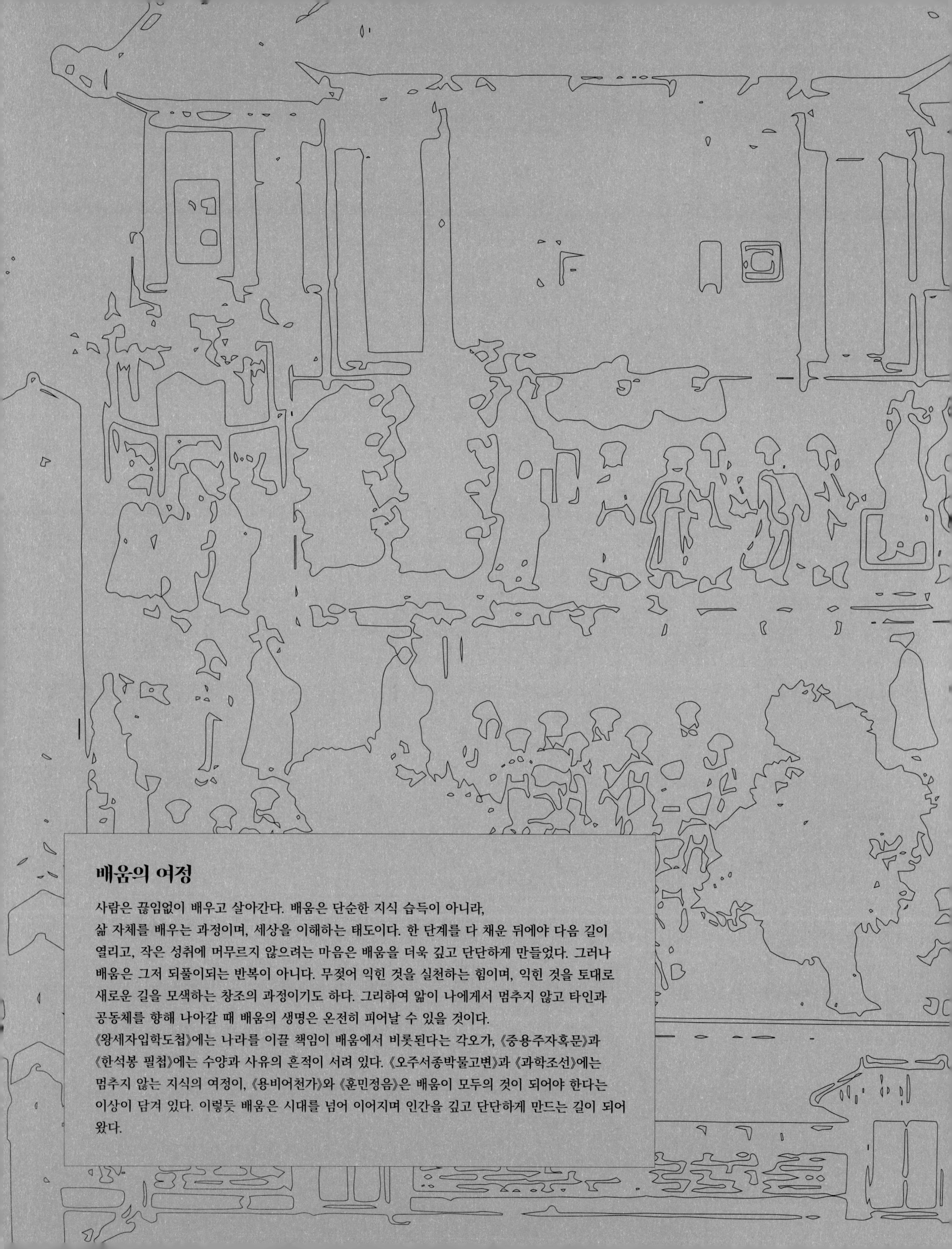

배움의 여정

사람은 끊임없이 배우고 살아간다. 배움은 단순한 지식 습득이 아니라, 삶 자체를 배우는 과정이며, 세상을 이해하는 태도이다. 한 단계를 다 채운 뒤에야 다음 길이 열리고, 작은 성취에 머무르지 않으려는 마음은 배움을 더욱 깊고 단단하게 만들었다. 그러나 배움은 그저 되풀이되는 반복이 아니다. 무젖어 익힌 것을 실천하는 힘이며, 익힌 것을 토대로 새로운 길을 모색하는 창조의 과정이기도 하다. 그리하여 앎이 나에게서 멈추지 않고 타인과 공동체를 향해 나아갈 때 배움의 생명은 온전히 피어날 수 있을 것이다.

《왕세자입학도첩》에는 나라를 이끌 책임이 배움에서 비롯된다는 각오가, 《중용주자혹문》과 《한석봉 필첩》에는 수양과 사유의 흔적이 서려 있다. 《오주서종박물고변》과 《과학조선》에는 멈추지 않는 지식의 여정이, 《용비어천가》와 《훈민정음》은 배움이 모두의 것이 되어야 한다는 이상이 담겨 있다. 이렇듯 배움은 시대를 넘어 이어지며 인간을 깊고 단단하게 만드는 길이 되어 왔다.

學如不及, 猶恐失之

학여불급, 유공실지

: 배울 때는 마치 무언가를 좇아가되 따라잡지 못할 듯이 하고,
배워서는 혹시나 놓쳐 버리지는 않을까 두려워해야 한다.

논어論語 태백泰伯

[학] 學

097 왕세자입학도첩 王世子入學圖帖

Wangseja Iphakdo Cheop

서울특별시 유형문화유산

세자시강원世子侍講院 편·화編·畵

1817

1첩 | 필사본(채색화)

세로 40.2cm 가로 26.2cm

도서관

1817년 3월 11일 순조의 아들 효명세자孝明世子, 1809-1830의 성균관 입학을 기념하여 제작한 그림첩으로, 입학식 절차를 6장의 그림으로 기록하였다. 입학식 절차에 따라 〈출궁도出宮圖〉, 〈작헌도酌獻圖〉, 〈왕복도往復圖〉, 〈수폐도脩幣圖〉, 〈입학도入學圖〉, 〈수하도受賀圖〉의 순서로 의식 그림이 실려 있다. 출궁의出宮儀는 왕세자가 궁궐을 나와 성균관에 도착하기까지 의식이고, 작헌의酌獻儀는 알묘의謁廟儀라고도 하는데, 왕세자가 성균관 대성전에 들어가 공자를 비롯한 성현들의 신위에 술잔을 올리는 의식이다. 왕복의往復儀는 왕세자가 명륜당의 문밖에 서서 스승에게 수업을 청하고 문안으로 들어오는 의식이고, 수폐의脩幣儀는 속수의束脩儀라고도 하는데, 왕세자가 스승에게 예물을 올리는 의식이다. 입학의入學儀는 왕세자가 명륜당에 올라가 박사에게 수업을 받는 의식이고, 수하의受賀儀는 입학례를 마친 왕세자가 궁궐로 돌아와 문무 관원이나 종친들의 축하를 받는 의식이다.

왕세자출궁도

작헌도

왕복도

수폐도

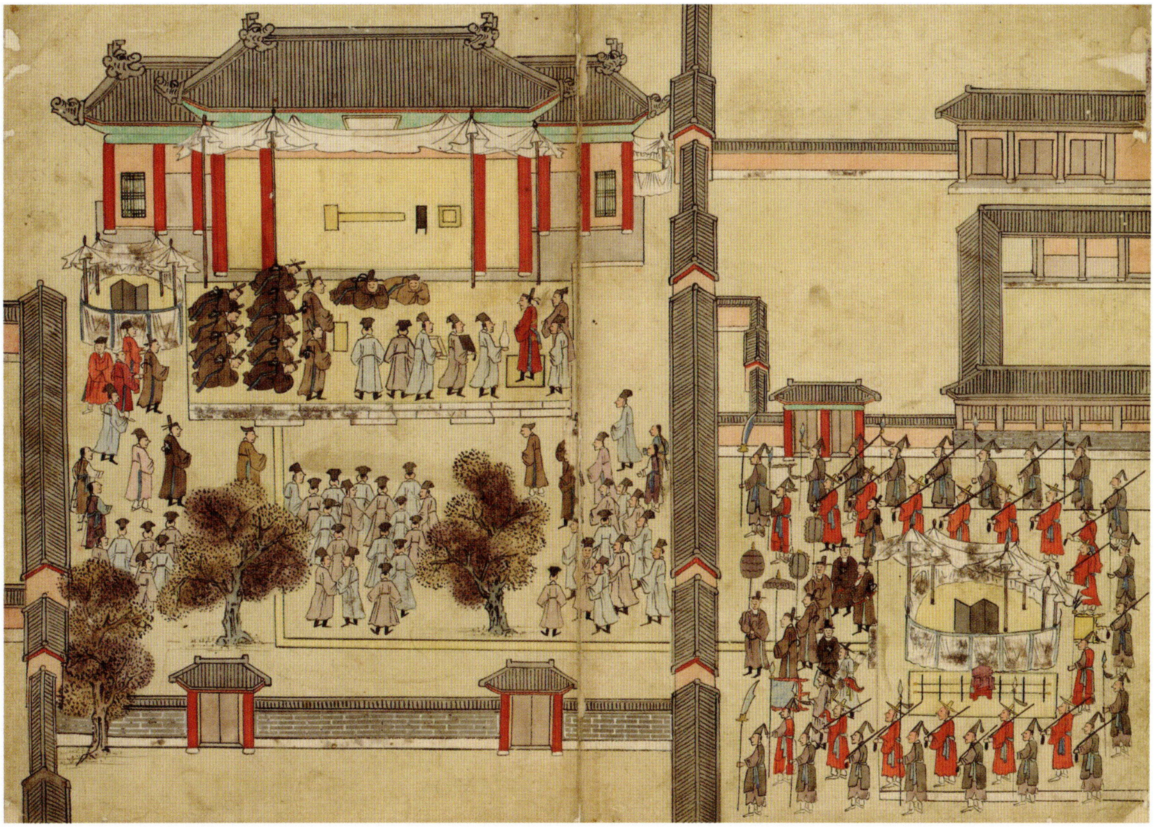

입학도

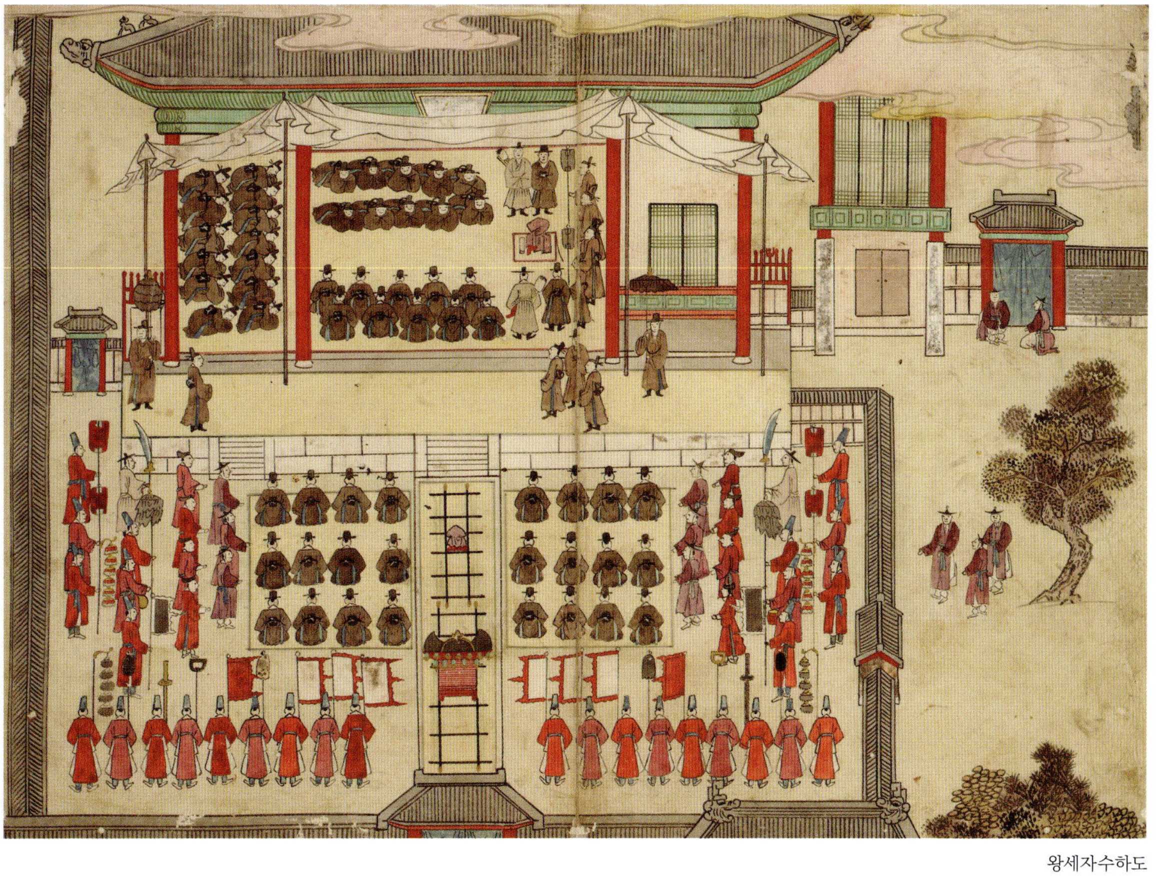

왕세자수하도

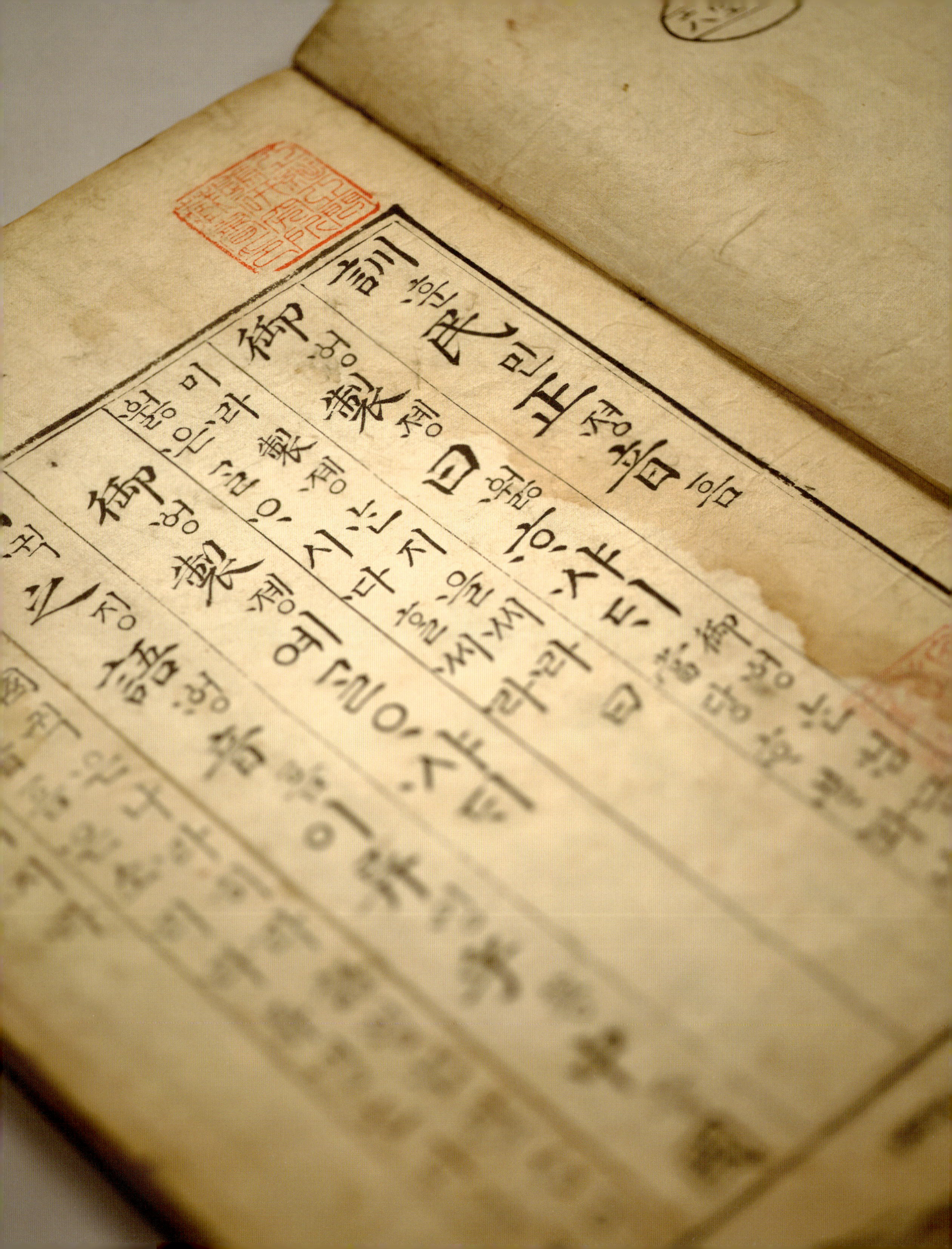
訓民正音

098 훈민정음訓民正音

Hunminjeongeum

세종世宗, 1397-1450 어제御製
1446-1468
1책 | 목판본
세로 30.2cm 가로 21.4cm
도서관

1446년(세종 28) 9월 목판으로 간행한 한문본 《훈민정음訓民正音》 중 〈예의例義〉 부분을 번역한 언해본이다. 언해는 한문을 짧은 구절로 나누어 토吐를 달고, 한자마다 동국정운식 한자음東國正韻式漢字音을 표기하였으며, 그 아래에 두 줄로 한문의 자석字釋을 한 다음, 그 구절 전체를 번역하였다. 한문본과 언해본은 그 내용이 완전히 같은 것이 아니어서, 언해본에는 원한문본에 없는 치음자齒音字에 관한 규정, 즉 한어漢語의 치음을 표기하는 한글의 치음자를, 치두음자齒頭音字와 정치음자正齒音字로 따로 제자制字해서 사용하도록 한 규정이 첨가되어 있다. 또한, 서명書名이 '세종어제훈민정음世宗御製訓民正音'이 아닌 '어제훈민정음御製訓民正音'이라고 적혀 있는 것이 특징이다. 고려대학교도서관 소장본은 보성전문학교 교장을 지낸 국어학자 박승빈朴勝彬, 1880-1943이 지녔던 자료이다.

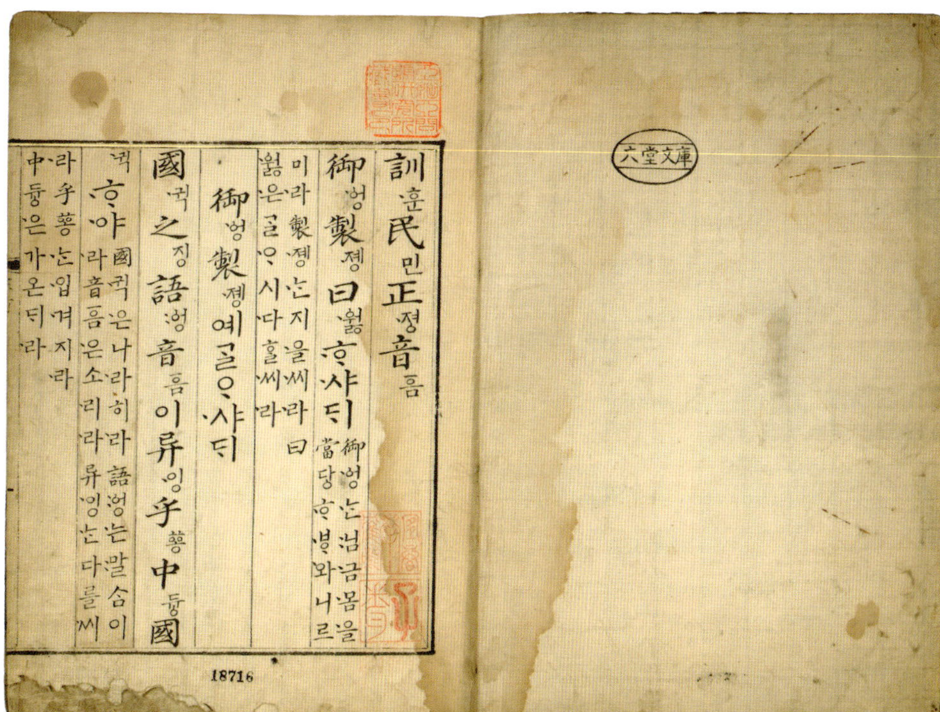

099 용비어천가龍飛御天歌

Yongbieocheonga

보물
정인지鄭麟趾, 1396-1478 등 봉명찬奉命撰
1447
영본零本 2책 | 목판본
세로 35.4cm 가로 22.4cm
도서관

세종世宗, 1397-1450의 명으로 정인지 등 집현전 학사들과 안평대군安平大君, 1418-1453이 태조太祖, 1335-1408의 고조인 목조穆祖부터 태종太宗, 1367-1422까지 조선조 왕업의 기틀을 닦은 여섯 명 선조의 사적을 한글 노래와 한시 각 125편으로 칭송하고 권계의 뜻을 실은 악장집이다. 여섯 명 선조의 행적은 모두 하늘의 명을 받들었다는 중국의 제왕과 부합함을 강조하였다. 《용비어천가》는 훈민정음 창제에 의해 이루어진 우리 문학사상 최초의 국문시가로서 중요한 가치를 갖는다. 고려대학교도서관 소장본은 1447년에 간행한 초간본으로 권1-2, 권7-8 부분이다.

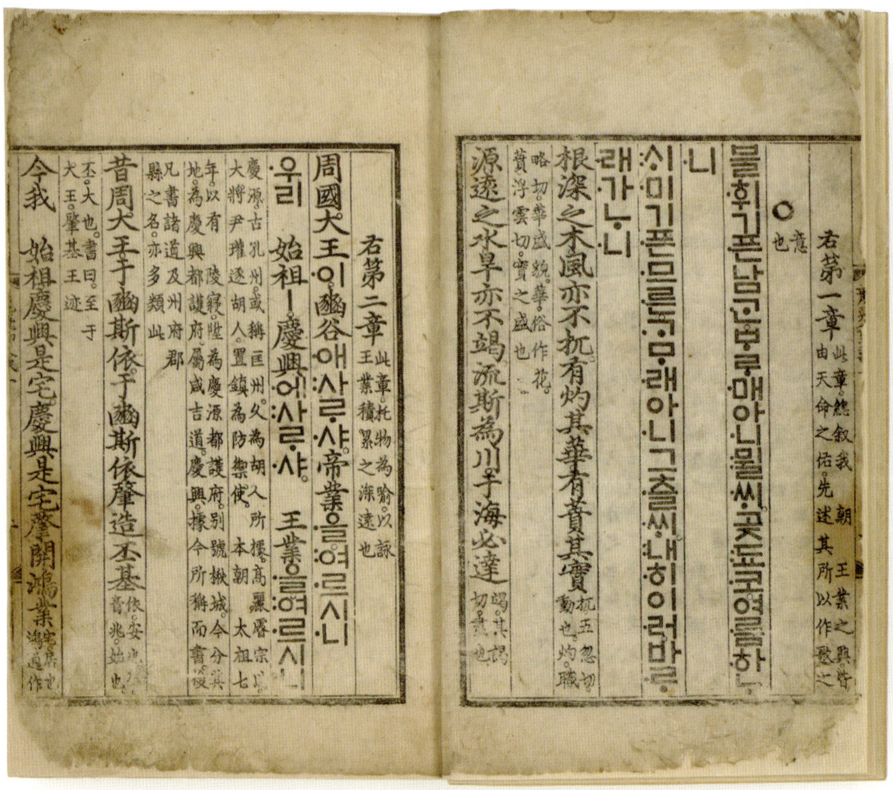

100 용감수경龍龕手鏡
Yonggamsugyeong

국보
행균行均, ?-?
11세기
영본零本 1책 | 목판본
세로 32.5cm 가로 24.2cm
도서관

요遼나라 승려 행균行均이 997년에 편찬한 한자 자전을 11세기 전라도 나주羅州에서 목판으로 간행한 책이다. 《용감수경》은 설문說文과 옥편玉篇, 그리고 불경佛經에서 선별한 한자漢字 26,433자를 242부部로 나누어 배열하고 한 부의 글자를 사성四聲으로 나누었으며 자음字音을 반절법反切法으로 표기한 특징이 있다. 서명을 '용감수경'이라 한 것은 지광智光이 서문에서 "새로운 소리가 용감[불경을 뜻하는 말]에 두루 펴지는 것이 마치 손에 거울을 들고 모양을 비추어 보면 곱고 미운 것이 분별되는 것과 같으니, 이러한 까닭에 제목을 '용감수경'이라 한다新音偏於龍龕猶手持於鸞鏡形容斯鑒妍醜是分故目之曰龍龕手鏡"라고 밝힌 데 따른 것이다. 고려대학교도서관 소장본이 유일본으로, 권 3-4 부분만 남아 있다.

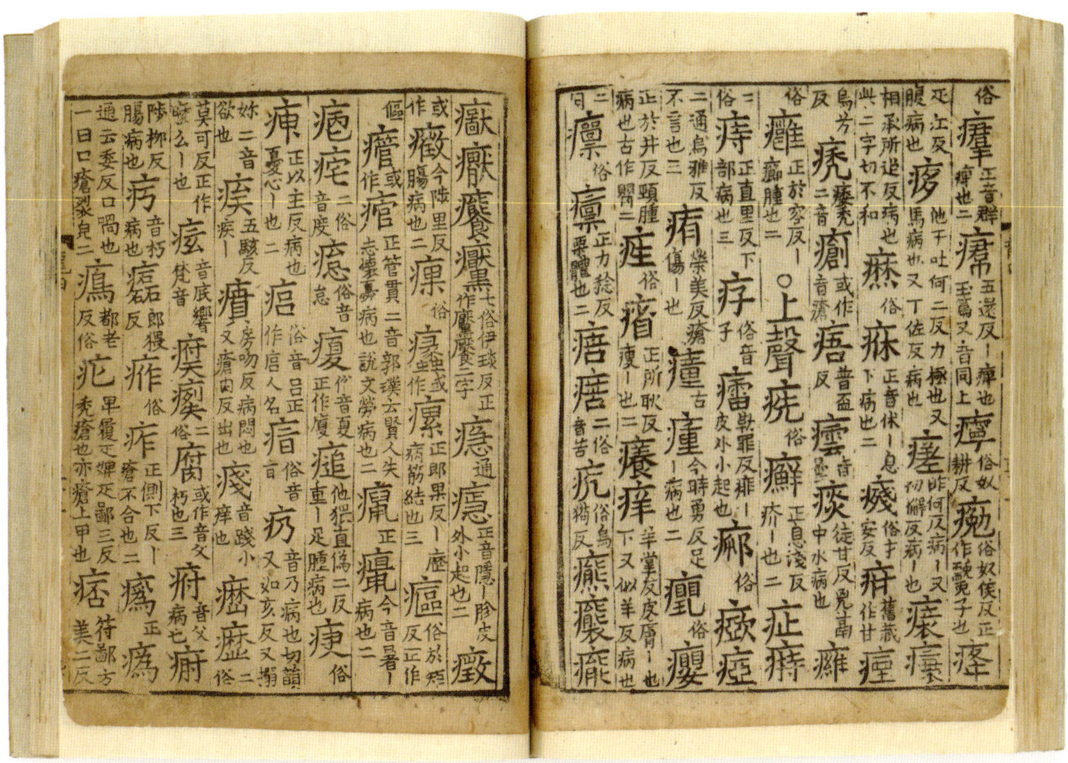

101 홍무정운역훈洪武正韻譯訓

Hongmu Jeongeun Yeokhun

보물
세종世宗 명역훈命譯訓
1455
영본零本 7책 | 목활자본
세로 31.5cm 가로 21cm
도서관

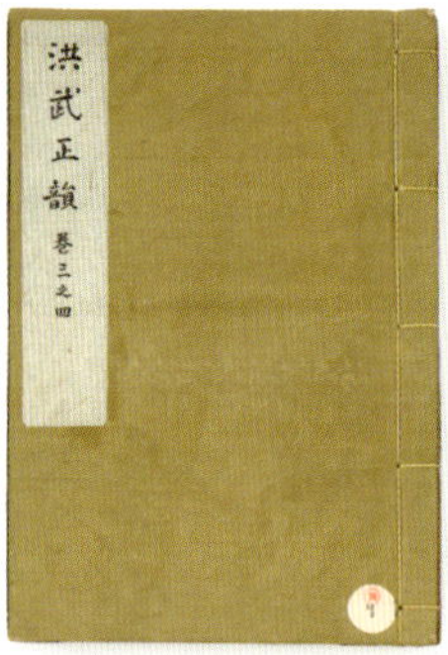

조선 세종世宗, 1397-1450이 명明나라 운서韻書 《홍무정운洪武正韻》에 한글로 중국어 발음을 표기하게 하여, 단종端宗 때인 1455년 간행한 책이다. 편찬 목적은, 첫째 정확한 중국 발음을 쉽게 습득하고, 둘째 속음의 현실성을 모르면 안 되는 것으로 보고 이를 표시하였으며, 셋째 《홍무정운》을 중국 표준음으로 정하고자 한 것이며, 넷째 세종의 어문정책 전반에 관한 소망 성취 등이다. 한자의 중국음을 정확히 나타내기 위하여 편찬한 중국음에 대한 한글주음 운서로, 각 권의 표제表題, 운목韻目, 자모字母, 역음譯音, 자운字韻 등은 대자大字로 표시되어 있고, 반절反切, 속음俗音, 발음설명, 석의釋義 등은 소자小字로 표시되어 있다. 고려대학교도서관 소장본이 유일본으로, 전체 16권 8책 가운데 14권 7책이다.

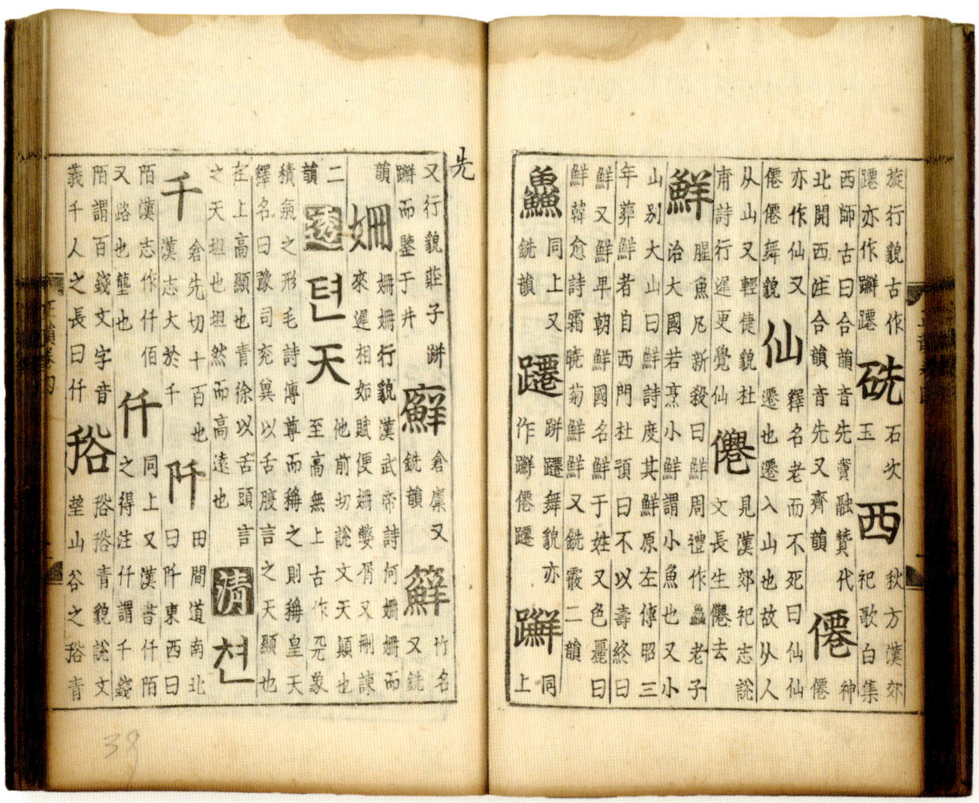

102 중용주자혹문中庸朱子或問

Jungyong Juja Hokmun

보물
예사의倪士毅, 1303- 1348 집석輯釋
1371
1책 | 목판본
세로 29.3cm 가로 17.5cm
도서관

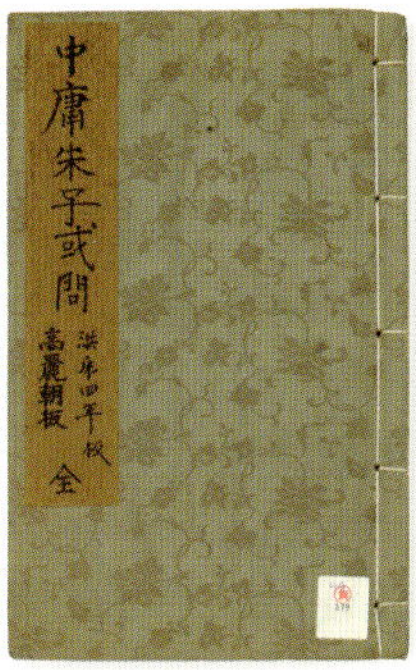

1371년 원元나라에서 수입하여 목판으로 간행한 책이다. 주희朱熹, 1130-1200가 《중용中庸》에 대해 묻고 답하는 형식으로 서술했다. 원의 학자 예사의倪士毅가 주자의 《중용혹문中庸或問》에 대한 후학들의 주석을 모아서 편집하고 간행한 책으로 원나라 판본의 특징이 비교적 잘 나타나 있다. 주희는 사서四書의 주석서인 《사서장구집주四書章句集注》를 편찬하고 나서 이에 채택된 제가諸家의 학설이 각기 달라 독자들이 혼란스럽게 여길 것을 염려하여 문제가 될 만한 내용들을 뽑아 문답체로 기술하였는데, 이를 《혹문或問》으로 불렀다. 이 책은 그 가운데 《중용장구》에서 문제가 될 만한 부분을 뽑아 묻고 답하는 형식으로 서술한 것으로 《사서혹문四書或問》 중의 하나이다. 고려대학교도서관 소장본은 1371년 7월에 경상도 진주晉州에서 간행한 책이다.

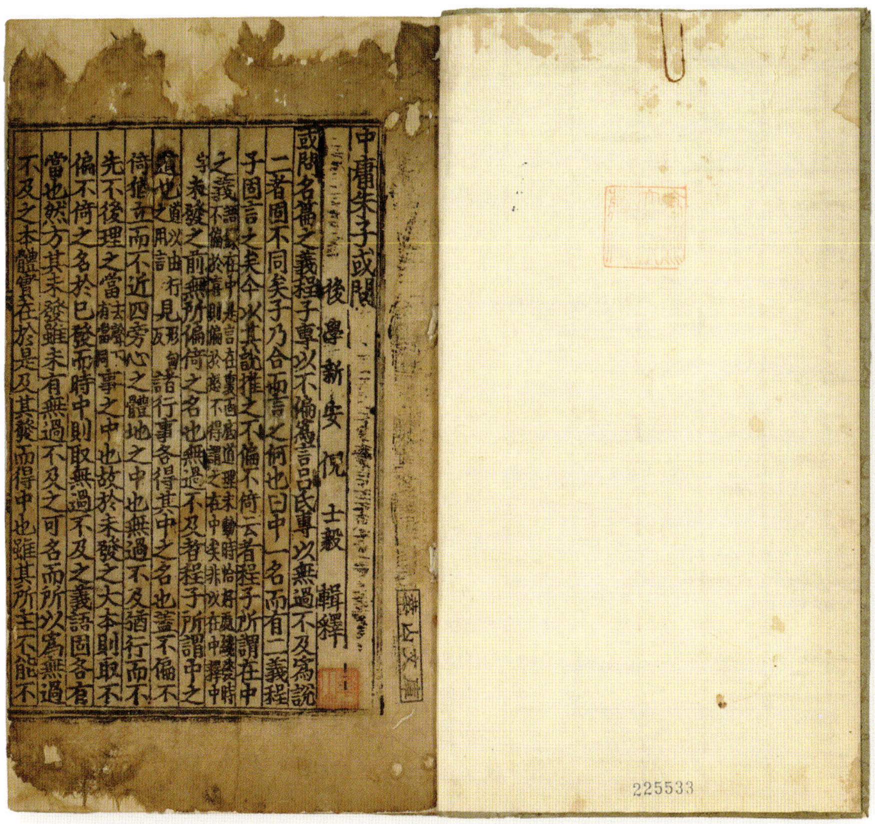

103 육당문고六堂文庫 영락대전永樂大典

Yukdang Mungo Yeongnak Daejeon

연대 미상
목판본
세로 36cm 가로 21.7cm
도서관

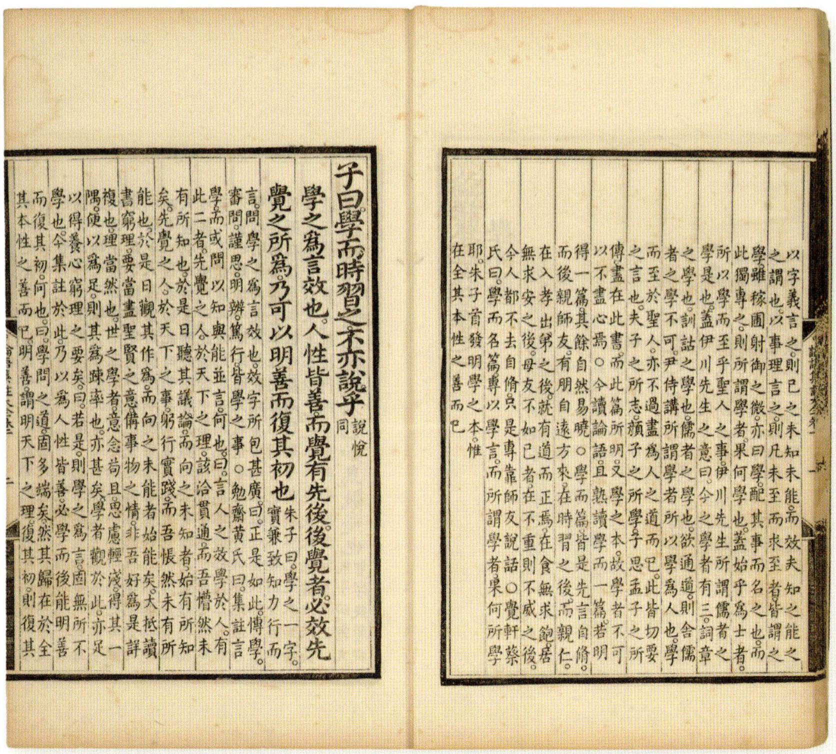

명明나라 영락제永樂帝의 명으로 호광胡廣, 1370-1418 등이 사서오경四書五經에 주희朱熹와 송宋, 원元 학자들의 주석을 달아 편찬한 경전이다. 사서四書는 《대학大學》, 《논어論語》, 《맹자孟子》, 《중용中庸》으로 구성되었고, 오경五經은 《시경詩經》, 《서경書經》, 《역경易經》, 《춘추春秋》, 《예기禮記》로 구성된 것으로 유학儒學의 기본 경전이다.
이 《영락대전》은 1419년 수입 이후, 세종의 명으로 1427년 복각했다. 본문과 주석에 모두 구두점을 달았고, 특수하게 발음되는 글자마다 표시를 해 두었다. 조선의 경전 교과서로, 고려대학교도서관 소장본은 궁중에서 비단으로 장정裝幀한 것이다.

104 　# 한석봉필첩韓石峯筆帖

Album of Han Seokbong's Calligraphy

한호韓濩, 1543-1605
1598
1첩 | 필사본
세로 45.2cm 가로 30.1cm
박물관

한호韓濩의 자는 경홍景洪, 호는 석봉石峯이다. 선조宣祖 연간1568-1608 사자관寫字官으로서 임진왜란 당시 대명 외교문서를 도맡아 쓰면서 그의 글씨가 중국에 전해져 절찬을 받았다. 한호는 왕희지王羲之의 서법을 모범으로 삼으면서 진대秦代의 서법을 비롯한 고법의 서예에 깊은 관심을 두고 연마하였다. 한호의 서예는 근엄하면서도 단정하고, 무엇보다도 강한 필력을 가지고 있는 것이 특징이다.

이 서첩은 1598년 4월 한호가 해주 동쪽에 있는 황해도 관찰사 권협權悏, 1553-1618의 촌사村舍를 찾아가 그에게 〈유간천幽澗泉〉, 〈구별리久別離〉, 〈임강왕절사가臨江王節士歌〉, 〈보살만菩薩蠻〉, 〈백운가송우인白雲歌送友人〉, 〈관박평왕지안소부산수분도觀博平王志安少府山水粉圖〉, 〈백저사삼수白紵辭三首〉, 〈의고십이수擬古十二首〉를 비롯한 이백李白, 701-762의 시문 8편을 써 준 것이다. 현전하는 한호의 필적 중에는 이백의 시가 많이 전한다. 한호의 이백 애호 취향에 대해서 최립은 한호의 〈구룡연시九龍硯詩〉 발문跋文에서 "경홍은 평생 이백을 애송하였다景洪生平愛誦李白"고 증언한 바 있다.

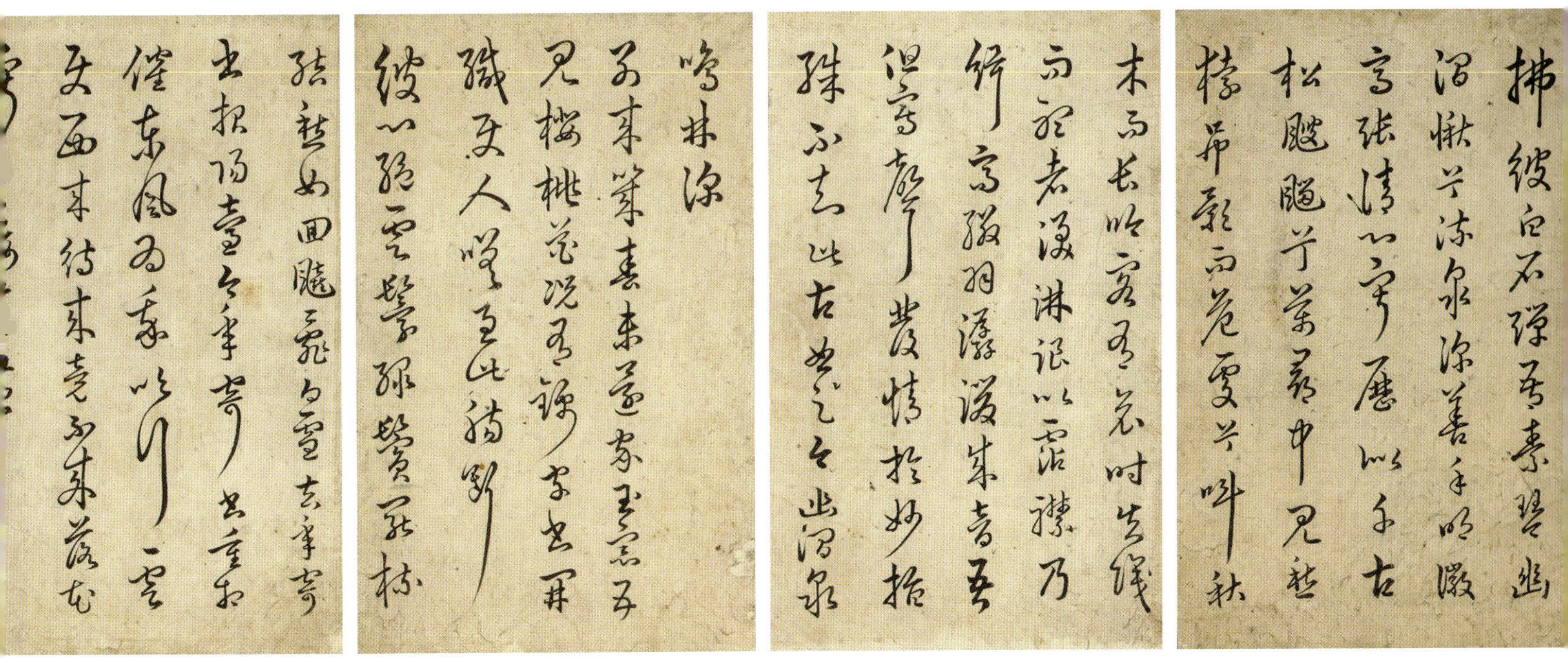

105 허목 전서 함취당許穆 篆書 含翠堂

Heo Mok's *Hamchwidang* in Seal Script

보물
허목許穆, 1595-1682
홍의호洪義浩, 1758-1826
1791
종이에 먹紙本水墨
세로 106.9cm 가로 178cm
박물관

허목許穆의 전서풍篆書風을 잘 드러내 주는 큰 글씨로 힘찬 획법을 보여 준다. 허목은 특히나 전서篆書에 뛰어났으며 자신만의 서체를 완성시켰다. '함취당含翠堂'이라고 크게 쓴 전서의 양쪽에는 허목 특유의 미노眉老, 화和, 수叟 등 네 과顆의 인장이 찍혀 있고 그 아래에는 함취당의 주인인 홍수보洪秀輔, 1723-1800가 1791년(정조 15)에 지은 글이 적혀 있다. 이를 통해 작품의 내력을 알 수 있는데, 평소 정원과 소나무를 애호하였던 홍수보는 자신의 거처가 개울가에 있는 점에 착안하여 송간松磵으로 자호自號하고 당호堂號를 범질范質의 시에서 따와 '함취'라고 명명하였다. 글씨를 잘 쓰는 사람을 통해 편액扁額을 맞춰 게시하려고 했으나 뜻을 이루지 못하고 있던 중에 우연히 가장家藏되어 오던 낡은 상자 속에서 허목의 '함취당' 현판 체본体本을 찾게 되었다. 애초 누구에게 주려고 쓴 글씨인지 알 수 없지만 타인의 소유가 되지 않고 100여 년의 세월을 넘어 자신에게 전해진 이심전심以心傳心의 기연奇緣에 감동하여 이러한 사연을 기록하고 아들 홍의호洪義浩를 시켜 가리개[障子] 아래에 쓰도록 하였다고 한다. 때는 신해년 4월이고 장소는 강화부유수 관사이다.

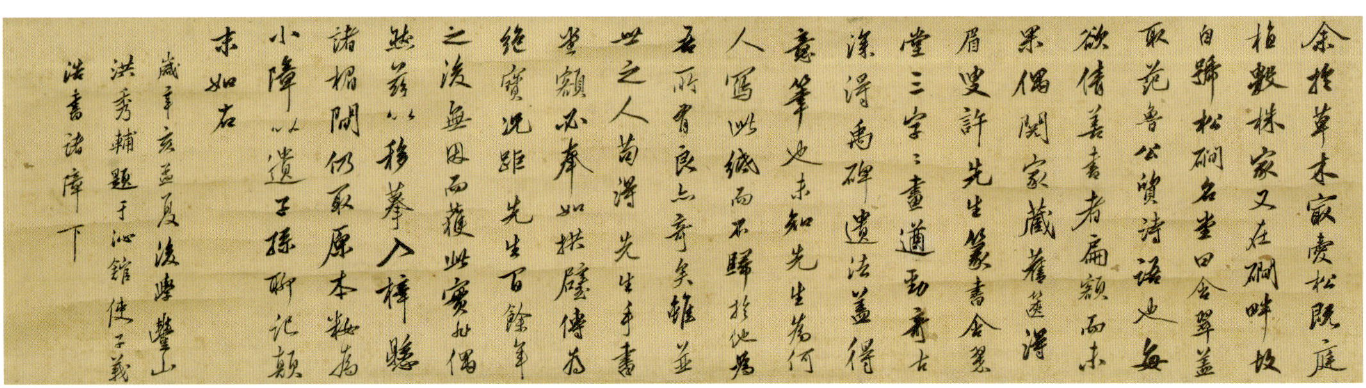

106 쾌의당快意堂

Kwaeuidang Sign Board

김정희金正喜, 1786-1856
19세기
종이에 먹紙本水墨
세로 26.8cm 가로 75.2cm
박물관

김정희金正喜는 특히 예서隸書에 뛰어난 재능을 보였다. 그는 유일한 혈육인 서자庶子 김상우金商禹, 1817-1884에게 쓴 편지에서 "예서는 서도書道의 조가祖家이다. 만약 서도에 마음을 두고자 하면 예서를 몰라서는 안 된다"(《완당전집阮堂全集》 권7 〈서시우아書示佑兒〉)라고 밝히고 있듯이 예서를 서도의 으뜸으로 삼았다. 김정희의 예서는 한예漢隸를 학습하여 특유의 서풍을 이룬 것으로서, 고박험경古樸險勁한 필획과 독특한 짜임을 가미한 것이 특징이다. 〈쾌의당〉은 글자 형태의 변화가 심하지 않으면서도 붓끝의 힘이 넘치는 활달한 글씨를 보여 준다.

107 동인지문사륙東人之文四六

Dongin Ji Mun Saryuk

보물
최해崔瀣, 1287-1340
1355
영본零本 7책 | 목판본
세로 32cm 가로 19cm
도서관

졸옹拙翁 최해崔瀣가 신라와 고려의 사륙변려문四六騈儷文을 선별하여 편집한 책으로, 1355년 목판으로 간행되었다. 《동인지문》의 완성 시기는 1336년(충숙왕 복위 5년)이며 전질 25권으로 신라 최치원崔致遠, 857-?부터 충렬왕忠烈王, 1236-1308 때까지가 수록 범위이다. 현존하는 가장 오래된 시문선집이라는 점에서 사료적 가치가 높다.

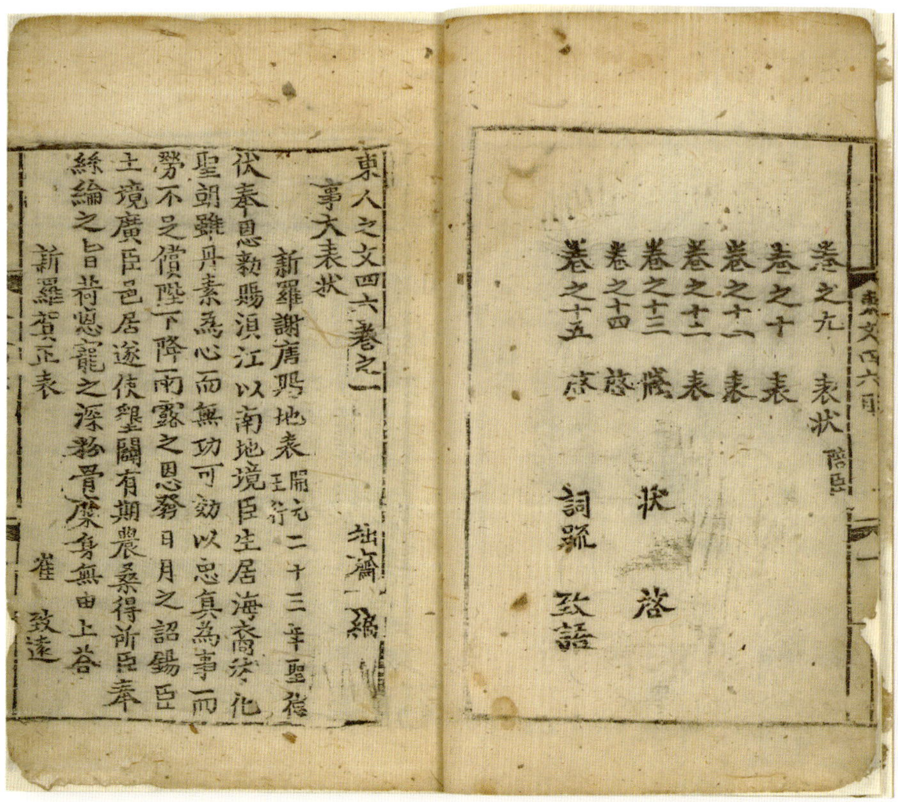

108 포은시고國隱詩藁

Poeun Sigo

정몽주鄭夢周, 1337-1392
1533
2권 1책 | 목판본
세로 27.7cm 가로 18.9cm
도서관

포은圃隱 정몽주鄭夢周의 시집이다. 1439년 정몽주의 아들 정종성鄭宗誠, 1374-1442이 303수를 수집하여 처음 간행했으나, 현재 전하지 않는다. 1533년 후손 정세신鄭世臣이 다시 목판으로 간행했다. 정몽주는 고려 후기 문하찬성사門下贊成事, 예문관제학藝文館提學, 인물추변도감제조관人物推辨都監提調官 등을 역임한 문신이자 학자이다. 고려말 친원파가 득세하던 상황에서 신진 사류로서 친명정책을 주장했고, 명明과 왜에 직접 사절로 가는 등 담대한 외교가로서 활약했다. 성균관成均館의 사성司成으로서 신진 사류를 양성하는 데도 크게 기여했다. 기울어 가는 고려 국운을 바로잡고자 국가기강 정비와 민생 안정에 노력했다. 이성계李成桂, 1335-1408의 위세와 명망이 날로 높아지고 그를 추대하려는 움직임이 있자 이들을 제거하려다가 역으로 살해당했다. 고려대학교도서관 소장본은 1533년 황해도 신계新溪에서 간행한 목판본이다.

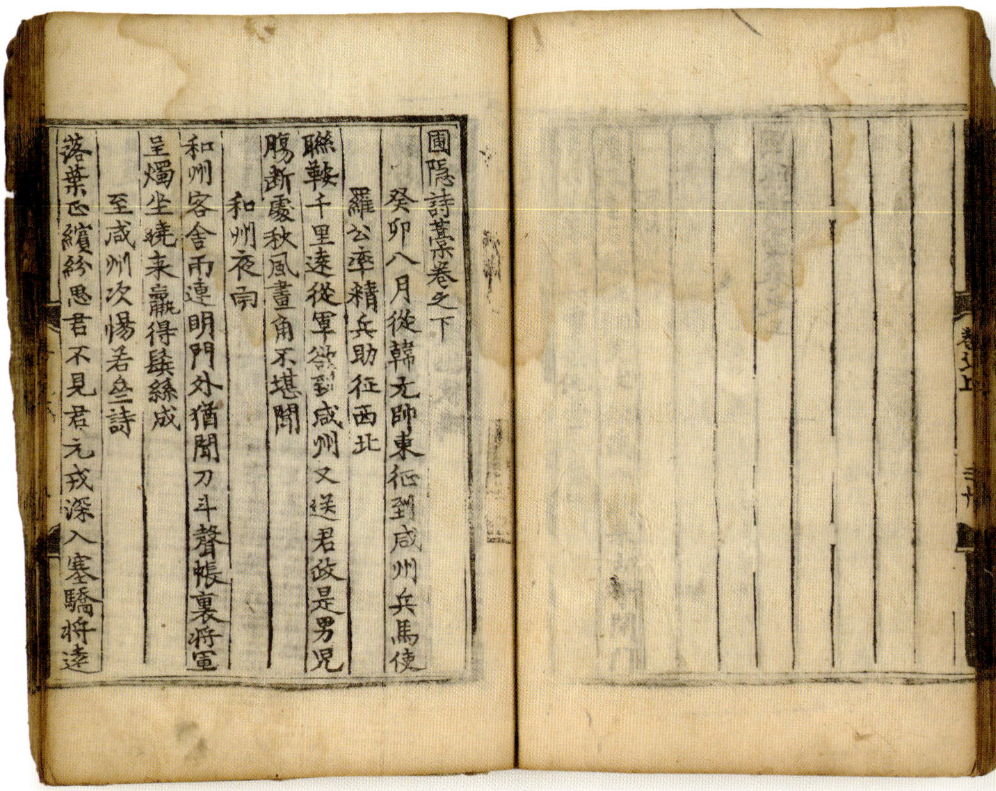

圃隱詩藁卷之下
癸卯八月從韓元帥東征到咸州兵馬使
羅公率精兵助征西北
聯轡千里遠從軍纔到咸州又送君歧是男兒
腸斷處秋風畫角不堪聞
和州夜雨
和州客舍雨連明門外猶聞刀斗聲帳裏將軍
呈燭坐曉來羸得鬢絲成
至咸州次陽若齋詩
落葉已繽紛思君不見君元戎深入塞驕將遠

109 해동문헌총록海東文獻總錄

Haedong Munheon Chongnok

김휴金烋, 1597-1638 편編
17세기
2책 | 필사본
세로 27.6cm 가로 21.6cm
도서관

경와敬窩 김휴金烋가 임진왜란 후 낙동강 주변의 명문가에 보존되어 있던 책들을 모아 해제解題한 목록집이다. 고려 시대부터 조선 중기까지 유명한 670여 종을 해제하고, 각 저자의 약력을 기술했다. 서명 아래에 저자를 밝히고 해당 서의 편찬 동기, 저자의 아버지·할아버지의 이름, 학식·관직·시호·교우관계·내용 등을 수록하고 있다. 해제는 문헌의 전재轉載나 발췌 경향을 탈피하였고, 해제 형식은 주관적인 해설인 점과 저자의 전기 사항을 중시한 것이 특징이라 할 수 있다. 수록 범위를 보면 경서經書·사기史記·예악禮樂·병정兵政·법전法典·천문天文·지리地理·보첩譜牒·감계서鑑誡書·주해서註解書·소학서小學書·의약서醫藥書·농상農桑·제가잡저술諸家雜著述·시문집詩文集 등을 다루었으며, 고구려부터 조선 인조仁祖, 1595-1649 때까지의 서적을 망라하고 있다.

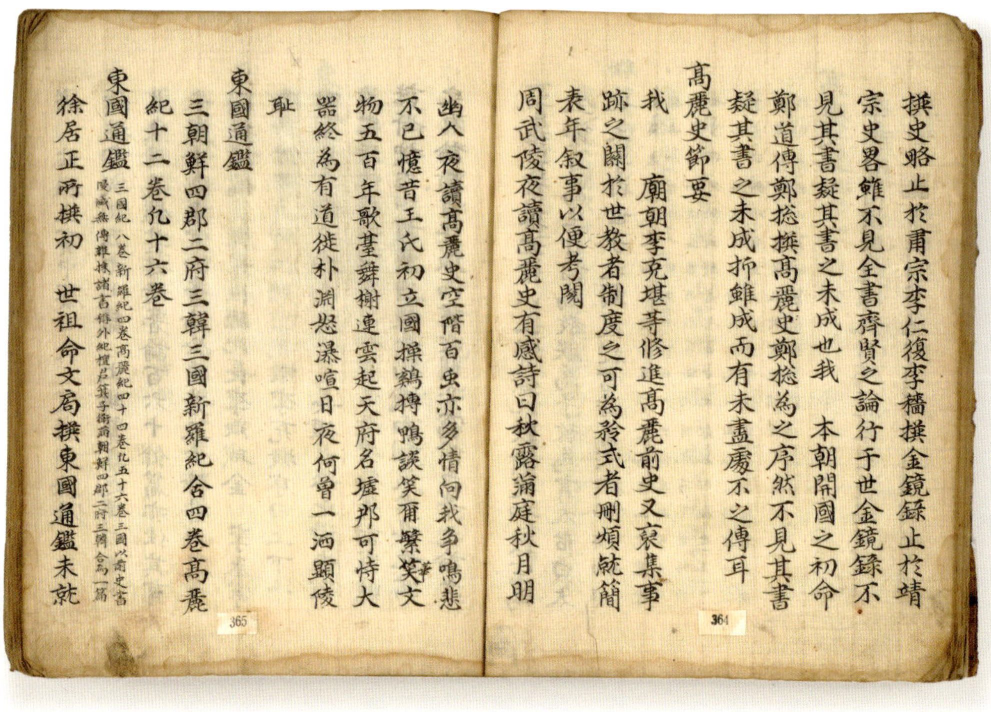

110 무경소학武經小學

Mugyeongsohak

장해張楷, 1399-1460
연대 미상
영본零本 1책 | 금속활자본(을해자)
세로 29.7cm 가로 19.4cm
도서관

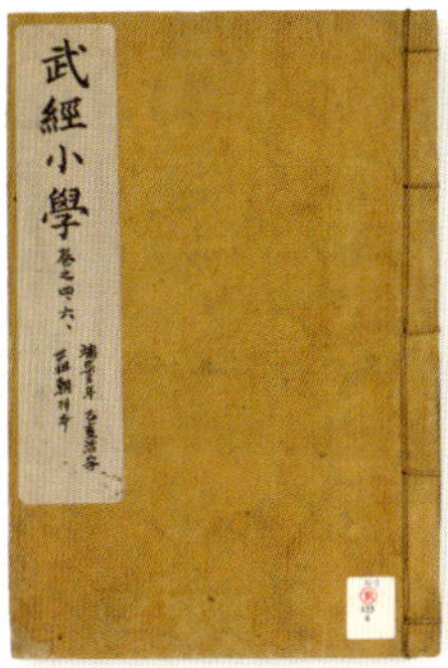

명明나라 장해張楷가 편찬한 중국 병서兵書이다. 조선 성종成宗, 1457-1494 연간에 을해자乙亥字로 간행되었으며, 조선 시대 병법 강습에 많이 이용되었다. 손무孫武, 기원전 545-기원전 470의 《손자孫子》, 오기吳起, ?-기원전 381의 《오자》, 사마양저司馬穰苴, ?-?의 《사마법司馬法》, 위료의 《위료자》, 이정의 《이위공문대》, 황석공의 《삼략》, 여망의 《육도》로 구성되어 무경칠서武經七書라고도 한다. 무경은 무전武典으로 채택되어, 무과의 두 고시 과목인 강서講書와 무예 중 강서의 주요한 부분을 차지하였다. 1452년(단종 즉위년) 수양대군이 최항崔恒, 1409-1474 등에게 명하여 편찬한 10권 5책의 《무경칠서주해武經七書註解》 등의 자료도 있다. 무경은 중국뿐 아니라 우리나라의 당시 군사제도를 연구하는 데 귀중한 자료이다. 고려대학교도서관 소장본인 낙질본 1책을 제외하고는 아직 전질이 발견되지 않았다.

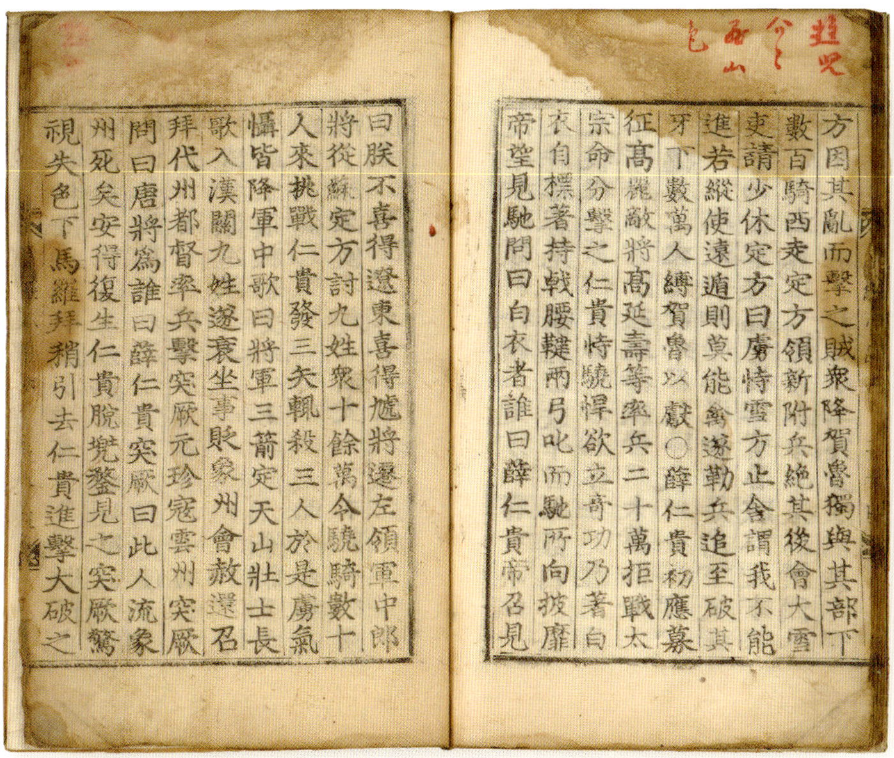
方困其亂而擊之賊衆降賀魯獨與其部下
數百騎西走定方領新附兵絕其後會大雪
吏請少休定方曰虜恃雪方止舍謂我不能
進若縱使遠遁則莫能禽遂勒兵追至破其
牙下數萬人縛賀魯以獻○薛仁貴初應募
征高麗敵將高延壽等率兵二十萬拒戰太
宗命分擊之仁貴恃驍悍欲立奇功乃著白
衣自標著持戟腰鞬兩弓叱而馳所向披靡
帝望見馳問曰白衣者誰曰薛仁貴帝召見

曰朕不喜得遼東喜得虓將遷左領軍中郎
將從蘇定方討九姓衆十餘萬令驍騎數十
人來挑戰仁貴發三矢輒殺三人於是虜氣
懾皆降軍中歌曰將軍三箭定天山壯士長
歌入漢關九姓遂衰坐事貶象州會赦還召
拜代州都督率兵擊突厥元珍寇雲州突厥
問曰唐將爲誰曰薛仁貴突厥曰此人流象
州死矣安得復生仁貴脫兜鍪見之突厥驚
視失色下馬羅拜稍引去仁貴進擊大破之

111 우마양저염역병치료방 牛馬羊猪染疫病治療方

Uma Yangjeo Yeomyeokbyeong Chiryobang

국가중요과학기술자료
권응창 權應昌, 1505-1568 편編
1578
1책 | 금속활자본(을해자)
세로 31.8cm 가로 20cm
도서관

조선 중종中宗, 1488-1544의 명에 의해 가축의 전염병에 대한 치료 방문을 모아서 번역, 간행한 수의서獸醫書이다. 1541년(중종 36) 봄, 평안도에 소의 전염병이 크게 유행하여 다른 도로 번질 뿐만 아니라, 양이나 돼지에게도 병이 퍼지게 되자, 왕의 명령으로 소·말·양·돼지의 염역에 필요한 치료방들을 발췌, 초록하여 그해에 간행하였다. 《신편집성마의방新編集成馬醫方》, 《우의방牛醫方》, 《증류본초證類本草》, 《신은방神隱方》, 《산거사요山居四要》, 《사림광기事林廣記》 등에서 우마양저牛馬羊猪 등의 전염병에 필요한 치료방을 발췌하여 수록하였다. 이 책은 가축의 치료법을 향촌궁항鄉村窮巷의 사람들도 이해하기 쉽도록 이두문吏讀文과 한글로 적고 약재명도 한자와 한글로 향명鄉名을 함께 적었다. 이 책은 인쇄하여 8도에 내려보내 활용하고 치료에 적용하여 효과를 검토하게 한 매우 실용적인 수의서로, 우역사牛疫史나 수의사獸醫史를 밝히는 데 중요한 자료이다. 고려대학교도서관 소장본은 1578년에 간행한 을해자乙亥字로 간행한 활자본이며, 행부호군行副護軍 이중량李仲樑, 1504-1582이 받은 내사본內賜本이다.

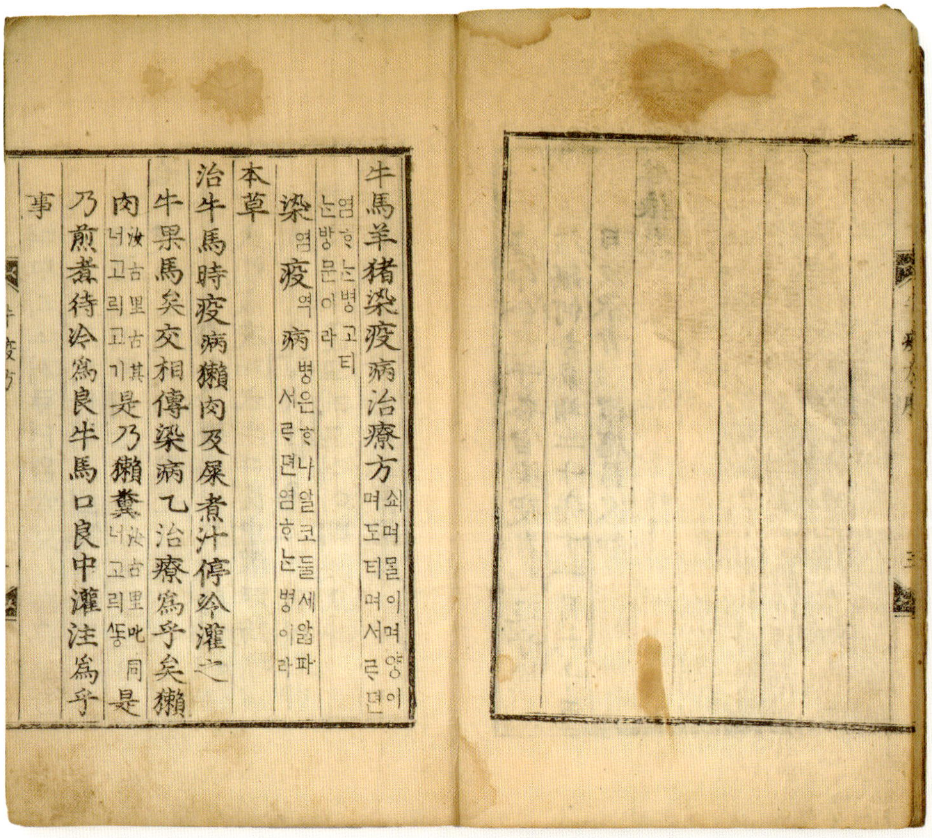

112 신편집성마의방新編集成馬醫方

Sinpyeon Jipseong Mauibang

조준趙浚, 1346-1405 등 찬撰
1633
1책 | 목판본
세로 34.5cm 가로 22cm
도서관

우재吁齋 조준趙浚 등이 중국의 수의서獸醫書를 바탕으로 우리나라 경험방經驗方을 수집하여 편찬한 수의서이다.《마의방馬醫方》에는 〈양마상도良馬相圖〉·〈양마선모지도良馬旋毛之圖〉 등을 비롯하여 오장각부병치五臟各部病治, 풍문風門, 황문黃門, 창문脹門, 잡병문 등에 이르는 마상馬相, 마병馬病에 관한 치료법이 열거되어 있고, 우의방牛醫方에서도 마의방과 비슷하게 상우법相牛法으로부터 온역문瘟疫門, 안병문眼病門, 산병문産病門 및 잡병문에 이르는 우상牛相, 우병牛病에 관한 술법들이 수록되어 있다. 그 밖에 동인경험방으로서 동인경험목양법東人經驗牧養法, 동인경험치마개東人經驗治馬疥, 치졸천수治卒喘嗽 등이 열거되어 있어 수의학에 관한 지식 전통을 확인할 수 있다. 1399년 처음 목판으로 간행되었다. 고려대학교도서관 소장본은 1633년 제주도에서 간행한 중간본重刊本이다.

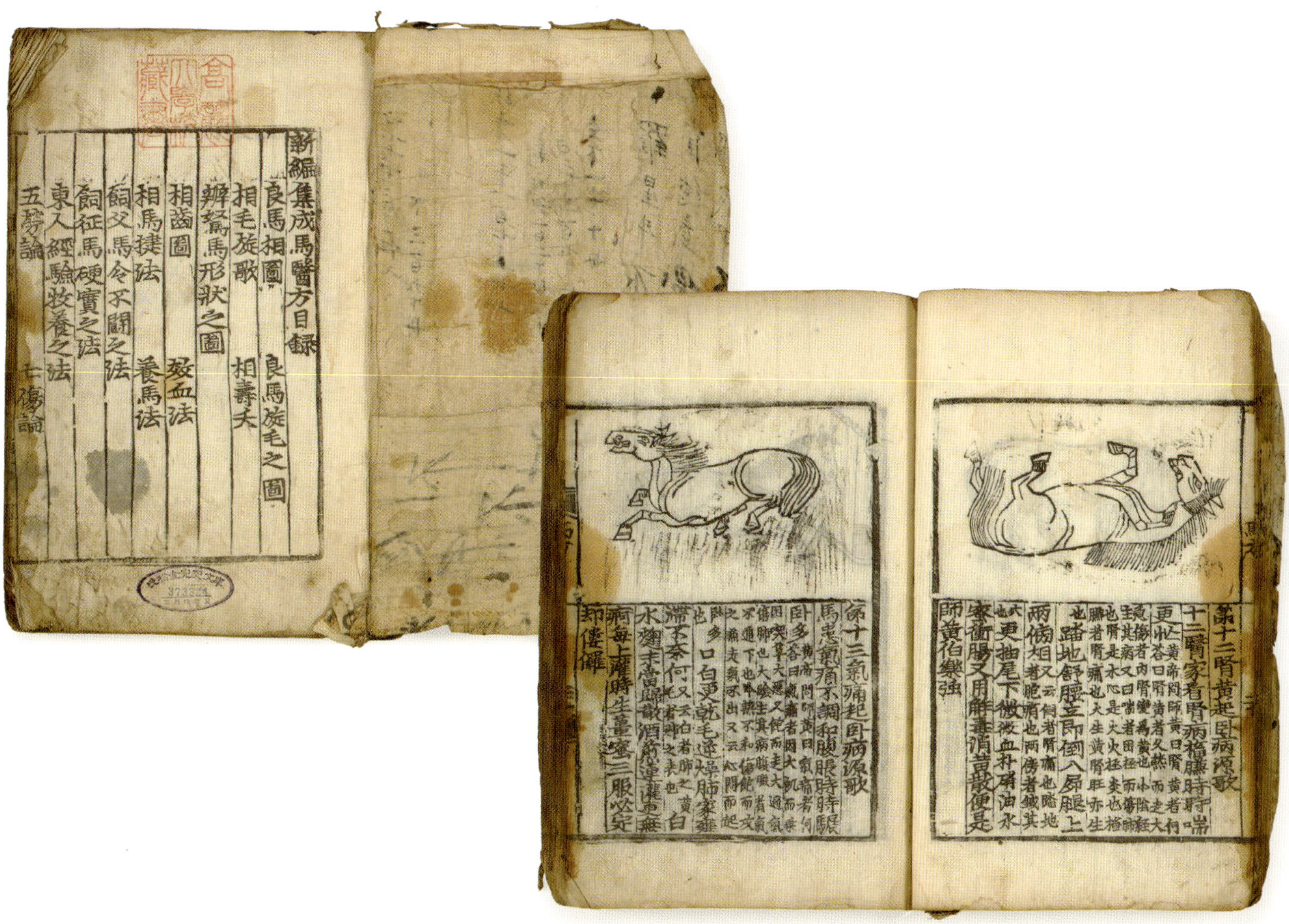

113-1 박통사신석朴通事新釋

Bak Tongsa Sinseok

1765
나무木
세로 23cm 가로 54cm
두께 2.7cm
박물관

중국어 학습서인 《박통사신석朴通事新釋》의 책판이다. 《박통사신석》은 원문에 한글로 중국어 독음을 달고 언해한 책으로, 3권 3책으로 구성되어 있다. 《박통사》는 100년 가까이 중국어 학습서로 사용되었으나, 원문인 중국어가 실제 사용에 맞지 않아 중국인과 원활한 소통에 도움이 되지 않자, 역관 김창조金昌祖 등이 이 책을 대폭 수정하여 《박통사신석》으로 재편집하였고, 이를 언해한 《박통사신석언해朴通事新釋諺解》 3권을 1765년(영조 41) 평양 감영에서 합본하여 함께 간행하였다. 《박통사신석》과 《박통사신석언해》는 조선 후기 중국어 학습서로, 국어와 중국어의 역사 연구에 귀중한 자료이다.

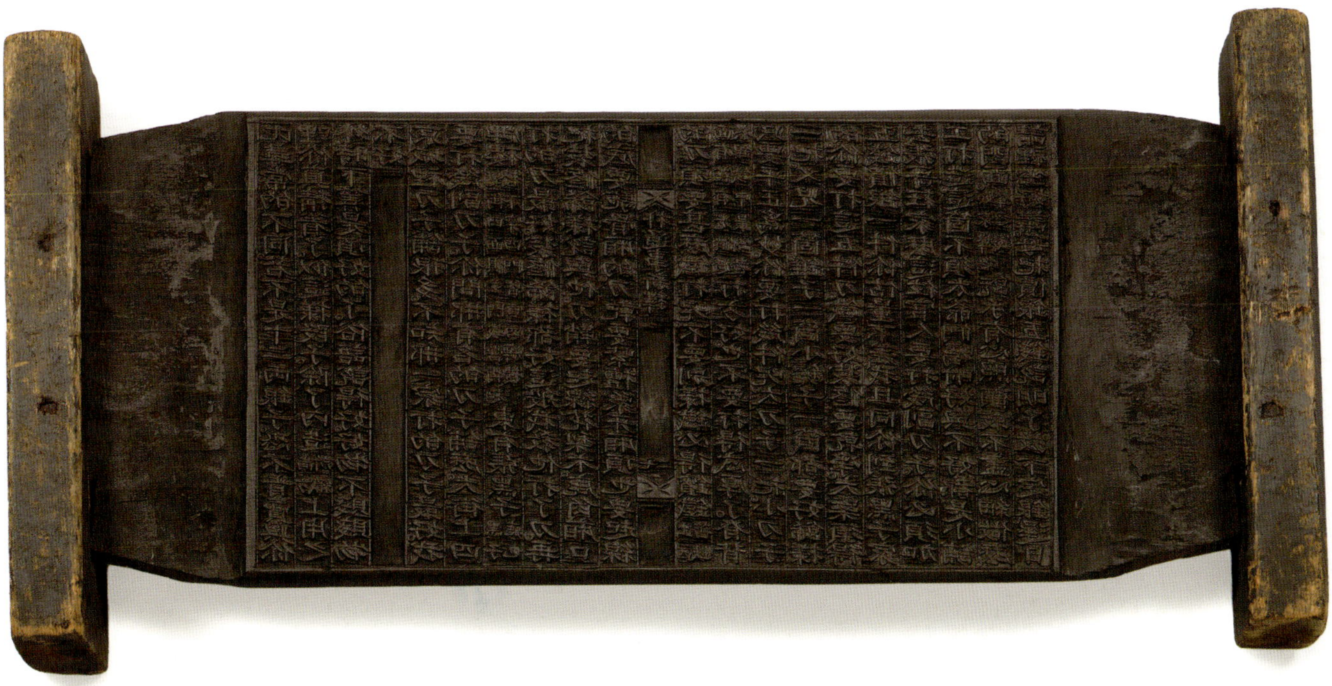

113-2 첩해몽어捷解蒙語

Cheophae Mongeo

1790
나무木
세로 24cm 가로 54.5cm
두께 1.6cm
박물관

몽고어 학습서인 《첩해몽어捷解蒙語》의 책판이다. 《첩해몽어》는 사역원에서 간행한 몽학서蒙學書의 하나로 4권 1책이다. 이 책의 성립 과정에 대하여 안명열安命說, 1697-?의 《몽어노걸대蒙語老乞大》 〈서문序文〉에 한학과 청학에 능통한 사람들이 북경에 가서 문난질변問難質卞하여 이룬 것을 다시 이세휴李世烋 등을 보내어 고치게 한 것이라고 기술되어 있다. 한편 《통문관지通文館志》에는 1737년(영조 13)에 몽학관 이세휴 등에 의해서 간행되었으며, 그해부터 《수성사감守成事鑑》 등 이미 시용時用에 적합하지 않게 된 다섯 책을 폐하고 이 책으로 대신하게 하였다고 기록되어 있다. 그 뒤 이 책은 1790년(정조 5)에 방효언方孝彦 등에 의하여 개정되었다. 이익李瀷의 〈몽학삼서중간서蒙學三書重刊序〉에 의하면 이때에 《몽어노걸대》와 《몽어유해蒙語類解》는 자음만 수정한 것에 비하여 《첩해몽어》는 자음과 어투를 아울러 수정하였다고 한다. 오늘날 전하는 것은 모두 이 마지막 개간본이다. 몽고어의 초학서로 편찬된 것으로, 그 내용을 보면 대체로 대화체로 되어 있으나, 권1의 대부분과 권4의 끝 부분은 각각 권학勸學에 관한 글과 편지로 되어 있다.

113-3 삼역총해三譯總解

Samyeok Chonghae

1774
나무木
세로 25.5cm 가로 54cm
두께 1.7cm
박물관

1774년(영조 50)에 간행된 청어淸語, 곧 만주어 독본《삼역총해三譯總解》의 책판이다. 《삼역총해》는 10권으로 구성되어 있다. 초간본은 실전失傳되어 현재는 중간본만 확인할 수 있다.《삼역총해》의 저본은 1650년 기충격이 칙명으로 만주어로 번역한 판각본 24권짜리 만문滿文《삼국지三國志》였을 것으로 추정된다. 1979년에 영인, 간행된 간년 미상 만한합벽滿漢合璧의《삼국지三國志》에는 '수상고본繡像古本, 이탁오李卓吾, 원평原評, 삼국지三國志, 녹음당장판綠蔭堂藏版'이라는 한문 표지가 붙어 있는데, 그 안의 만문은《삼역총해》의 만문 표기법이나 어구와 차이가 있는 경우가 가끔 있으며, 더 정제된 만문이어서《삼역총해》의 저본으로 보기 어렵다. 현재 이 책은 규장각과 일본 고마자와대학도서관駒澤大學圖書館 아라아시문고濯足文庫에 완질본이 소장되어 있으며, 영국 대영도서관에는 권4가 사본寫本으로 채워진 1질이 있다. 또한《재불한국관계문헌목록在佛韓國關係文獻目錄》에는 10책 완질본이 전하는 것으로 저록著錄되어 있다.

113-4 첩해신어捷解新語

Cheophae Sineo

17세기 전반
나무木
세로 23.5cm 가로 51cm
두께 1.6cm
박물관

일본어 학습서인 《첩해신어捷解新語》의 책판이다. 《첩해신어》는 17세기 전반에 이루어진 사역원 왜어倭語 역관들의 일본어 학습서이다. 저자는 임진왜란 때 왜군에게 납치되어 일본에 있다가 10년 만에 귀환한 강우성康遇聖, 1581-? 이다. 이 책판은 강우성이 동래부의 왜학훈도로 있을 때 왜관에 도래하여 거류하는 왜인들과 접촉하면서 주고받은 대화와 서간문, 그리고 그가 일본에 파견되는 통신사를 수행하여 일본을 여행하면서 현지 왜인들과 나눈 대화를 골자로 하는 회화 중심 일본어 학습서를 편찬하기 위해 만든 것이다. 책의 형식은 일본어를 왜언대자倭諺大字(히라가나로 쓰여진 일본어 본문)로 쓰고 그 오른편에는 글자 하나하나의 발음을 한글로 표기하였으며 한 단락이 끝나면 그 아래에 두 줄로 우리말 풀이를 붙였다. 권1부터 권9의 전반부까지는 조선 역관과 왜인들의 대화체로 되었다. 권9의 21엽부터 끝까지는 일본 각지의 주군명州郡名을 적었고 권10은 29통의 서간문을 수록하였다. 이 중 28통은 보내는 글과 그에 대한 답장의 형식을 띠고 있고 나머지 1통은 답장이 빠져 있다. 이 원간본은 활자로 교서관에서 인간한 초간본이 있고 이를 교정한 수정본이 있으며 후일 목판본으로 간행된 것이 있다.

113-5 청어노걸대신석清語老乞大新釋

Cheongeo Nogoldaesinseok

1765
나무木
세로 25cm 가로 58cm
두께 1.9cm
박물관

청어清語(만주어) 학습서 《청어노걸대신석清語老乞大新釋》의 책판으로 1765년(영조 41)에 청학清學 역관 김진하金振夏의 감인監印으로 평양 감영에서 중간된 것이다. 이 책판의 판하본板下本은 1753년(영조 29) 9월에 《삼역총해三譯總解》, 《팔세아八歲兒》, 《소아론小兒論》 등과 함께 개간된 《청어노걸대清語老乞大》로서 후대의 개정본이다. 원간본은 병자호란 이후 만주어 학습의 필요에 의해서 《한어노걸대漢語老乞大》를 새롭게 만주어로 번역한 《신번노걸대新翻老乞大》이며 이후 두 차례의 개정이 있었다. 현재 고려대학교박물관에 있는 《청어노걸대》의 책판은 서문序文과 권1-7 책판의 일부분이다.

113-6 몽어노걸대蒙語老乞大

Mongeo Nogoldae

구판 1741
중정판 1766
중간판 1790
나무木
세로 26cm 가로 59.5cm
두께 2cm
박물관

몽골어 학습교재 《몽어노걸대蒙語老乞大》의 책판이다. 《몽어노걸대》는 한어漢語 《노걸대》를 병자호란 이후에 몽골어로 번역하여 몽골어 학습교재로 만든 것이다. 이 《몽어노걸대》를 목판본으로 간행한 것은 1741년(영조 17) 몽고어 역관 이최대李最大 등이 책판을 간판刊板한 것이며, 이를 구판舊版이라고 부른다. 그러나 1766년(영조 42)에 사역원 역관 이억성李億成, 1708-?이 구판을 중정한 중정판重訂板이 있고 방효언方孝彦이 1790년(정조 14)에 중정판을 중간한 중간판重刊板도 있다. 따라서 《몽어노걸대》의 책판은 세 종류가 있는데 구판은 판재가 두껍고 무거우며, 중정판은 가운데 판을 대고 전후 양면에 각인한 얇은 판을 대었다. 그리고 중간판은 비교적 새 판목으로 가벼우며 《첩해몽어》와 같은 판재로 된 것이 있다. 고려대학교박물관은 이 세 종류의 책판 각각을 일부 소장하고 있다.

113-7 개수첩해改修捷解

Gaesu Cheophae

1676
나무木
세로 22.5cm 가로 50cm
두께 1.3cm
박물관

일본어 학습서 《개수첩해改修捷解》의 목판이다. 《개수첩해》는 조선 중기의 사역원 역관 강우성康遇聖, 1581-?이 일본어 학습을 위하여 편찬한 책이다. 10권 10책으로 이루어져 있다. 《개수첩해신어》의 범례에 의하면 활자본으로 원고가 이루어진 시기는 1618년(광해군 10)으로 되어 있으나, 이때에는 원고의 일부만 이루어진 것으로 보이며 전체가 완성된 것은 1625년(인조 3) 이후, 또는 1636년(인조 14) 이후로 보인다.

이 책판은 1676년(숙종 2)에 교서관校書館에서 조판組版한 활자본을 번각翻刻한 것으로 보이는데 현존하는 활자본에도 '康熙十五年丙辰孟冬開刊'이라는 간기가 보인다. 서문序文이나 발문跋文은 없으며, 본문은 크게 일본어를 히라가나로 쓰고 그 오른편에 작은 글씨의 한글로 발음을 적었으며 한 어구가 끝난 곳에 두 줄로 우리말 해석을 작은 글씨로 써 놓았다.

114 시권試券

Sigwon

1844
필사본
세로 77cm 가로 94cm
도서관

1844년(헌종 10)에 시행된 증광별시의 역과譯科 초시初試에 응시하여 2등 7인으로 급제한 백완배白完培의 역과譯科 청학淸學 시권試券이다. 백완배는 본관이 임천林川으로, 임천 백씨는 대대로 역관譯官을 많이 배출하였으며 특히 청학역관淸學譯官이 많았다. 시권에는 천자문千字文을 비롯한 17개의 청학서淸學書와 번대전통편飜大典通編이라는 역어譯語의 시제試題가 실려 있다. 답안은 《삼역총해三譯總解》, 《팔세아八歲兒》, 《청역노걸대淸譯老乞大》, 《소아론小兒論》 등에 관하여 3행의 만주문자滿洲文字로 기록되어 있다. 백완배는 이 시권에서 '육분반六分半'의 성적을 얻었다. 조선 시대 과거 시험 중 역과의 실제를 확인할 수 있고, 역학譯學자료資料가 어떻게 편찬되고 이용되었는지를 알려 주는 자료이다.

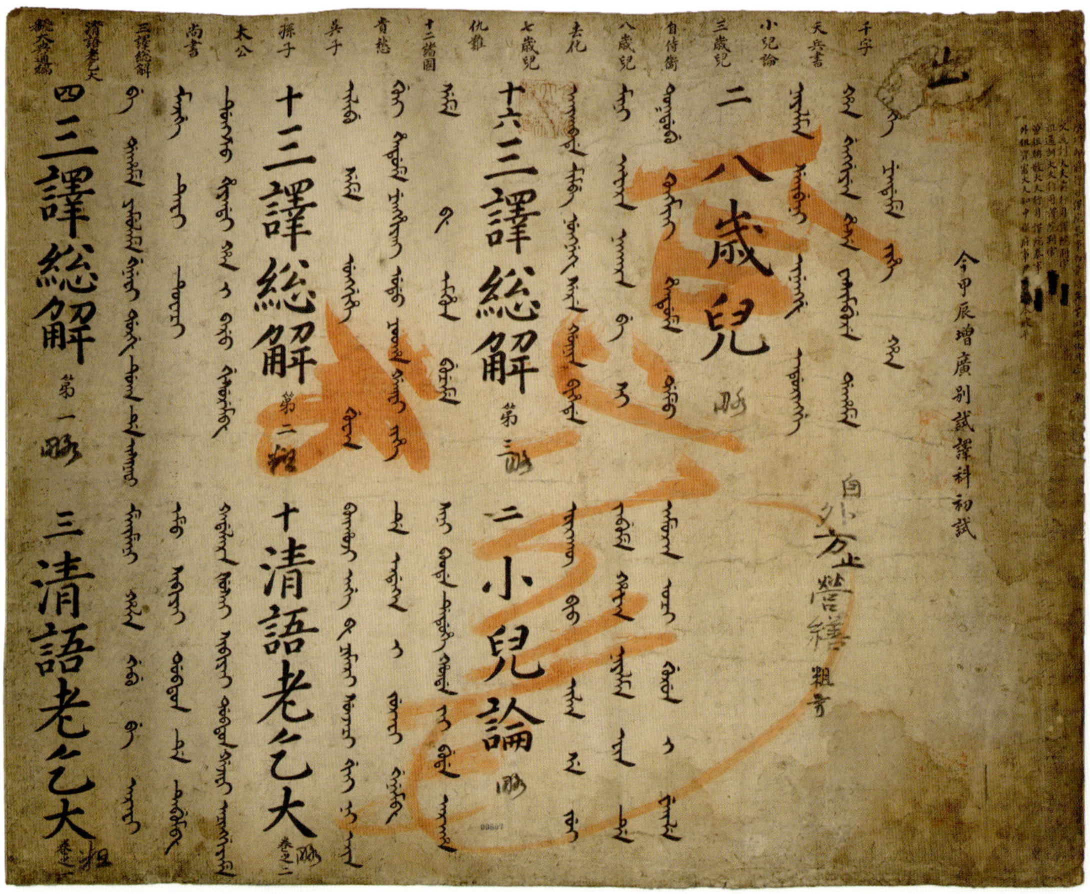

115 우두신설牛痘新說

Udu Sinseol

지석영池錫永, 1855-1935
1880
1책 | 필사본
세로 23cm 가로 16.8cm
도서관

지석영池錫永이 저술한 종두 전문서이다. 고려대학교도서관 소장본은 지석영이 〈우두신설〉을 정식으로 출간하기 전에 작성한 초고 필사본으로, 〈우두신설〉의 출판 준비 및 편집 과정을 보여 주고 종두의 접종 요령에 관한 지석영의 직접적인 경험을 담고 있는 상징적인 의미가 큰 자료이다.

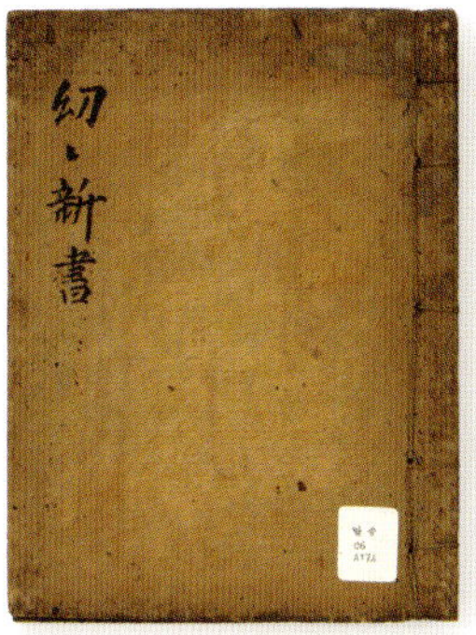

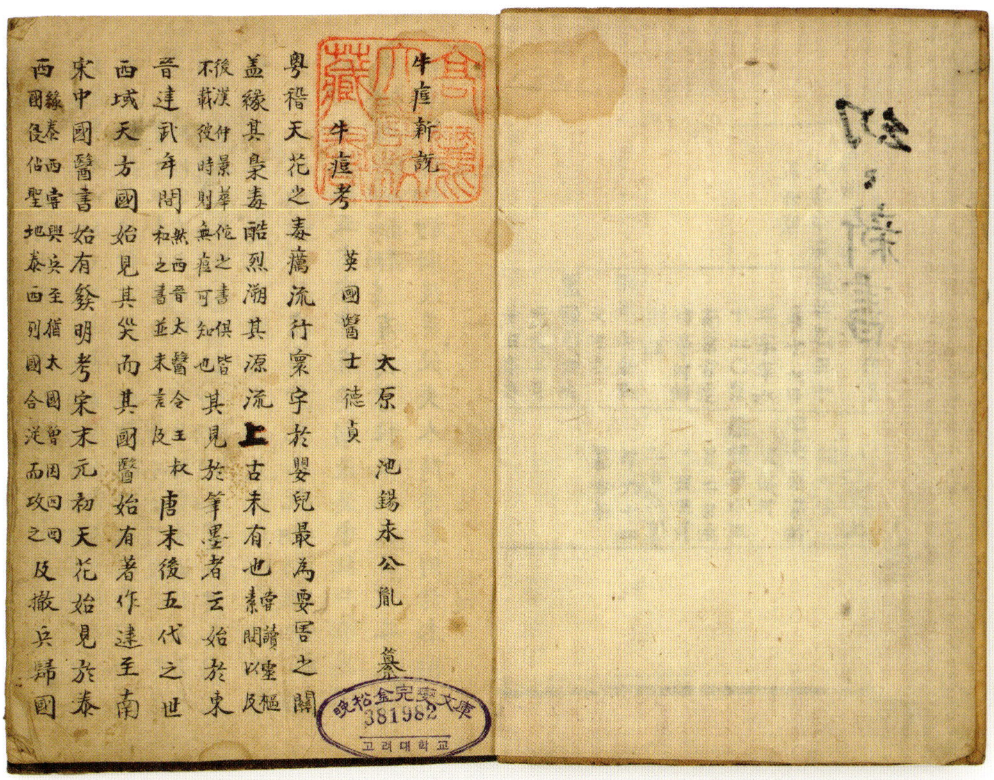

116 오주서종박물고변五洲書種博物考辨

Oju Seojong Bangmulgobyeon

국가중요과학기술자료
이규경李圭景, 1788-1856
1834
3책 | 필사본
세로 21.5cm 가로 13.4cm
도서관

조선 후기 실학자 오주五洲 이규경李圭景이 1834년에 금속 물질에 대해 전문적으로 저술한 실용적인 화학 기술서이다. 19세기 당시에 알려진 여러 과학 지식을 실증적으로 고증하여, 우리나라의 전통 방법들과 비교하여 보충하고 잘못된 것은 바로잡는 등 당시 우리나라의 금속, 옥석, 유리, 도자기, 광물, 안료 등에 대해 체계적으로 기술하였다. 고려대학교도서관 소장본이 유일본으로 이규경 친필본이다.

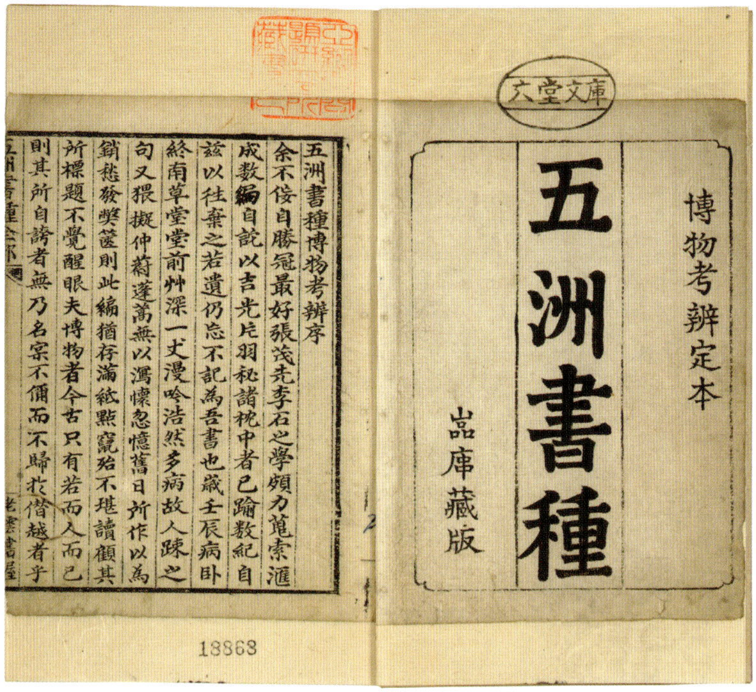

117 조선요리제법朝鮮料理製法

Joseonyorijaebeop

방신영方信榮, 1890-1977
1917
1책 | 신연활자본
세로 23cm 가로 15.5cm
도서관

구전으로 이어지던 우리나라 전통 음식의 제조법을 체계적으로 완성한 요리서로서, 당시 이화여자전문학교 가사과 교수였던 방신영方信榮이 1917년 저술하였다. 재료의 분량을 계량화하여 소개하는 등 조리과학의 발전과 대중화에 이바지하였다는 평가를 받고 있으며, 조선 시대에서 근대기 조리법의 변화를 알게 해 주는 가치가 있는 것으로, 고려대학교도서관 소장본이 초판본이다.

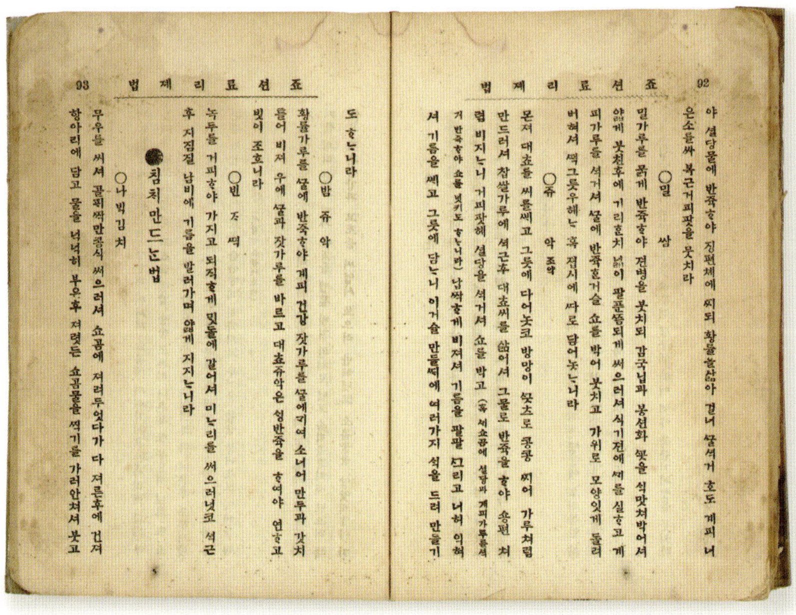

118 국문연구안國文硏究案

Gungmun Yeongu-an

국가등록문화유산
국문연구소 편
1909
7책 | 유인본
세로 25.2cm 가로 17.1cm
도서관

1907년 건립된 한글 연구 국가기관인 국문연구소 연구원(주시경, 이능화, 지석영, 어윤적, 송기용 등)의 국문연구 관련 문제에 대한 논설과 의견서를 집대성한 국문연구 결과보고서 등사본이다. 국문연구소 규칙, 훈민정음, 국문 연원淵源, 국문 및 발음의 연혁 등을 수록한 우리나라 문자에 대한 최초의 체계적인 연구서로 오늘날 우리가 사용하는 문자체계와 맞춤법의 원리를 그대로 담고 있다는 점에서 국어사적으로 그 의미가 크다.

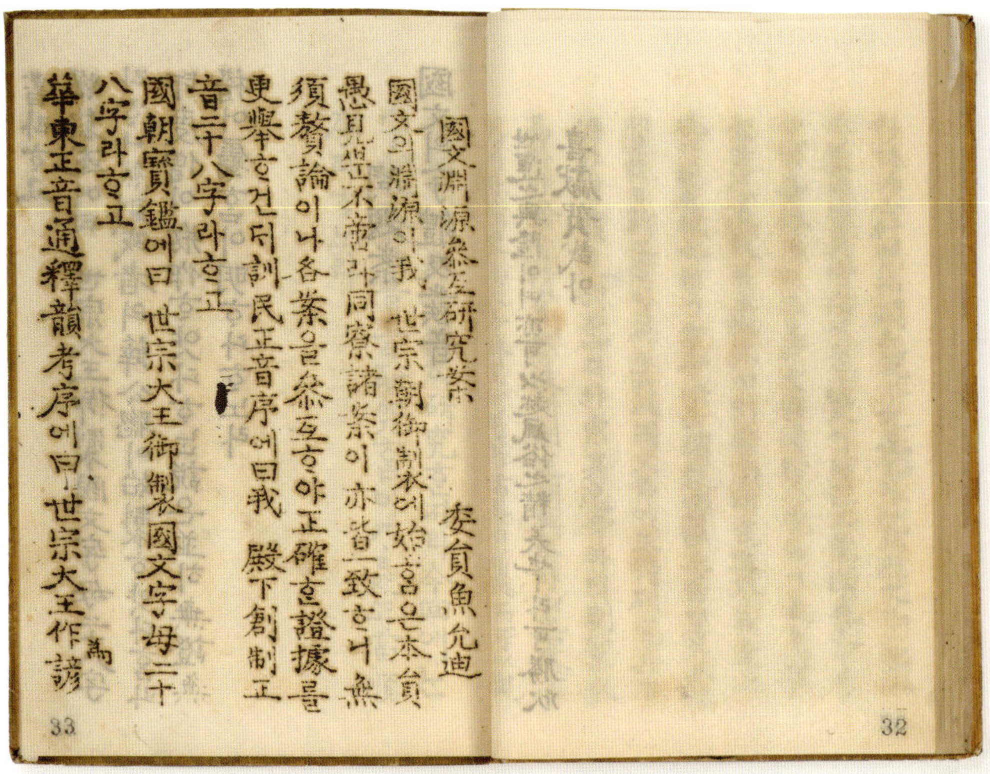

119 무정無情

Mujeong

이광수李光洙, 1892-1950
1918
1책 | 신연활자본
세로 19cm 가로 13cm
도서관

1917년 총 126회에 걸쳐 《매일신보》에 연재되고, 1918년 단행본으로 간행된 한국 첫 근대소설이다. 표지 및 장정裝幀을 온전히 갖춘 《무정》 초판본은 고려대학교도서관 소장본이 유일하다. 판권지를 통해 《무정》 초판본은 1918년 7월 20일에 발행되었고, 가격은 1원 20전임을 확인할 수 있다.

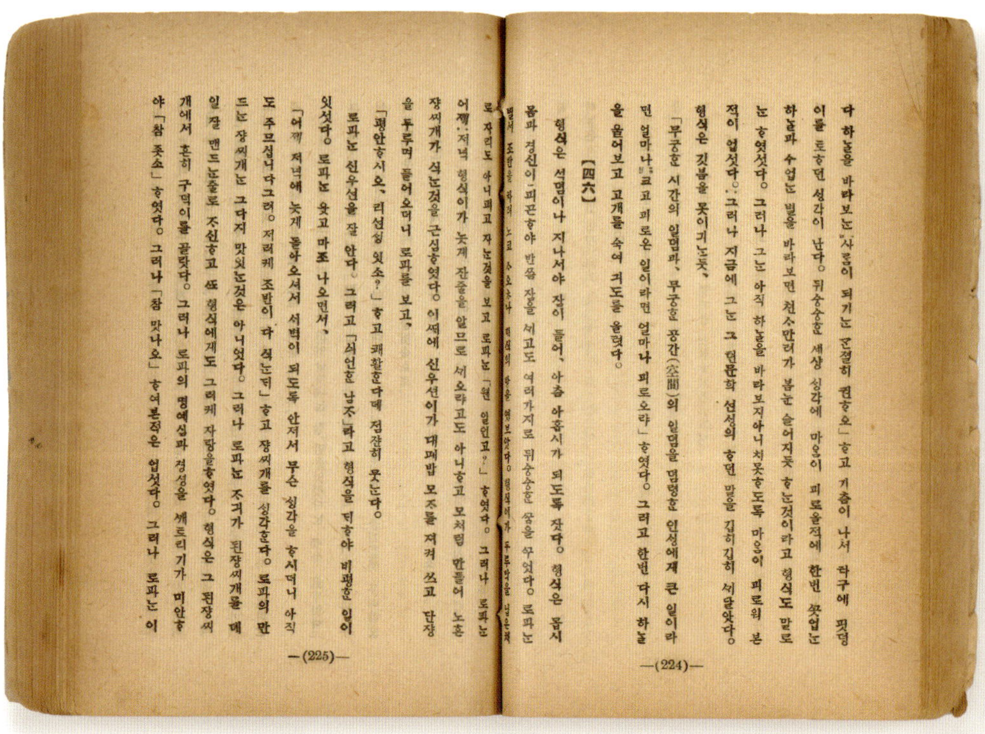

120 과학조선科學朝鮮

Gwahak Joseon

국가등록문화유산

과학조선사科學朝鮮社 편編

1933-1943

신연활자본

세로 26cm 가로 18cm

도서관

1933년부터 1944년까지 김용관金容瓘, 1897-1967이 이끈 발명학회 및 과학지식보급회의 주도로 발간된 과학기술 종합잡지로, 과학기술 동향 소개, 과학기술 진흥방안 제시, 발명 지도와 장려, 산업의 발전방안 모색, 과학기술 문답, 과학기술 대중화 등 당대의 과학기술 활동 전반을 광범위하게 담고 있다. 대중의 과학계몽과 과학발전을 주도한 역사적·학술적 가치가 있는 자료이다.

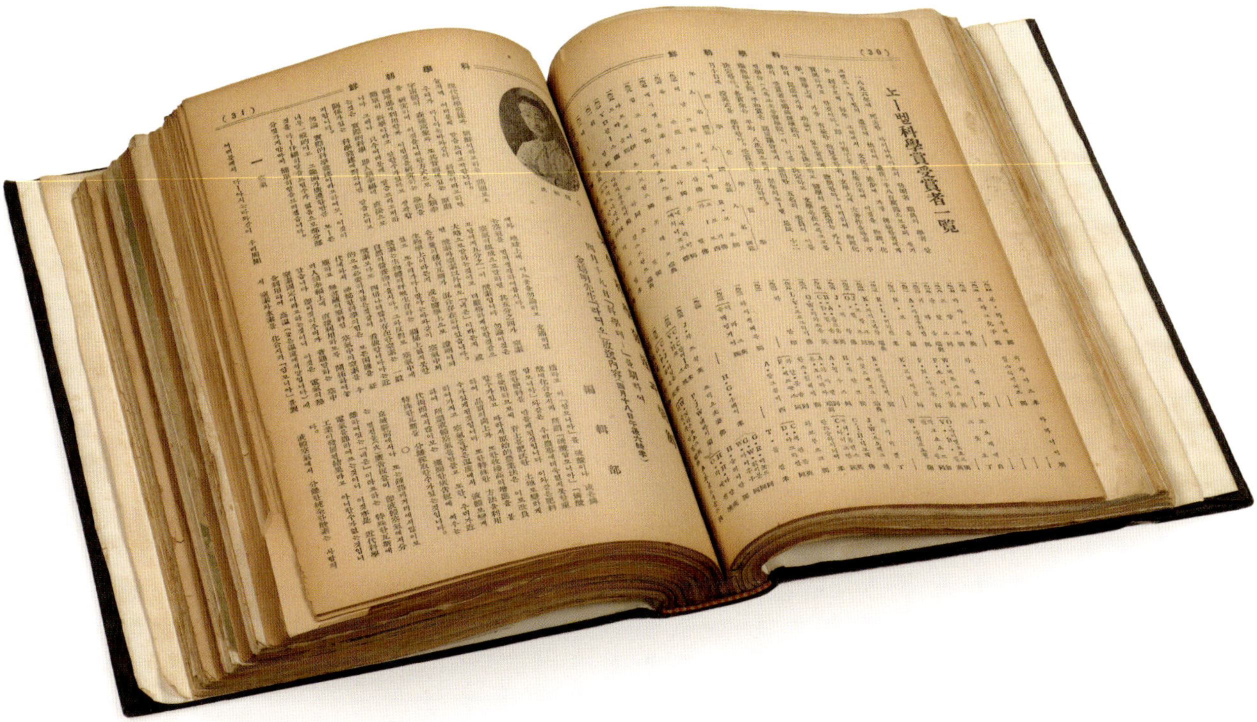

120년, 이상을 현실로 만들어 온 시간

1905년 '교육구국教育救國'의 기치 아래 보성전문학교普成專門學校로 문을 연 고려대학교는, 120년의 세월 동안 '자유·정의·진리'를 교훈으로 삼아 인재를 길러 왔다. '자유'는 인간 존엄과 해방을, '정의'는 공동체 안의 올바름을, '진리'는 학문을 향한 불굴의 열정을 의미한다. 이 세 가지 가치는 단순한 슬로건이 아닌, 고려대가 지향해 온 보편적 가치이자 궁극적인 이상으로, 우리 대학의 역사와 정신 속에 깊이 새겨져 있다.

이번 전시에서는 그 정신을 오롯이 담고 있는 귀중한 유물들을 만나볼 수 있다. 〈3·1운동 재판기록〉은 일제강점기, 민족의 자유를 향한 결연한 외침을 전하며, 〈제헌헌법 초고〉와 〈4·19혁명 부상자 명단〉은 정의로운 사회를 향해 나아간 고려대인의 실천을 증언합니다. 또한 바이러스 학자 이호왕 교수의 '현미경'과 자율주행차량 연구의 선구자인 한민홍 교수의 'KARV-1'은 진리를 탐구하고 미래를 개척해 온 학문적 열정의 상징이라 할 수 있다. 고려대학교의 120년은 이상을 현실로 만들어 온 시간이다.

富而不敎, 則近於禽獸, 故必立學校, 明禮義以校之

부이불교, 즉근어금수, 고필립학교, 명예의이교지

: 부유하기만 하고 가르치지 않으면 금수에 가까워진다. 그러므로 반드시 학교를 세워서 예의를 밝혀 가르쳐야 한다...

논어論語 자로子路

校

〔교〕

제헌헌법 초고

The First Draft of the Inaugural Constitution

국가지정기록물
유진오俞鎭午, 1906-1987
1948
종이紙
세로 22cm 가로 15cm
박물관

이 초고는 1952-1965년 고려대학교 총장을 역임한 헌법학자 현민玄民 유진오兪鎭午 박사가 작성한 육필원고로서 유족으로부터 1999년 기증되었다. 분량은 200자 원고지 70여 쪽에 달하며 차례에 해당하는 편별編別과 전문前文, 제1장 총강總綱에서부터 제10장 세칙細則에 이르는 본문부로 구성되어 있다. 총강의 제1조에서는 조선이 민주공화국임을 선언하고 있으며 제2조에서는 “국가의 주권은 인민에게 있으며 모든 권력은 인민으로부터 나온다”고 명시함으로써 민주주의와 주권재민의 원칙을 천명하고 있다. 이 초고는 유진오가 1947년 겨울 남조선과도정부 산하의 법전편찬위원회法典編纂委員會 위원으로 재직하며 집필하기 시작해 과도정부 입법의원의 법무사였던 황동준과 윤길중의 도움을 얻어 1948년 4월 완성한 최초의 헌법초안이다. 조문의 순서 등이 정리되지 않은 채 남아 있고 곳곳에 수정과 가필의 흔적이 남아 있으나 제헌헌법의 원본이 현존하지 않는 상황에서 제헌헌법의 골격을 이루는 모본母本으로서 중요한 의미를 갖고 있다.

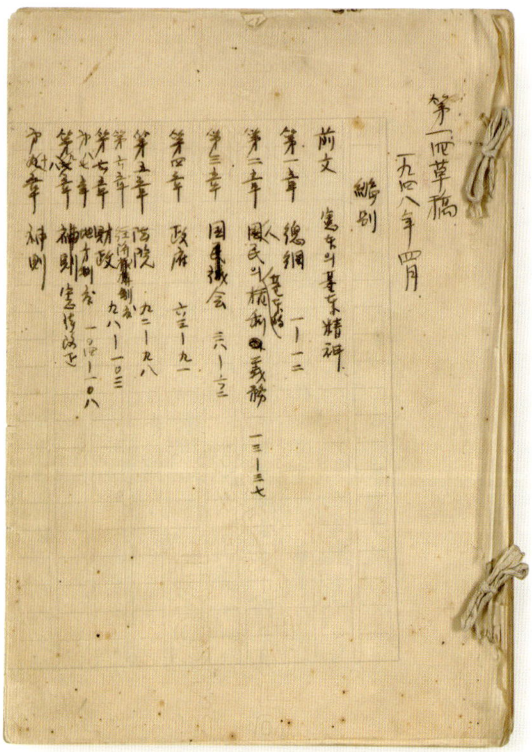

편별

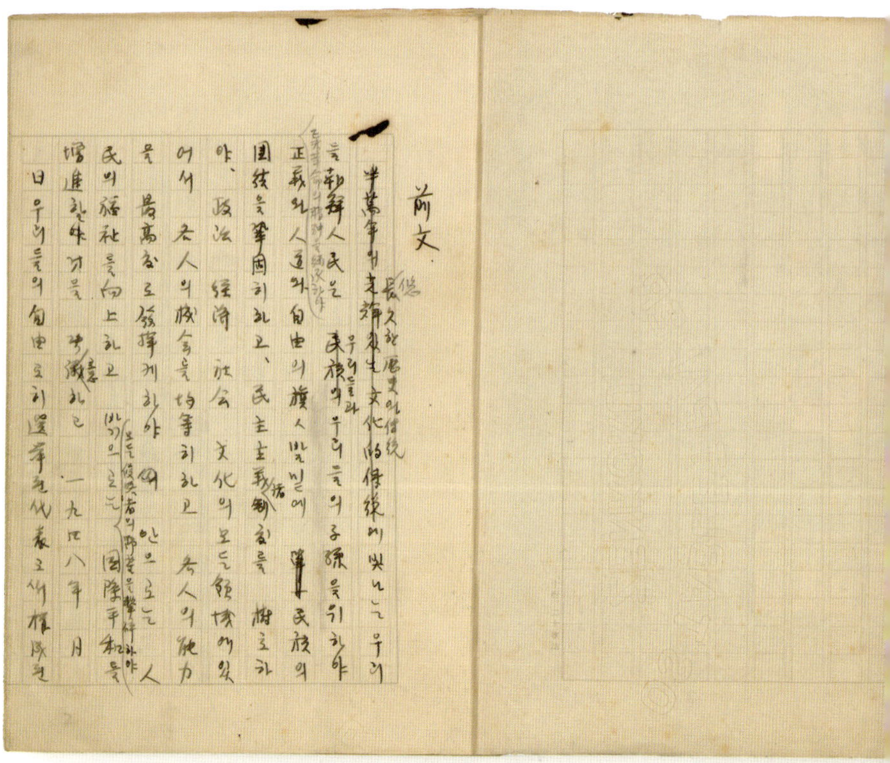

전문

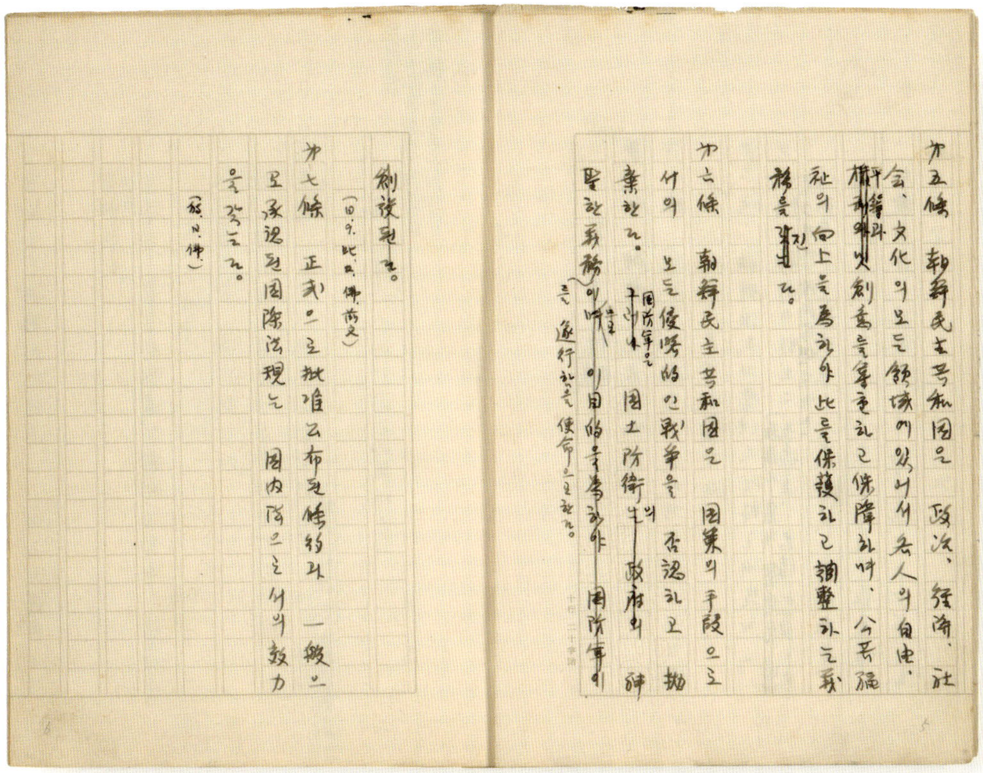

第五條 朝鮮民主共和國은 政治、經濟、社會、文化의 모든 領域에 있어서 各人의 自由、平等과 創意를 尊重하고 保障하며、公共福祉의 向上을 爲하야 此를 保護하고 調整하는 義務를 진다。

第六條 朝鮮民主共和國은 國策의 手段으로서의 모든 侵略的인 戰爭을 否認하고 抛棄한다。國防軍은 國土防衛의 神聖한 義務를 遂行함을 使命으로 한다。

第七條 正式으로 批准公布된 條約과 一般으로 承認된 國際法規는 國內法으로서의 效力을 가진다。

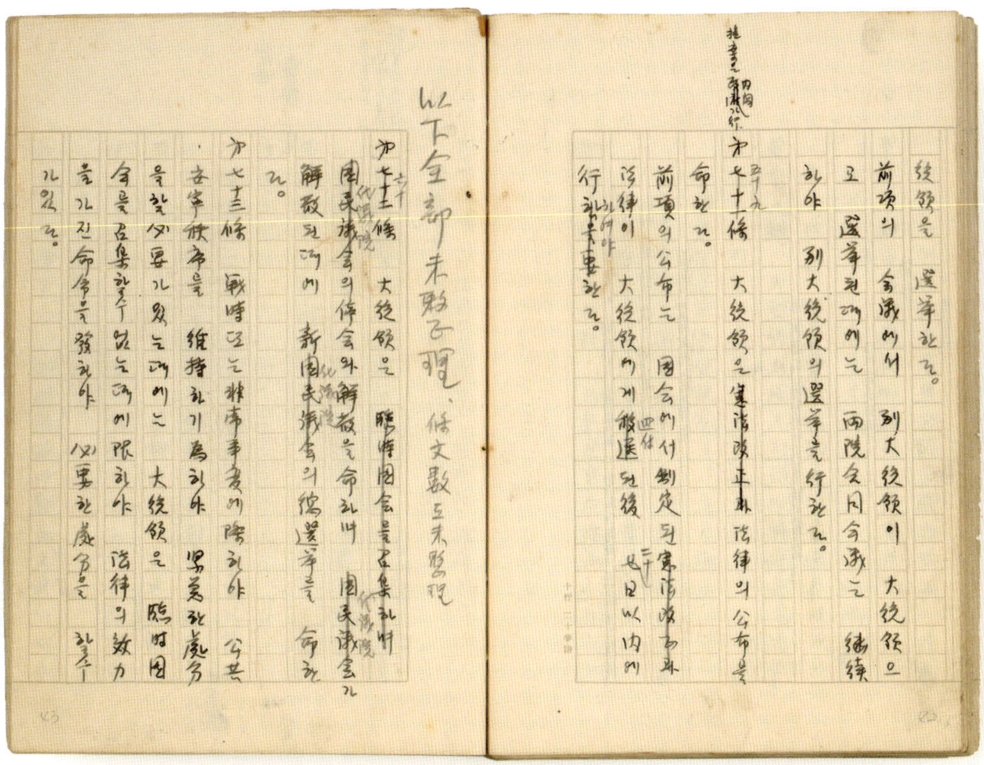

以下全部未整理、條文數도未整理

統領을 選擧한다。

前項의 會議에서 副大統領이 大統領으로 選擧된 때에는 兩院合同會議는 繼續하야 副大統領의 選擧를 行한다。

第七十一條 大統領은 憲法改正과 法律의 公布를 命한다。

前項의 公布는 國會에서 制定된 憲法改正과 法律이 大統領에게 移送된 後 二十日 以內에 行하여야 한다。

第七十二條 大統領은 臨時國會를 召集하며 國民議會의 停會와 解散을 命하며 國民議會가 解散된 때에는 新國民議會의 總選擧를 命한다。

第七十三條 戰時 又는 非常事變에 際하야 公共安寧秩序를 維持하기 爲하야 緊急한 處分을 할 必要가 있는 때에는 大統領은 臨時國會를 召集할 수 없는 때에 限하야 法律의 效力을 가진 命令을 發하야 必要한 處分을 할 수가 있다。

안재홍 미군정 민정장관 문서

Administrative Documents of Ahn Jaehong
during the U.S. Military Government in Korea

국가지정기록물
1946-1949
종이紙
세로 26.7cm 가로 20.3cm
박물관

안재홍安在鴻, 1891-1965이 미군정 시기 민정장관으로 재직하며 군정청 등과 주고받은 공문과 서한 등의 문서이다. 그중 주목할 만한 기록물은 '1948년 2월 2일 유엔한국임시위원단 하부위원회의 13번째 미팅의 회의록'으로 이는 당시 회의 의장 잭슨과의 회담 내용을 기록하고 있다. 미군정기의 기록물은 대부분 미국 국립기록청(NARA)에 보관 중이며 국내에서는 원본 기록을 찾아보기 어렵기 때문에, 안재홍의 민정장관 문서는 지난 2008년 국가지정기록물로 지정되었다. 이 기록물들은 미군정기의 긴박한 정치 상황과 대한민국 정부 수립 과정을 알려 주는 귀중한 자료로 평가받고 있다.

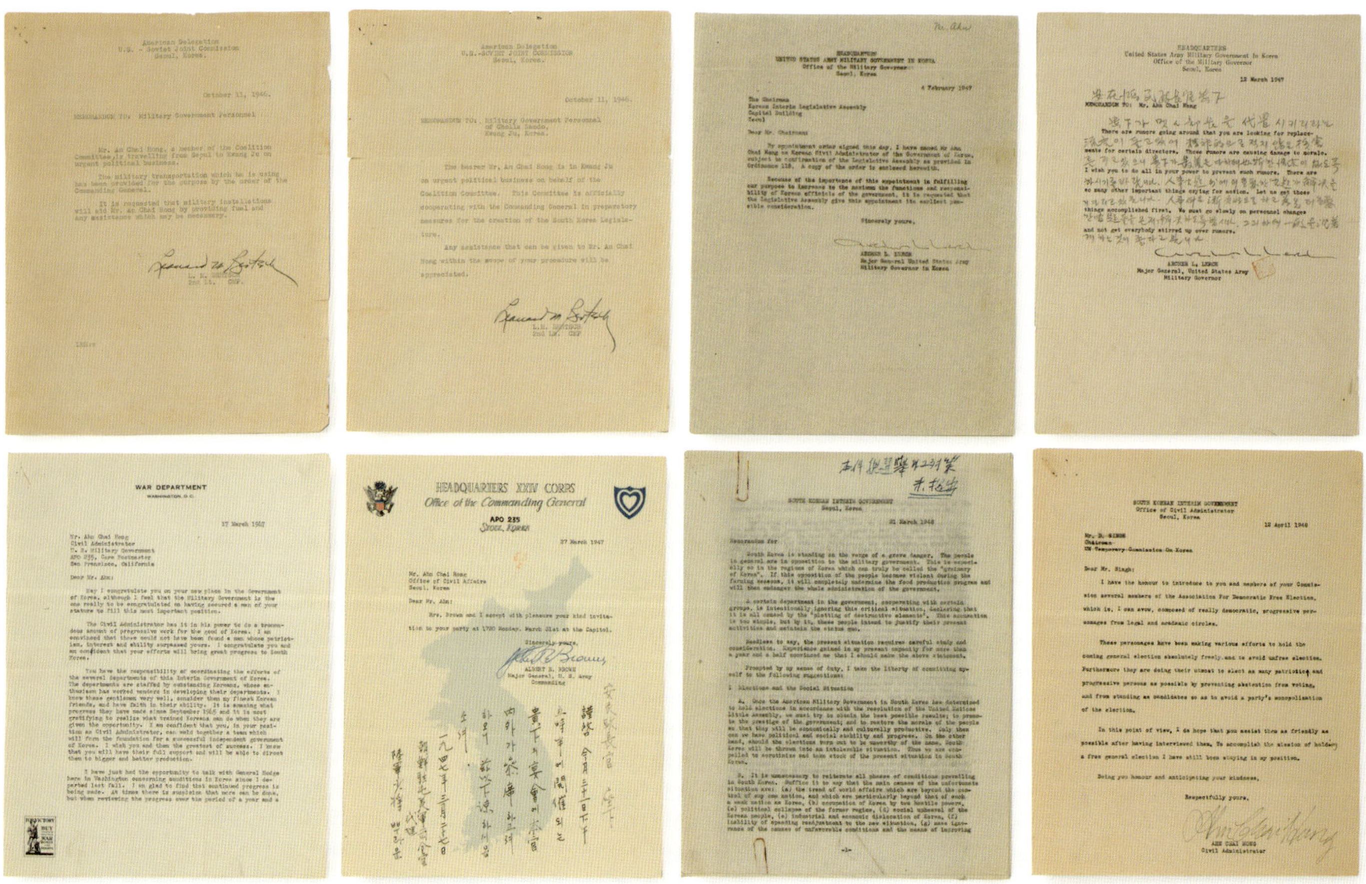

3·1운동 재판기록

Trial Records of the March First Movement

1919-1920
종이紙
세로 24cm 가로 16.5cm
박물관

1919년 3·1운동 직후 구금된 '민족대표' 47인에 관한 형사소송기록의 일부이다. 일제는 독립선언 관련자 47명을 '민족대표자 서명사건'으로 입건한 후 이들을 내란죄로 기소했다. 박물관에서 소장 중인 자료는 내란죄로 기소된 47인의 민족대표 가운데 송진우, 현상윤, 정노식, 박인호, 이갑성, 이인환, 김지환, 노헌용, 김도태, 김홍규 등 10여 명에 대한 심문조서와 압수서류송부서, 차압물건목록, 참고인조서 등으로 구성되어 있다.

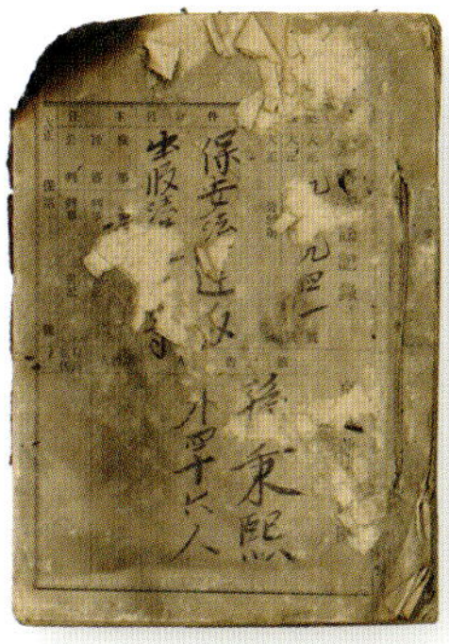

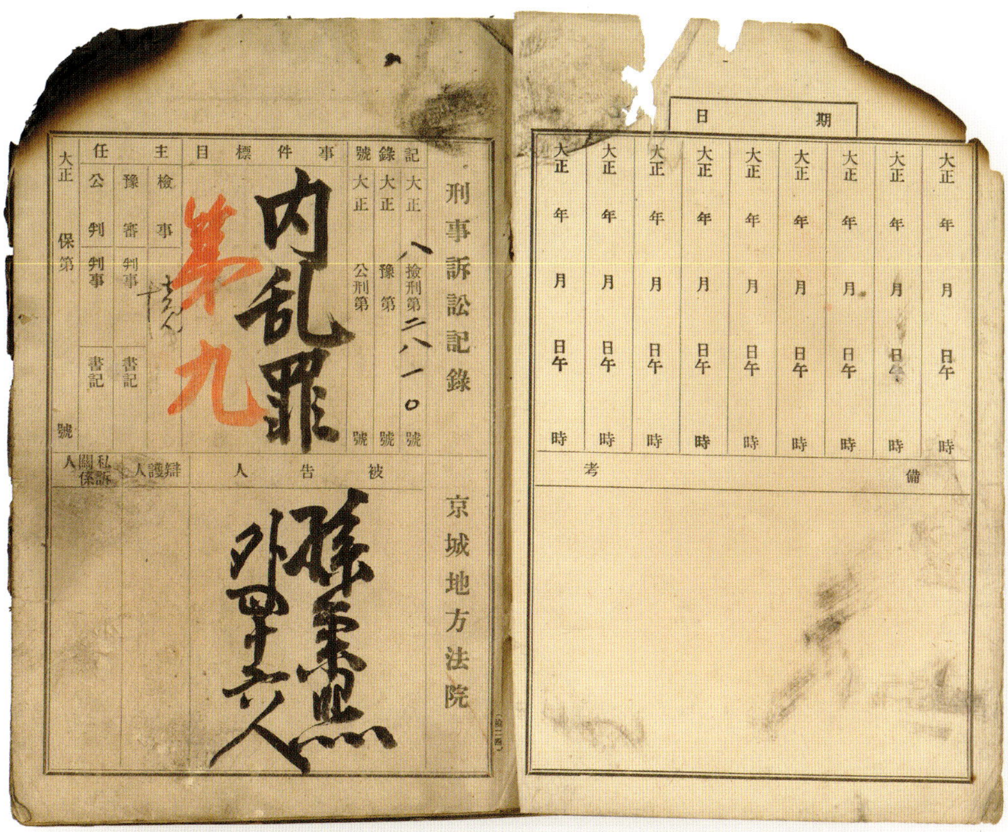

공선사후公先私後

Gongseon Sahu
(Calligraphy of 'Public Before Private')

김성수金性洙, 1891-1955
연대 미상
종이에 먹紙本水墨
세로 42.3cm 가로 81.8cm
박물관

인촌仁村 김성수金性洙 선생의 좌우명으로 알려진 '공선사후' 휘호다. 공적인 일을 우선하고, 개인적인 일은 뒤로 미룬다는 뜻을 담고 있다. 인촌 선생은 국가의 미래에 교육이 미치는 영향력과 가치를 일찍이 깨닫고 이를 실천하며 보성전문학교의 기틀을 마련했다. '공선사후'의 신념은 후대에도 이어져 고려대학교가 굴곡진 현대사를 거치면서도 흔들림 없이 사회에 공헌하는 인재를 길러 내는 요람으로 자리 잡는 데 중요한 이정표가 되었다.

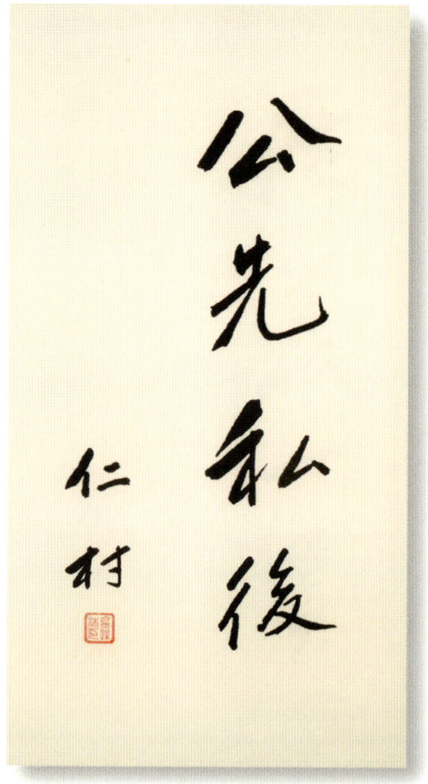

신의일관信義一貫

Calligraphy of 'Consistency in Integrity and Trust'

김성수金性洙, 1891-1955
1933
종이에 먹紙本水墨
세로 41.3cm 가로 80.4cm
박물관

인촌仁村 김성수金性洙 선생의 좌우명으로 알려진 '신의일관' 휘호다. 믿음과 의리가 끝까지 변함이 없어야 한다는 뜻이다. 1934년 보성전문학교 졸업앨범에도 '신의일관'과 같은 필체의 휘호 이미지가 수록되어 있다. 인촌 선생은 사람에 대한 믿음과 옳다고 생각하는 일에 대한 뜻을 끝까지 지키며 보성전문학교를 운영해 나갔다. '신의일관'의 신념은 고려대학교의 정신적 지표가 되어 불의에 항거하고 사회에 뜻을 밝히는 고대정신의 뿌리가 되었다.

보성전문학교 제1회 졸업증서

First Certificate of Graduation of Bosung College

1907
종이紙
세로 53.5cm 가로 66.5cm
박물관

1905년 4월 이재학理財學 전문과에 입학해 1907년 4월 졸업한 보성전문학교 제1회 졸업생 최병찬의 졸업증서이다. 증서번호와 함께 졸업생의 본적지와 이름, 나이를 세로로 써서 밝히고 "오른쪽 사람이 본교 경제학전문과의 전 과정을 수학하여 그 학업을 마쳤기에 이 증서를 수여함"이라고 적었다. 제1회 졸업증서에서 눈에 띄는 것은 경제학, 재정학, 법학통론, 헌법 등 교과목명을 모두 표기한 것과 당시 학교 경영자인 교주校主 이종호李鍾浩와 교장 신해영申海永 등 모든 교강사의 이름을 적고 날인한 점이다. 졸업증서를 수여하며 학교 담당자들이 얼마나 정성을 기울였는지를 짐작할 수 있다.

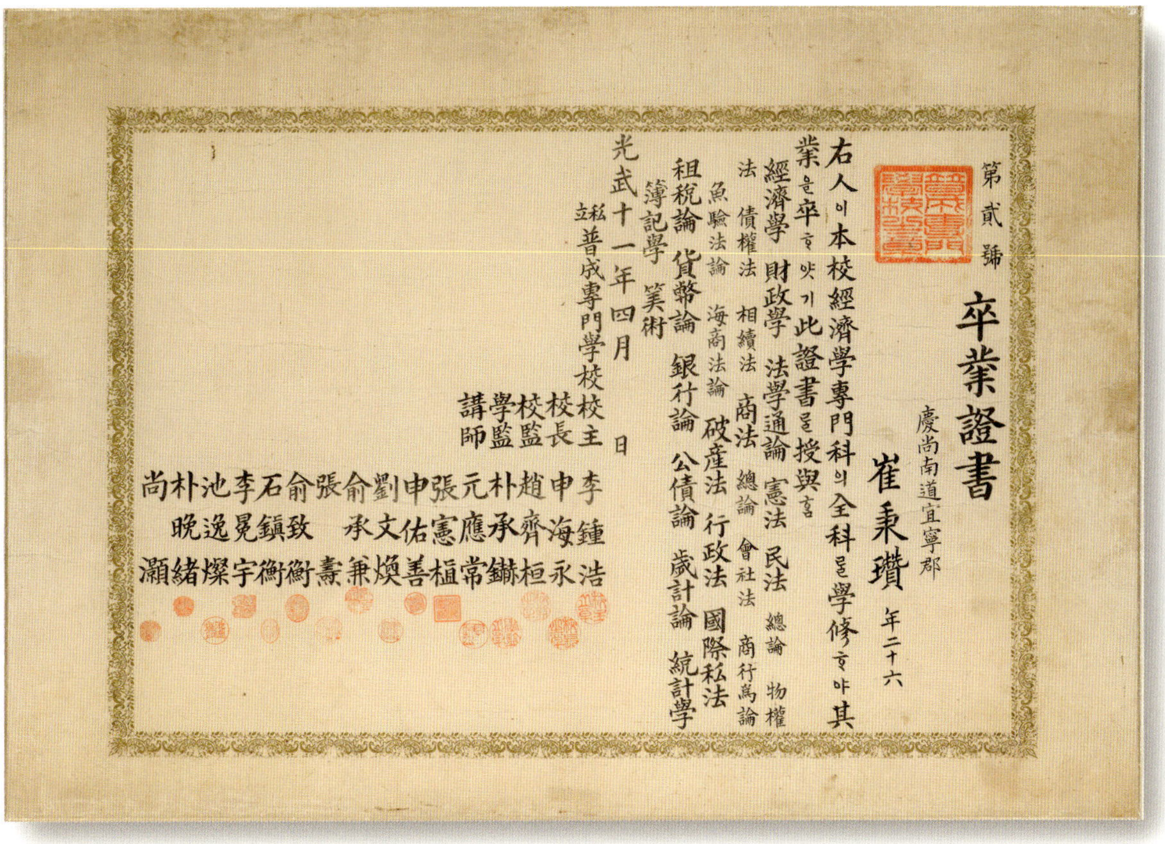

第貳號

卒業證書

慶尚南道宜寧郡

崔秉瓚 年二十六

右人이本校經濟學專門科의全科를學修ᄒᆞ야其業을卒ᄒᆞ얏기此證書를授與ᄒᆞᆷ

經濟學 財政學 法學通論 憲法 民法總論 物權法 債權法 相續法 商法總論 會社法 商行爲論 魚驗法論 海商法論 破産法 行政法 國際私法 租稅論 貨幣論 銀行論 公債論 歲計論 統計學 簿記學 筭術

光武十一年四月 日

私立普成專門學校

校主 李鍾浩
校長 申海永
校監 趙齊桓
學監 朴承常
講師 元應鏘 張憲植 申佑善 劉文煥 俞承兼 張燾 俞致衡 石鎭衡 李冕宇 池逸燦 朴晩緒 尚灝

보성전문학교의 교과서

Textbooks of Bosung College

1908-1910
종이紙
세로 21cm 가로 15cm
박물관

보성전문학교의 교과서는 국내 여러 곳에 소장되어 있지만, 책에 판권지가 붙어 있지 않아 교과서의 편찬 시기를 파악하기 어렵다. 반면 이 교과서는 1908년 경제학과에 입학해 1911년 졸업한 보전 제4회 졸업생 이윤재의 소장도서로서 출처가 명확하고 사용 시기를 확인할 수 있는 가장 오래된 교과서이다.

1937학년도 보성전문학교 입학생 사진첩

Photo Album of Students Entering Bosung College in 1937

1937
종이紙
세로 28cm 가로 17.5cm
박물관

이 사진첩은 1937년 보성전문학교에 입학한 학생들을 찍은 앨범으로, 마라톤 선수 손기정孫基禎, 1912-2002의 사진이 포함되어 있다. 1936년 베를린올림픽에 출전한 손기정은 올림픽 신기록을 세우며 우승했다. 손기정의 마라톤 우승은 일상적 차별과 폭력을 감내해야 했던 식민지 조선인의 열패감을 날려 버린 쾌거였다. 그러나 민족감정의 고조를 우려한 식민지 당국은 손기정에 대한 환영 행사를 금지했고 군중과의 접촉을 차단했다. 결국 총독부의 감시 대상이었던 그는 1937년 보전 상과에 입학했지만, 한 학기 만에 학교를 떠나게 되었다. 손기정은 해방 이후 보스턴마라톤 우승자 서윤복徐潤福, 1923-2017과 함기용咸基鎔, 1930-2022을 지도하며 한국 마라톤 발전에 기여하였고 본교는 1996년 손기정에게 명예졸업장(제1호)을 수여하였다.

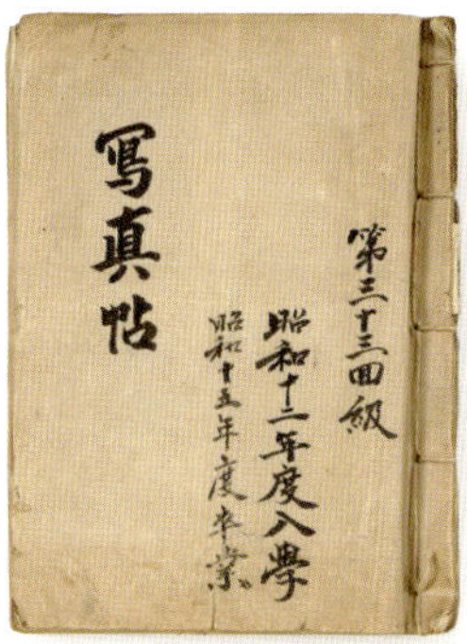

제4회 전조선축구대회 우승기

Championship Flag of the All-Joseon Soccer Tournament

1928
직물
세로 80cm 가로 103cm
박물관

보성전문학교 축구부는 1928년 관서체육회에서 주최한 전조선축구대회에서 처음으로 우승한 이래 1931년까지 대회 4연패를 달성함으로써 우승기를 영구 보관하게 되었다. 이 깃발은 본교 축구부 최초의 우승기이다.

4·19혁명 부상자 명단(고려대학교 4·18 학생 의거)

List of the Injured in the April 19th Revolution

국가등록문화유산
유네스코 세계기록유산
1960
종이紙
세로 26cm 가로 18cm
박물관

'4·19혁명 부상자 명단'(고려대학교 4·18 학생 의거)은 1960년 '4·18 고대생 의거' 당시 부상당한 고려대 학생의 명단 초안과 이를 정리한 정서본이다. 초안은 부상자 명단이 '학과, 학년, 번호, 이름, 장소, 맞은 정도' 등의 항목에 따라 작성한 것으로 필체와 필기도구가 다양하여 작성자가 여러 명인 것으로 보인다. 부상 장소는 안암동, 천일극장 앞, 국회의사당, 종로3가, 동대문경찰서 앞 등이며, '맞은 정도'에 대해서는 "곤봉 엇개[어깨] 맞다", "깡패에 다리 부상 7일 치료", "머리 터지다", "천일백화점 근처에서 깡패의 몽둥이로 후두부를 맞고 실신失神" 등 구체적으로 기재되어 있다. 정서본은 '4·19 의거 시 부상한 학생'이라는 제목으로 초안 내용을 수정 또는 보완해 재정리한 것이다.

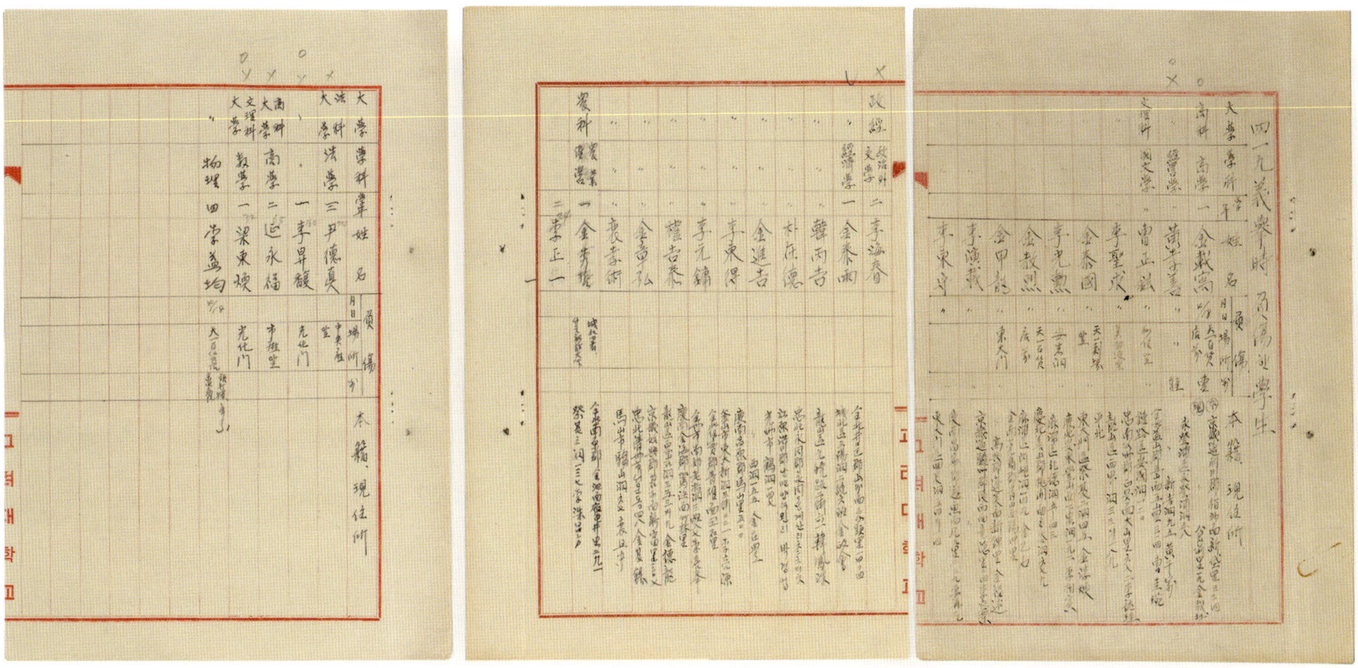

고려대학교 4·18 의거 머릿수건

Headband of the April 18th Incident at Korea University

1960
직물
세로 28cm 가로 66cm
박물관

1960년 3월 15일, 제4대 정·부통령 선거의 대규모 부정으로 인한 분노가 전국적으로 확산되었다. 4월 1일 개강과 함께 학교 교정에 학생들이 모여들었고, 5개 단과대학 운영위원장들은 신입생 환영회를 준비한다는 명분으로 집결하여 시위를 계획했다. 4월 18일, 본관 앞에 모인 3천여 명의 고대생은 선언문을 낭독한 후 거리로 나아갔다. 학생들은 "민주역적 몰아내자 몰아내자"라는 플래카드를 앞세우고 태평로 국회의사당 앞까지 행진했다. 본 머릿수건은 고려대학교 학생들이 신입생 환영회 기념품으로 제작해 배포한 것으로, 수건의 양쪽에 '축 입학'과 입학 연도인 '1960'이, 가운데에는 '고대' 글자가 찍혀 있다. 4·18 의거 당시 학생들은 이 수건을 머리에 두르고 시위에 참여했다.
현재 고려대학교박물관은 3점의 머릿수건을 소장하고 있으며, 모두 당시 시위에 참여한 교우들이 기증한 것이다.

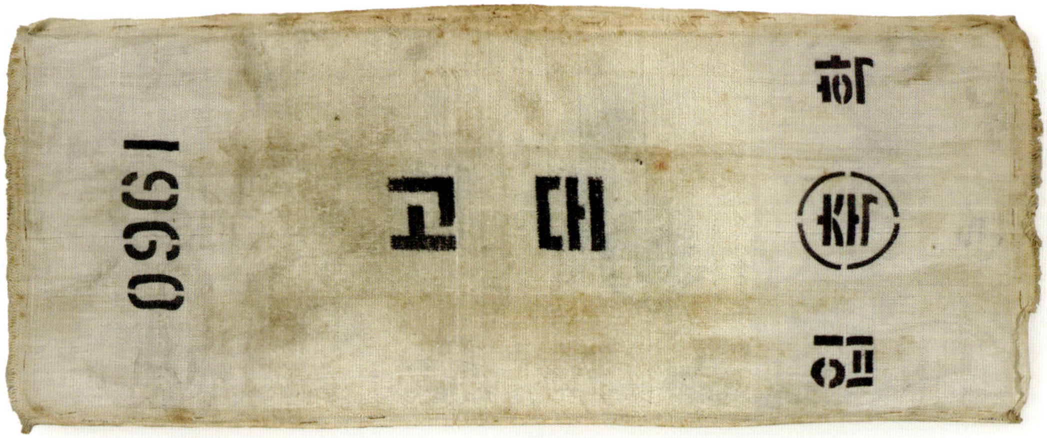

고대신문 창간호

Inaugural Issue of the Korea University Newspaper

1947
종이紙
세로 38.8cm 가로 26.3cm
박물관

타블로이드 4면, 순간제旬間制 대학신문의 효시인 《고대신문》은 학생서클인 여우회麗友會 회원들을 중심으로 1947년 11월 3일 '학생의 날'을 기념하여 창간되었다. 민족해방의 기쁨과 신생 공화국 탄생의 진통이 교차하던 1940년대 중후반, 《고대신문》은 순수한 학생의 힘으로 창간됨으로써 대학신문 본연의 자율성과 독립성을 확보할 수 있었다

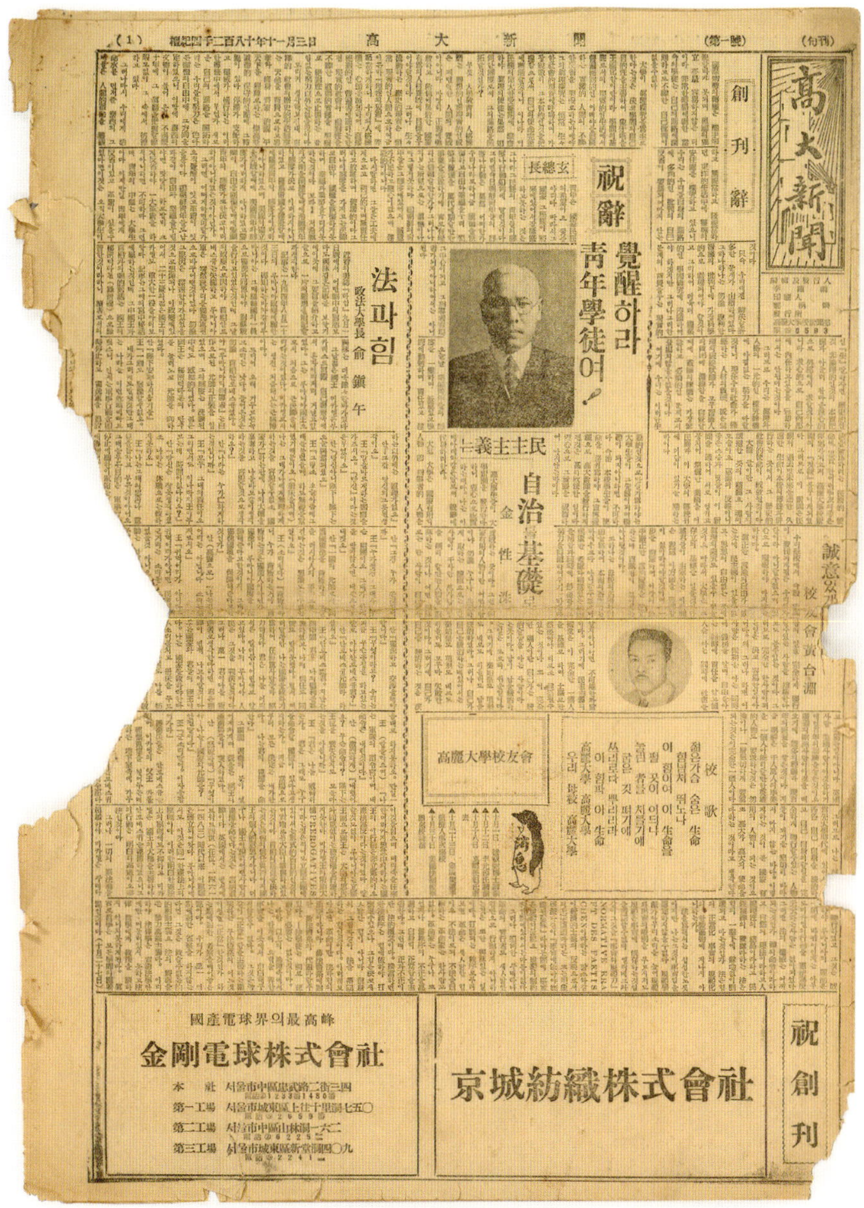
高大新聞

創刊辭

祝辭

覺醒하라 青年學徒여!

法과힘

民主主義와

自治의 基礎

高麗大學校友會

校歌

金剛電球株式會社

京城紡織株式會社

祝創刊

고려대학교 교기高麗大學校 校旗

Flag of Korea University

1958
직물
세로 63cm 가로 90cm
박물관

고려대학교는 종합대학 승격 이후에도 보성전문학교의 교기 위에 글자만 '고려대학교'로 바꾼 약식 교기를 사용해 왔다. 유진오兪鎭午, 1906-1987 총장은 개교 50주년 기념사업의 일환으로 새로운 교기의 제정을 결정하고 1954년 9월 자유·정의·진리를 상징할 수 있는 교기 도안 현상모집 공고를 냈지만 마땅한 응모작을 찾을 수 없었다. 결국 1958년 3월 유진오 총장이 직접 고안한 교기가 5월 5일 개교 53주년 기념일에 공표되었다. 이 교기는 폭 63cm, 길이 90cm의 진홍색(크림슨) 바탕에 폭 23cm, 길이 30cm의 방패형 문장을 그려 넣은 것으로 테두리에는 황금색 술을 드리우고 있다. 바탕의 진홍색은 활기와 정열을 상징하는 빛깔로, 본교의 학풍과 학생들의 기질을 나타낸다.

보전학회논집

Academic Journal of Bosung College

1934
종이紙
세로 21.3cm 가로 14.4cm
박물관

1933년 교장 김성수를 회장으로 하는 '보전학회'가 조직되었고 1934년 3월《보전학회논집普專學會論集》제1집을 발행했다. 김성수는 창간사에서 "고등교육기관으로서의 전문학교는 단순한 교육기관이 아닌 학자의 연구기관이자 사회문화의 중심기관이 되어야 할 중대한 사명을 가진 기관"이라고 선언했다. 《보전학회논집》은 1년에 한 차례 출간하기로 하였으나, 제2집은 1935년 11월에, 제3집은 1937년 2월에 출간되어 발간 간기가 엄격히 지켜지지는 않았다. 《보전학회논집》은 조선인의 입장을 표명한 연구논문집으로 주목을 받았다. 유진오 전 총장은 1930년대 일본에서 간행되는 각 대학의 논문집 가운데 《보전학회논집》에 필적할 만한 것은 많지 않았다고 회고할 정도였다.

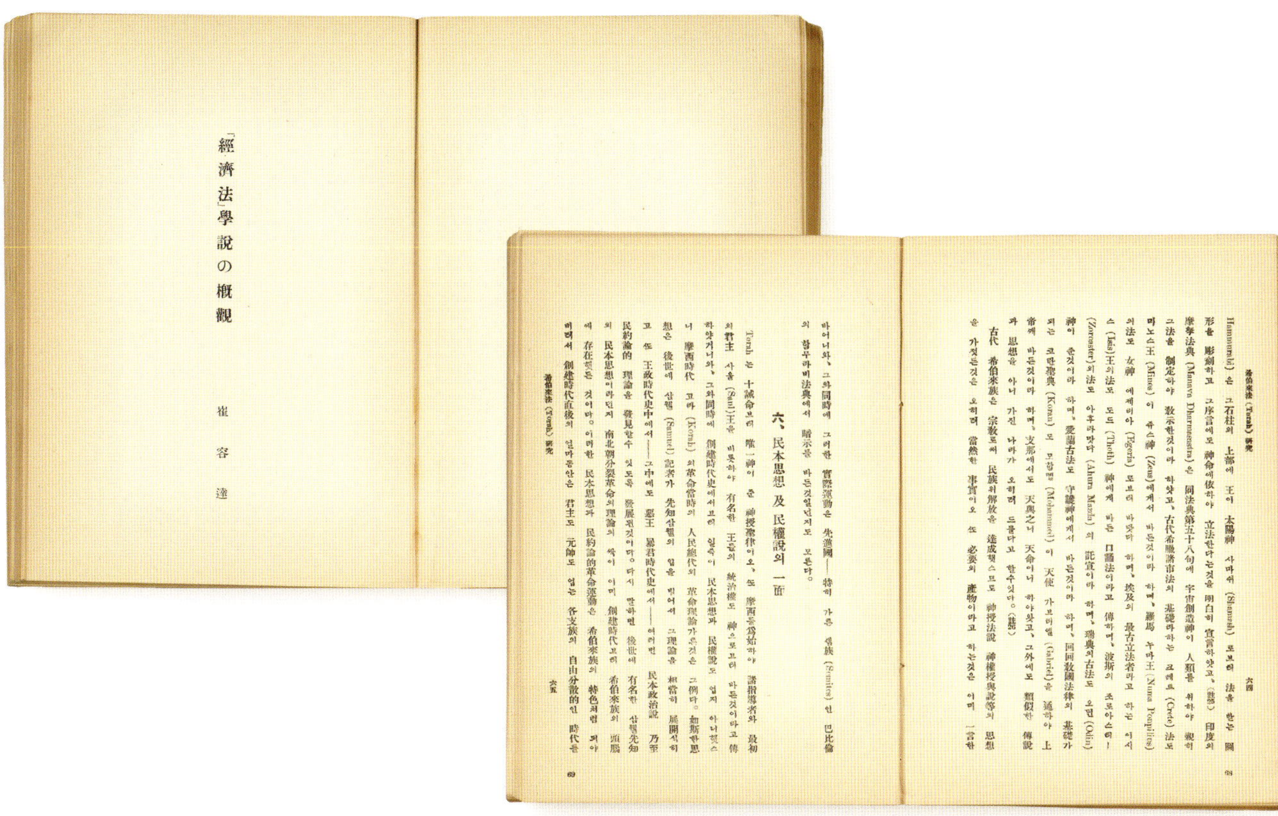

보성전문학교 책걸상

Desk and Chair from Bosung College

1930년대 추정
나무木, 철鐵
세로 58.2cm 가로 54.4cm
높이 74.1cm
박물관

보성전문학교에서 사용하던 책걸상이다. 책상과 의자가 일체형으로 결합된 형태로, 주물로 틀을 만든 뒤 책상의 상판과 의자의 받침 및 등받이를 두꺼운 목재를 덧대어 만들었다. 당시에는 펜과 잉크를 사용했기 때문에 책상 상판의 오른쪽 위에 잉크병을 넣을 수 있는 구멍이 뚫려 있으며, 주물로 제작된 책상 옆면 기둥에는 '보전普專'이라는 글자가 새겨져 있다. 이 책걸상은 1934년 9월, 안암동 본관이 완공될 당시 처음 만들어 사용한 것으로 추정된다. 해방 이후에는 같은 형태의 책걸상에 '고대高大'라는 글자를 양각하여 추가로 제작하였다. 1990년대까지 일반 강의실에서 사용되었다.

고려대학교 교가 악보

Sheet Music of Korea University Anthem

1960
종이紙
세로 19.5cm 가로27.2cm
박물관

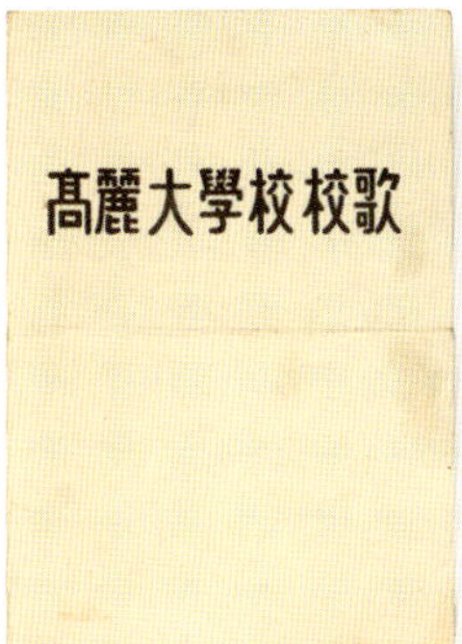

고려대학교는 종합대학으로 발족한 뒤에도 보성전문학교의 교가를 후렴구만 수정한 채 그대로 사용했다. 1920년대 제정된 구 교가는 가사가 씩씩하고 웅장하지만, 종합대학의 위상에는 걸맞지 않아 새 교가 제정의 필요성이 제기되었다. 유진오 총장은 개교 50주년을 맞아 국문과 조지훈趙芝薰, 1921-1968 교수에게 각 절마다 자유, 정의, 진리의 세 이념을 반영하는 조건으로 작사를 의뢰했다. 작곡은 당시 유망한 신인 작곡가였던 윤이상尹伊桑, 1917-1995에게 맡겨졌다. 교가는 1955년 5월 5일 개교 50주년 기념일을 맞아 발표되었다.

한국형 인공심장

Korean Artificial Heart

2001
플라스틱
세로 17.3㎝ 가로 18.1㎝
높이 7.3㎝
박물관

고려대 안암병원 흉부외과 선경 교수 연구팀이 개발한 인공심장이다. 2001년 6월 12일 선경 교수 연구팀은 말기 심부전으로 회복하기 어려운 상태의 환자에게 좌심실과 우심실의 펌프기능을 모두 대치하는 인공심장을 이식했다. 당시까지 좌심실 한쪽 기능을 대치하는 보조 인공심장 이식수술은 2,000건가량 진행되었으나, 전체 심장을 이식한 사례는 없어 세계 최초의 일로 주목받았다. 수술 후 환자의 심장 박출과 혈압이 모두 정상으로 돌아오고, 인공심장의 작동도 정상적으로 이뤄졌다. 본 인공심장은 실제 환자가 사용했던 심장이며 환자의 사망 이후 유가족의 동의를 받아 기증되었다.

중한대사전

Chinese-Korean Dictionary

1995
종이紙
세로 26.5cm 가로 19.5cm
높이 10cm
박물관

민족문화연구원은 1972년부터 24년간의 편찬작업을 통해 세 종류의 중국어 사전을 발간했다. 그중 중사전인 《중한사전中韓辭典》(1989)은 18만 어휘, 소사전인 《현대중한대사전現代中韓辭典》(1990)은 10만 어휘, 대사전인 《중한대사전中韓大辭典》(1995)은 약 30만 어휘를 수록하고 있다. 특히 《중한대사전》은 세계 최고이자 최대의 중국어 사전으로 평가받고 있다. 각 사전은 국내 대부분의 중국어과 교수들과 베이징대학· 롄볜대학을 비롯한 중국 주요 학술기관의 관련 학자들이 교열을 담당했다. 민족문화연구원은 세계 모든 지역의 중국인들이 사용하는 현대 중국어를 망라하고 기존의 사전을 능가하는 규모와 충실한 내용을 갖춘 독창적인 사전을 제작한다는 목표를 달성하기 위해 30만 장의 자료 카드를 작성해 가며 사전 편찬에 힘을 쏟았다.

지훈시초

Jihun Sicho

조지훈趙芝薰, 1920-1968
1943-1945
종이紙
세로 19cm 가로 15.5cm
박물관

288자 원고지 42매로 구성된 조지훈의 자찬自撰 육필시집이다. 빛바랜 녹색의 표지에는 '지훈시초–완허산방장芝薰詩鈔–玩虛山房藏'이라고 적혀 있고, 속표지에 해당하는 원고지 첫 장에는 '조지훈시집趙芝薰詩集'이라고 되어 있다. 이 시집은 총 3부로 구성되어 있으며 각 부의 서두에는 고려가요 〈가시리〉, 〈청산별곡靑山別曲〉, 〈정과정곡鄭瓜亭曲〉의 일부가 제시題詩로 사용되었다. 지훈 스스로가 '조지훈시집'이라고 정서해 놓은 만큼 이는 독립된 시집의 초고로 보아야 하며, 시집 출간을 염두에 두고 정서해 놓은 것임을 알 수 있다. 여러 판본을 대조하여 수록된 시어를 분석해 보았을 때 〈지훈시초〉는 1943년에서 1945년 사이에 만든 것으로 추정된다. 즉 이 시집은 1946년 3인 공동 시집인 《청록집靑鹿集》을 발간하기 이전 지훈이 직접 정리해 놓은 시집의 초고로서 《청록집》으로 갈무리되지 않는 이십대 청년 조지훈의 고뇌와 번민의 시간을 집약적으로 보여 준다.

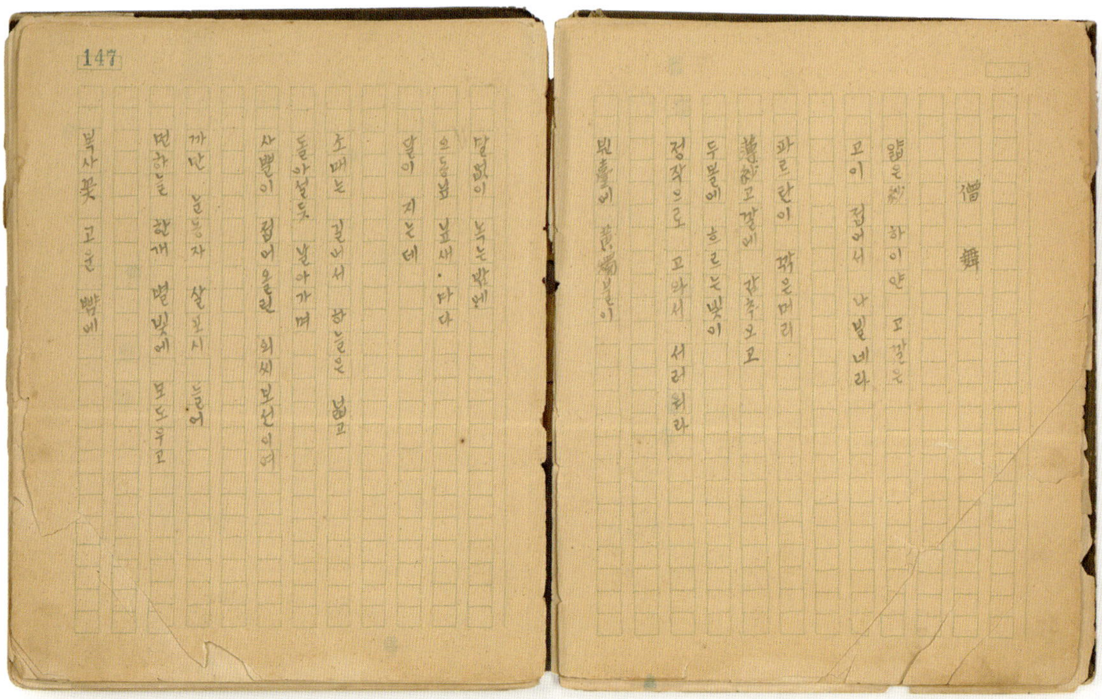

일본 정부에서 이수현 교우에게 수여한 훈장

Decoration Awarded to Lee Soo-hyun by the Japanese Government

2001
종이紙
세로 34.7cm 가로 50.5cm
박물관

일본 내각총리대신이 고故 이수현에게 수여한 〈용기 있는 행위를 칭하는 사辭〉이다. 이수현은 도쿄에서 유학 중이던 2001년 1월 26일 아르바이트를 마치고 귀가하던 중 신오쿠보역 선로에 떨어진 일본인 남성을 발견하고 구조하려고 몸을 던졌다가 열차를 피하지 못하고 숨졌다. 역사적으로 일본과 갈등이 깊은 한국에서 온 이방인이 목숨을 던져 타인을 구하고자 했다는 소식은 일본 사회에 큰 울림과 감동을 주었다. 한일 양국에는 추모 분위기가 형성되었으며 이수현은 양국의 우호 관계를 상징하는 존재가 되었다. 일본 정부는 이수현의 부친에게 감사의 의미를 담아 한국의 훈장에 해당하는 목배木杯를 수여했으며, 〈용기 있는 행위를 칭하는 사〉를 보냈다.

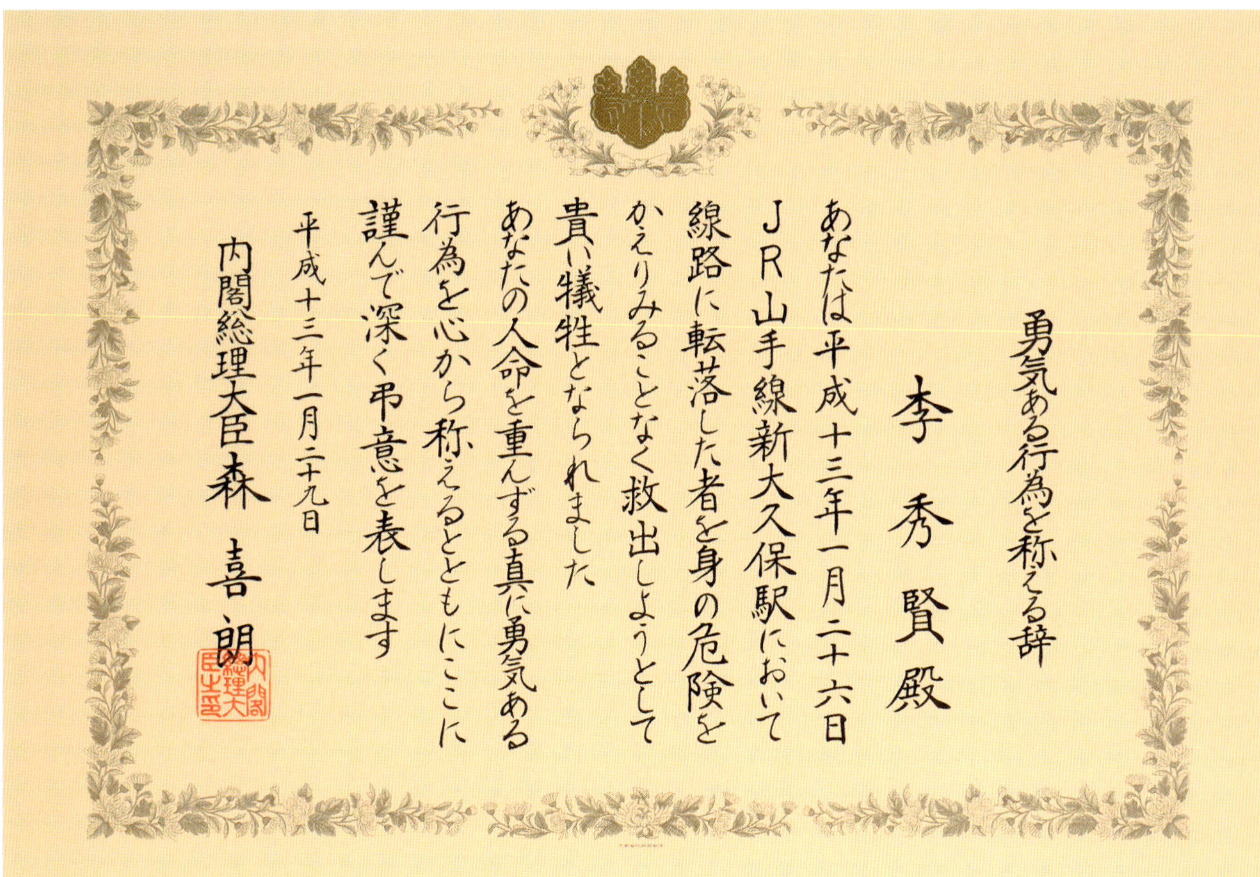
勇気ある行為を称える辞

李 秀賢 殿

あなたは平成十三年一月二十六日
JR山手線新大久保駅において
線路に転落した者を身の危険を
かえりみることなく救出しようとして
貴い犠牲となられました
あなたの人命を重んずる真に勇気ある
行為を心から称えるとともにここに
謹んで深く弔意を表します

平成十三年一月二十九日

内閣総理大臣 森 喜朗

런던올림픽 총감독 이병학의 ID카드와 농구대표팀 안병석의 태극마크

ID Card of Lee Byeong-hak, Head of the Korean Delegation to the 1948 London Olympics, and Taeguk Emblem of Ahn Byeong-seok, Member of the National Basketball Team

1948
종이紙
ID카드: 세로 14cm 가로 19cm
태극마크: 세로 9.5cm 가로 13cm
박물관

해방 이후 맞이한 두 번째 올림픽은 1948년 7월의 런던올림픽이었다. 정부 수립 직전에 개최된 이 대회에는 52명의 선수를 포함해 총 67명의 선수단이 파견되었다. 런던올림픽 선수단에는 보성전문학교 교우들이 다수 포함되었다. 선수단의 총감독이었던 이병학이 보전의 체육교수였을 뿐만 아니라 52명의 출전 선수 가운데 25명의 선수가 보전 졸업생이거나 고려대 재학생이었다. 본교 재학생이었던 농구대표팀의 안병석은 선수단의 기수를 맡았다. 또한 올림픽 시상대에 태극기를 가장 먼저 올린 선수 역시 역도에서 동메달을 획득한 보전 역도부의 김성집(상과 41)이었다.

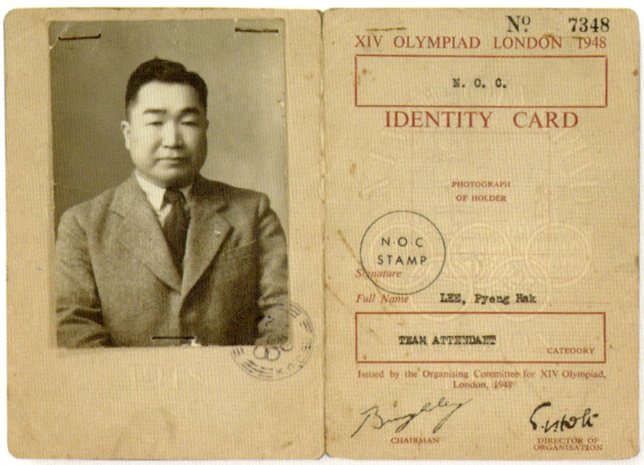

한민홍 교수의 자율주행차 KARV-1호

Professor Han Min-hong's self-driving car KARV-1

1992
금속
세로 1.475m 가로 3.35m
높이 1.705m
박물관

1992년 고려대 산업공학과 한민홍 교수 연구팀은 군용차량인 K111을 활용해 자율주행차량 'KARV-1호'를 완성했다. 'KARV'는 'Korea University Autonomous Road Vehicle'의 약자이며 최고 속도 40km/h로 주행할 수 있는 한국 최초의 자율주행차량으로 평가받고 있다. 당시 본교 운동장을 주행하는 KARV-1호의 모습이 언론을 통해 공개되며 많은 주목을 받은 바 있다.

이호왕 박사의 현미경

Dr. Lee Ho-wang's microscope

1970년대 추정
복합재료
세로 68.3㎝ 가로 45.3㎝
높이 29.8㎝
박물관

의과대학 이호왕 교수가 유행성출혈열 연구에 사용한 형광현미경이다. 이호왕 박사는 1969년부터 유행성출혈열에 대한 연구를 시작해 1976년 한탄강 일대에서 유행성출혈열의 병원체인 한탄바이러스를 최초로 발견했다. 연구대상인 들쥐가 채집된 곳이 한탄강 근처였고, 남북분단이라는 조국의 현실과 통일에 대한 염원을 담고자 병원체의 이름을 '한탄바이러스'로 명명했다. 이호왕의 연구성과에 힘입어 1980년 세계보건기구(WHO) 유행성출혈열 전문가회의에서 이 질병의 학술적 명칭이 신증후출혈열로 결정되었으며, 그가 속한 고려대학교 바이러스병연구소가 이 질병의 국제 연구협력센터로 지정되었다.

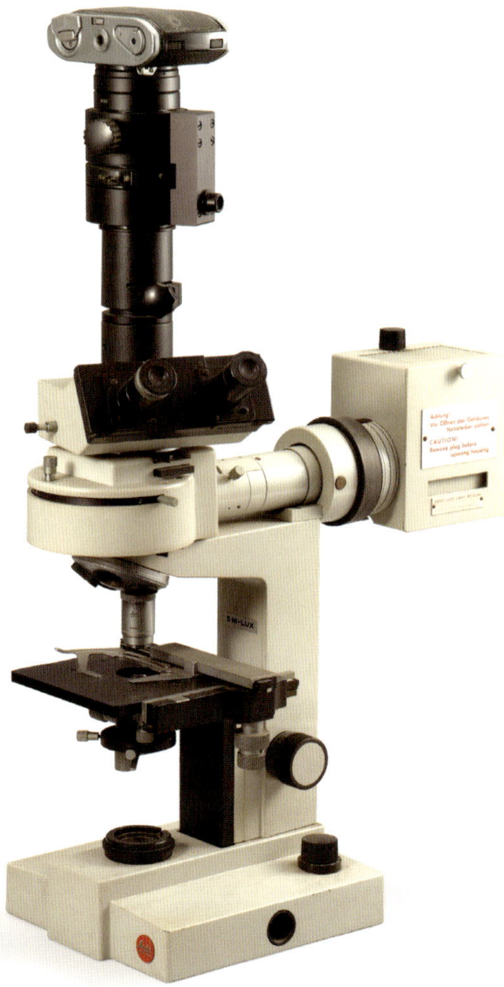

김성수 초상金性洙 肖像

Portrait of Kim Seongsu

김인승金仁承, 1911-2001
1955
캔버스에 유채
세로 76.5cm 가로 57.5cm
박물관

〈김성수 초상〉은 민족운동가로 널리 알려진 인촌仁村의 초상화이다. 김성수는 일제시대에 《동아일보》를 통해 물산장려운동을 펼치는 한편 민립대학 설립운동을 주도하여 보성전문학교를 인수, 해방 후에 고려대학교를 창립하였다. 1951년에는 대한민국 제2대 부통령이 되었으나 이승만李承晩 독재에 반대하여 이듬해 5월 사임하였다. 같은 해 12월 민주국민당 고문이 되었으며, 그 후 야당에서 활약하였다. 교육, 언론, 정치계의 거두인 김성수를 그린 이 초상화는 정치가나 사회운동가로서의 활동적인 모습보다는 교육자와 언론인의 단정하고 내면적인 측면을 부각시킨 그림이다. 어두운 배경을 뒤로하고 강한 눈빛과 굳게 다문 입을 강조함으로써 강인하고 예리한 성격이 드러나게 하였다.

이용익 초상李容翊 肖像

Portrait of Lee Yongik

박득순朴得錞, 1910-1990
1955
캔버스에 유채
세로 78.5cm 가로 58cm
박물관

박득순은 한남 문천에서 출생하여 1938년 일본 다이헤이요太平洋미술학교를 졸업했다. 조선미술전람회에서 2번의 특선을 하고 대한민국미술전람회(약칭 국전) 초대작가, 한국미술협회 초대 이사장(1961), 서울대 미대, 수도사대, 상명사대, 영남대 교수 등을 지냈다. 아카데믹한 구상화가로서 인물화에 능하였다.

〈이용익 초상〉은 보성소학교, 보성중학교, 보성전문학교를 설립하여 인재 양성에 힘썼던 조선 말기 정치가 이용익李容翊, 1854-1907을 그린 초상화이다. 이용익은 1905년 을사늑약의 파기를 호소하는 고종의 밀서를 가지고 프랑스로 향하던 중 발각되었고, 그 후 해외를 유랑하며 구국운동을 전개하다가 블라디보스토크에서 사망하였다. 서양식 예복을 갖추어 입은 모습이다.

손병희 초상孫秉熙 肖像

Portrait of Son Byeong-hui

박득순朴得錞, 1910-1990
1955
캔버스에 유채
세로 78cm 가로 57.5cm
박물관

〈손병희 초상〉은 동학과 천도교의 지도자이며 3·1운동 때 천도교 대표로 참가했던 손병희孫秉熙, 1861-1922의 초상화이다. 그는 민족혼을 깨우기 위해서 교육사업에도 힘써 재정이 어려운 민립 학교에 정기적, 일시적 보조를 함으로써 학교 폐쇄를 면하게 하였고 재정 문제로 폐교의 위기에 처했던 보성학원을 인수, 경영하였다. 이마와 눈가의 세세한 주름과 치밀한 수염 묘사, 거구의 몸을 감싼 두루마기의 자연스러운 주름 표현 등 한 시기를 풍미했던 거인의 풍모가 탁월한 기량으로 표출되었다.

논고

기증을 통해 본 고려대학교도서관 장서 개발의 역사

고려대학교도서관 한민섭

고려대학교박물관 자료 수집의 역사와 의의

고려대학교박물관 안소정

기증을 통해 본 고려대학교도서관 장서 개발의 역사

고려대학교도서관 한민섭

1 서론

고려대학교도서관은 그 역사가 120년에 달하며, 이는 대한민국 학문 발전과 밀접히 연관되어 있다. 고려대학교의 전신인 보성전문학교의 개교와 함께 시작된 도서관은 초기에는 단독 건물이 아닌 건물의 일부를 차지한 도서실로 출발했으나, 그 학술적 중요성과 역할은 결코 작지 않았다. 특히, 도서관의 학술 역량은 다양한 방식으로 장서를 확충하고 이를 체계적으로 관리한 데에 기인한다.

도서관 장서의 확충은 단순히 자료를 수집하는 차원을 넘어, 학문적 발전과 연구 기반 조성을 위한 핵심 과제로 여겨져 왔다. 이러한 과정에서 기증은 장서 개발의 중요한 축으로 기능해 왔다. 기증은 단순히 장서를 늘리는 데에 그치지 않고, 기증자의 학문적 성과와 가치 있는 자료를 보존하며 후대에 전승하는 역할을 했다. 또한, 기증 문화를 통해 고려대학교와 사회 간의 학문적 연대를 공고히 하였다는 점에서 그 의미는 더욱 크다.

여기에서는 고려대학교도서관의 장서 기증의 역사에 대해 살펴보고자 한다. 기증을 중심으로 한 도서관 장서 개발 과정과 그 역사적 의미를 조명함으로써, 학문 발전을 위한 도서관의 역할과 가치를 분석하고자 한다. 이를 통해 기증이 단순한 물적 기여를 넘어, 학문적 유산을 형성하는 데에 기여한 점을 명확히 하고자 한다.

2 구입, 필사, 기증을 통한 도서관의 장서 개발

보성전문학교 도서관의 장서 개발 초기에는 주로 도서를 구입하는 방법이 사용되었다. 현재도 남아 있는 보성전문학교 도서관의 《도서수입원부圖書受入原簿》(청구기호: 귀중 015.53 1934. 이하 '청구기호' 표시 삭제)를 보면 등록번호와 저자명, 서명, 분류기호, 수입연원일뿐 아니라 구입처와 가격도 적혀 있어, 당시 단행본 구입이 어떻게 되었는지를 확인할 수 있다.

그러나 한적漢籍 등 고서古書 구입은 시장이 활성화되지 않았을 뿐 아니라, 고서가 시장에 나온다고 하더라도 이를 구입하는 학자와 외국인 수집가들도 많이 있어 구입에 어려움이 있었다. 일제강점기 시절 자료 수집에 관심이 많았던, 숭실대학교 기독교박물관장을 지낸 김양선金良善, 1907-1970 목사의 증언을 통해서도 그 단면을 확인할 수 있다.

그와는 반대로 가톨릭 관계의 사료는 서울이 중심이 되어 있었는데 그것들은 주로 고서점古書店이나 중개인을 통하여 구입하였다. 돈만 있으면 매우 자유롭게 편리하게 얻을 수 있었다. 그 대신 경쟁자가 많았다. 경성제대京城帝大 교수들을 위시하여 사학史學을 전공하는 일인학자日人學者와 한국인 학자들이 서로 경쟁해 가면서 사료수집에 열중하고 있었기 때문이었다. 야마구찌山口正之, 오다少田省吾, 이인영李仁榮, 김태준金泰俊, 이병도李丙燾, 황의돈黃義敦, 최남선崔南善과 같은 사학가들은 모두 나의 호적수好敵手가 되어 있었다. 천주교天主教 관계 실학實學 관계의 서적들은 주로 군서당群書堂 최○기崔○基 씨가 취급했는데, 평양平壤에서 한 달에 한 번 정도 서울에 올라올 수 있었던 나로서는 도저히 저들을 당해 낼 수 없었다. 그래서 나는 부득이 군서당 주인에게 엇값을 내야만 되게 되었다. 다른 사람이 일백 원을 내면 나는 일백오십 원 혹은 이백 원을 내야만 그는 어떤 특수자료特殊資料를 보름 혹은 한달동안 나를 위하여 기다려 주었다.[1]

당시 김양선 목사는 평양에 살고 있었기 때문에 서울에 있는 자료를 바로 접하기 어려웠을 뿐 아니라, 자료를 수집하던 학자들도 많이 있어 경쟁의 어려움을 겪고 있던 상황이었다. 이에 김양선 목사는 중개인에게 미리 돈을 맡기고 더 비싸게 자료를 구입하는 방법을 택하였던 것이다.

개인 수집가라면 꼭 필요한 자료가 있을 때 더 비싸게 자료를 구입할 수 있을 것이지만, 한정된 예산으로 도서를 구입하는 기관으로서는 고서 구입에 한계가 있는 것이 사실이다. 이러한 어려움으로 보성전문학교 도서관에서 고서를 확충했던 방안으로 활용했던 것이 바로 필사筆寫였다. 구하기 어렵고 기증받을 수도 없는 서적을 소장가로부터 일정 기간 대여하여 도서관에서 손수 필사하여 장서에 추가하는 방법으로, 그 시대의 제한된 출판물 자원과 시장 상황을 고려했을 때 매우 유용한 방법이었다. 그 대표적인 예가 유득공柳得恭의 《고운당필기古芸堂筆記》와 서유구徐有榘의 《임원경제지林園經濟志》이다.

보성전문학교 도서관에서 필사한 《고운당필기古芸堂筆記》는 권1-2 부분으로 《청분실서목淸芬室書目》의 저자인 이인영李仁榮, 1911-? 선생 소장본을 빌려와 필사한 것이다. 이인영 선생이 소장했던 그 《고운당필기》는 전하지 않아 현재 이 필사본이 유일본으로 남게 되었다. 보성전문학교 도서관에서 《고운당필기》를 필사할 때 같은 작업을 했던 책으로 《계서잡록溪西雜錄》(C12 A27), 《파수록破睡錄》(C12 A29), 《촌담해이村談解頤》(C12 A30), 《추재기이秋齋記異》(C12 A31) 등이 있다. 이 책들은 필사 용지와 표지 용지, 그리고 책을 묶을 때 사용한 실이 동일하며, 필체도 비슷하다.

한편, 1939년 4월 20일자 《동아일보》 기사에 따르면 1938년에 경성제국대학교 도서관에서 서유구 자손 집에서 《임원경제지林園經濟志》 수사본手寫本 한 벌을 빌려와 등초하였고, 1939년에 보성전문학교 도서관에서 원본 그대로 등초하였다. 《임원경제지》는 모든 분야를 집대성한 백과전서식 유서類書로 자료적 가치가 상당하기에, 53책이나 되는 거질임에도 경성제국대학교 도서관과 보성전문학교 도서관에서 모두 필사하는 수고를 마다하지 않은 것이다. 특히 신문기사와 같이 보성전문학교 도서관은 원본 그대로 필사하여 '자연경실장自然經室藏'이 적힌 인찰공책지 모양까지 똑같이 필사한 특징이 있다. 경성제국대학교 도서관 필사본은 인찰공책지 모양까지 필사하지 않았고, 필사자들의 실수로 오자도 곳곳에 보이는 흠이 있다. 보성전문학교 도서관 필사본은 원본 모양 똑같이 하였고 오자도 없다. 현재 이 필사본들의 저본인 서유구 자손 집에 보관되었던 최종 완성본 《임원경제지》는 전하지 않기에, 보성전문학교 도서관 필사본이 선본으로 중요성을 인정받고 있다. 그리고 《임원경제지》를 필사할 때 사용한 종이와 끈 등 똑같은 재질을 보이

---

1 김양선, 〈受難과 榮光의 遺物을 찾아〉, 《신동아》, 1968년 6월: 313-314쪽.

는 필사본으로는 《청구야담靑邱野談》(C12 A25), 《몽유야담夢遊野談》(C12 A26) 등이 있다. 이렇게 필사된 도서는 특별한 가치를 지니고 있고, 보성전문학교 도서관의 독특한 자원으로 남게 되었다. 이와 같은 방식은 도서관이 발전하는 동안 학문적 자료의 부족을 해결할 수 있는 중요한 방법으로 자리잡았다.

그러나 자료의 부족을 필사로만 해결하기에는 많은 어려움이 있었다. 이 필사는 작업 기간도 오래 걸리는 등 지난한 과정이 동반되기 때문이다. 고서는 구입하기도 어렵고 필사 작업도 힘들기에, 더 손쉽게 자료를 확충할 수 있는 방법은 기증을 통한 것이었다.

1933년 1월 2일자 《동아일보》에서는 보성전문학교가 새로운 교사校舍를 건축한다는 소식과 함께 당시 교장인 인촌 김성수仁村 金性洙, 1891-1955 선생의 인터뷰를 게재하였으니, 다음과 같다.

> **이에 대하야 당교 교장 김성수金性洙씨는 다음과 가티 말하얏다. 정신교육精神教育을 시키는 곳이라 특별한 시설보다도 금년부터는 서책을 만히 모아서 교수들에게 만족한 교수를 하도록 할 터입니다. 이것이 예정대로 진섭하면 보전에 새로운 도서실이 생길 것입니다. 이 계획에는 학교당국의 예산으로 실현될 것도 잇습니다마는 구서적舊書籍 가튼 것은 교당국의 힘을 가지고도 모으기가 어려울 것이니까 우리학교의 계획을 성원하는 장서가藏書家 제씨가 특별히 긔증해주엇으면 조켓습니다. 그러고 교사문제는 목하 제일 긴급한 문제이올시다. 지금가튼 교사를 가지고는 교내의 시설을 할 수 업스니까 금년에는 교사를 건축할가합니다. 이 교사건축은 우리학교의 제반계획의 긔본이 되는 것이라 교사가 신축이 되면 도서실 문제 기타 대소현안이 자연히 해결될 것이올시다.**

김성수 선생은 학교의 도서실 확충과 이를 위한 구서적舊書籍 기증 운동의 필요성을 강조하며, 학문적 풍토 조성과 교육 인프라 개선에 대한 의지를 나타냈다. 바로 양질의 도서 확보를 통한 교육의 질적 향상을 목표로 삼은 것으로, 단순한 시설 확충이 아닌 학문적 자립과 구성원의 지적 성장에 대한 바람을 담은 것이다. 김성수 선생은 도서, 특히 고서 확충을 위해 장서가藏書家들의 적극적인 기증 참여를 요청했다. 고서의 구입은 학교 당국의 예산과 의지만으로는 가능하지 않다는 현실을 인정하며, 장서가들의 기증을 호소한 것이다. 이러한 요청은 민간의 참여와 연대를 통해 한국 교육의 미래를 함께 건설하자는 의미를 내포하는 것이다. 이렇게 기증을 통해 확보한 도서에는 귀중한 자료가 많아, 학생들과 교수진의 학문 연구에 중요 자산이 되었다. 또한 김성수 선생 본인도 자신의 장서를 도서관에 기증하였다.

1934년 5월에 간행된 《보전교우회보普專校友會報》 제2호(귀 378.005 보전교 2)에서는 학교의 동정을 전하며 도서 기증 소식도 함께 전하고 있다. 그 내용은 보성전문 강사 윤정하尹定夏 선생이 한적漢籍 222책, 일서日書 158책, 양서洋書 27 책 등 총 407책, 보성전문 법과 제11회 졸업생으로 동아일보에 재직 중인 최형종崔衡鍾 선생이 한적 1,563책, 보성전문 강사인 안호상安浩相 선생이 한적 257책, 경성제대 오다카 도모오尾高朝雄 교수가 독문獨文 16책을 기증하였다는 것이다.[2] 이와 함께, 기증 도서 목록을 공개하며 도서 기증에 대한 대중의 관심과 참여를 독려하는 호소문도 실었다.

---

2 윤정하 선생과 최형종 선생의 기증 소식은 《동아일보》 1934년 3월 9일자 2면 기사에도 실려 있다.

방금方今 안암리安岩里 신교정新校庭에 모교母校 도서관圖書館 신축공사新築工事가 진행 중進行中에 잇습니다. 일년 내一年內에 이는 준공竣工될 것입니다. 그 다음 일은 이 도서관圖書館을 귀貴한 서적書籍으로 채우는 것입니다. 여러분께서는 이상以上 제씨諸氏의 본을 받어 모교母校 도서관圖書館을 위하야 좋은 서적書籍을 기증寄贈하지 않으시렵니까? 「조선朝鮮의 최고最高 학부學府는 충실充實한 도서관圖書館부터」라는 말을 잊지 말어 주십시오!

이 호소문에는 도서관 신축과 도서관에 양질의 서적을 채우려는 학교 당국의 비전이 제시되었다. "조선의 최고 학부는 충실한 도서관부터"라는 구호로 도서관이 학문의 중심지로서 갖는 중요성을 강조하며, 학내외 구성원들에게 기증 참여를 요청한 것이다.

이상과 같이 보성전문학교의 도서 기증 운동은 단순히 도서관을 확충하는 데 그치지 않고, 민간의 참여와 연대를 통해 한국 교육의 자립 기반을 다지는 중요한 역할을 하였다.

3 도서 기증의 역사

이제 보성전문학교부터 고려대학교에 이르기까지 기증된 도서 중 특징적인 면을 보이는 기증 문고를 중심으로 도서 기증의 역사에 대해 알아보겠다. 기증 역사의 순서는 기증 시기 순으로 서술한다.

1) 윤정하 장서

앞서 보았듯이 《보전교우회보普專校友會》 제2호에서는 당시 보성전문 강사 윤정하와 동아일보에 재직 중인 최형종의 기증 소식을 전하고 있다. 한적漢籍의 수량만으로 보면 최형종崔衡鍾, 1902-1994의 기증 도서가 월등하다. 게다가 현재 고려대학교도서관에서 기증 도서 중 개인 문고를 설치하는 기준이 1천 책 이상이므로, 최형종의 기증 도서는 현재라면 '최형종 문고'로 별치別置할 수 있는 수준이다. 그러다 당시 보성전문학교 도서관은 도서를 수집하고 확충하는 단계이기 때문에 별치라는 것을 고려하지 않았다. 최형종의 기증본에는 주로 중국 명明나라와 청淸나라에서 간행된 목판본이 많아 연구자들에게 도움이 되는 고서가 많다. 그러나 질적인 면과 중요도를 고려하면 윤정하의 기증본을 우선적으로 검토해야 한다.

윤정하尹定夏, 1879-1951는 본관이 해남海南, 자가 응중應中, 호가 두산斗山이다. 일본 유학 후 농상공부農商工部 위원을 지냈고 보성전문학교 강사, 연희전문학교 강사를 지냈고 계리사計理士로 일했으며, 《조선세무요람朝鮮稅務要覽》을 저술하였다. 윤정하가 보성전문학교에 재직한 인연이 있어서, 보성전문학교 도서관에서 도서 기증운동을 전개하자 본인의 장서를 기증한 것으로 보인다. 윤정하는 앞서 1930년 6월에도 상업·법률·경제·지리·역사 기타 잡서적雜書籍 230책을 보성전문학교에 기증하였다고 자신의 연보인 《모산약사毛山略史》(대학원 B8 A463)에 기록하였는데, 1934년에는 한적 등 귀중서를 기증하여 보성전문학교 도서관의 질적인 성장을 가져왔다.

윤정하의 기증본 중 《아방강역고我邦疆域考》(貴 425)는 윤정하의 장서 역사를 살필 수 있는 도서이다. 《아방강역고》에는 여러 개의 장서인이 찍혀 있는데, 방산舫山, 윤정기인尹廷琦印, 경금도인經琴道人, 일사一史, 윤주찬장尹柱瓚章, 윤정하인尹定夏印 등이 그것이다. 윤주찬尹柱瓚, 1858-1917은 윤정하의 부친으로 자字가 사규士圭, 호號가 일사一史, 一簑이며, 주사主事를 지냈고 정3품 통정대부까지 오른 인물이다. 을사늑약 시 을사오적을 암살하려는 모의를 하다 발각되어 진도와 제주도로 유배되었다가 1907년에 특별 사면된 일이 있다. 그리고 주목할 점이 방산 윤정기舫山 尹廷琦, 1814-1879이다. 윤정기는 바로 다산 정약용茶山 丁若鏞, 1762-1864의 외손으로 정약용의 유지를 받들어 《시경강의속집詩經講義續集》 등 다산 연구를 계승한 여러 저술을 남긴 인물이다.

윤정기의 장서인이 찍힌 다산 정약용의 저작을 윤주찬, 윤정하가 이어받았다는 점에서 윤주찬과 윤정하의 가계도를 살펴볼 필요가 있다. 윤정하의 증조부이자 윤주찬의 조부가 윤종억尹鍾億, 1788-1837이며, 윤종억의 조부는 윤단尹慱, 1744-1821이다. 윤단은 바로 다산초당茶山草堂의 원 주인이었다. 다산 정약용이 강진 유배 시절 윤단의 별장인 다산서옥茶山書屋을 찾았다가 그곳의 정경이 마음에 꼭 들어, 그곳에서 지내고 싶다는 뜻을 내비쳤고,[3] 별장 주인인 윤단의 허락을 받아 그곳에서 지내게 되었다. 다산은 다산초당에서 지내며 학문에 집중할 수 있었고, 《목민심서牧民心書》, 《논어고금주論語古今註》, 《맹자요의孟子要義》, 《주역사전周易四箋》 등의 걸작들을 저술하였다.

윤단은 다산에게 아들 윤규로尹奎魯와, 윤종억 등 여러 손자들의 가르침을 맡겼는데, 특히 윤종억은 다산 유배 시절 강진의 다산학단 18제자 중 한 명으로 성장하였다. 이러한 연유로 윤주찬과 윤정하는 다산 정약용 관련 귀중서들을 물려받을 수 있게 된 것이다. 윤정하는 정약용의 매조梅鳥 그림을 소유하여 이를 1930년 '고서화진장품전古書畵珍藏品展'에 출품한 적도 있었던 만큼,[4] 그의 집안은 정약용 책뿐만 아니라 그림도 많이 물려받았던 것으로 보인다. 그리고 1935년 7월 16일에는 '정다산백년제추모강연회丁茶山百年祭追慕講演會'에 참석했음을 윤정하 자신의 연보에 기록하여, 다산 정약용과의 특별한 인연이 있음을 밝히고 있다.

그중 특히 귀중한 도서를 꼽아 보면 《아방강역고》, 《유산필기酉山筆記》(貴 164), 《자산어보兹山魚譜》(대학원 C7 A1) 등이 있다. 《유산필기酉山筆記》는 정약용의 아들인 유산 정학연酉山 丁學淵, 1783-1859의 저술로 우리나라 단군조선부터 국명·지명·제도·풍속·인명 등을 백과사전식으로 정리한 고증적 성격을 띤 유서이다. 이 《유산필기》는 필사본이자 현재 유일본으로 전하고 있다. 《자산어보》에는 '윤정하인尹定夏印', '일사一史', '윤주찬인尹柱瓚印' 등의 장서인을 확인할 수 있다. 《자산어보》는 현재 원본은 없고 사본으로만 국내외에 12종 전하고 있는데, 이 윤정하 기증 《자산어보》가 오탈자와 누락된 내용이 없는 원본에 가장 가까운 사본이다. 이러한 귀중서들을 고려대학교 도서관이 소장하게 된 이유가 바로 윤정하 가문의 내력 덕분이다.

2) 묵용실 장서

보성전문학교 도서관 초기의 기증 도서 중 주목할 것으로 묵용실黙容室 장서가 있다. 1937년 12월 15일자 《동아일보》 2면 기사는 "보성전문학교普成專門學校의 부속도서관附屬圖書館에서는 큰 건물에 비하야 내용이 그다지 충실치 못함을 염려하든 중 과연 사회의 동정이 집중되어 각지 유지로부터 서적이며 참고품의 기증이 뒤를 이어 답지한다는데"라는 문장을 시작으로 보성전문학교 도서관 도서 기증 소식을 전하고 있다. 1937년은 바로 보성전문학교 개교 30주년 기념 도서관(현재의 고려대학교 중앙도서관)이 준공되어 개관한 해로, 한국 대학 최초의 도서관 전용 건물로 지어진 도서관에 자료의 확충이 더 절실한 때였다. 개교 30주년 기념 도서관 건립 전부터 지속적으로 이어진 도서 기증 운동의 전개로 전국 각지의 유지들로부터 도서 기증을 받을 수 있었으니,

---

3 丁若鏞, 《與猶堂全書》 詩集 卷五: "삼월 십육일 윤문거【규로】의 다산 서옥에서 놀았는데 공윤도 병을 치료하며 거기에 있었다. 그리저리 하다보니 드디어 열흘이 넘게 그곳에서 묵고 있었고 갈수록 점점 이렇게 일생을 마쳤으면 하는 생각이 들었다. 그리하여 이 두 수를 읊어 공윤에게 보였던 것이다(三月十六日, 游尹文學【奎魯】茶山書屋, 公潤調息在此. 因仍信宿, 遂踰旬日, 漸有終焉之志, 聊述二篇示公潤.)."

4 《동아일보》, 1930년 10월 19일, 4면 기사.

경성의 최상희崔相喜, 대구의 김재선金在善, 곡성의 정해태丁海泰, 개성의 진호섭秦豪燮, 목포의 김철진金哲鎭, 경성의 홍택주洪宅柱, 담양의 기로상奇老祥, 부산의 최세철崔世哲, 동래의 김병규金秉圭 등이 이때 귀중서 등 고서를 기증한 인물들이다.

이 중 곡성의 정해태가 기증한 도서가 묵용실 장서이다. 묵용실은 전남 곡성에서 세거해 온 나주 정씨羅州 丁氏 집안의 율헌 정일우栗軒 丁日宇가 만든 서재로, 그의 아들 정순태丁舜泰, 정해태, 정봉태丁鳳泰 형제 등이 물려받은 것이다. 묵용실 장서에는 묵용실 관련 다양한 장서인이 찍혀 있는데, 그중 가장 화려하면서 묵용실 소유주에 대한 정보를 알려 주는 장서인이 있다.

> **묵용실장, 주인 정일우, 자 영숙 호 율헌. 조선 전라남도 곡성군 읍내리 관동 411번지. 아들 순태, 해태, 봉태, 연태, 하태, 손자 내길, 내성, 내동, 내명, 내인, 내선, 내범, 내목이 영세토록 공동으로 잘 지키고 팔지 말 것.**
> **默容室藏, 主人丁日宇, 字永叔號栗軒. 朝鮮全羅南道谷城郡邑內里舘洞四壹壹番地. 子舜泰海泰鳳泰淵泰河泰, 孫來吉來聖來東來明來仁來善來範來睦, 永世共守不賣.**

기와집 그림과 함께 글씨가 있는 장서인인데, 묵용실 주인의 이름 및 자字와 호號, 주소까지 상세한 내용을 담고 있다. 또한 다섯 아들과 손자의 이름 및 이 자손들에게 하는 당부까지 담고 있으니, 묵용실 장서를 잘 지키고 팔지 말라는 내용이다. 그러나 묵용실 장서는 대대로 이어지지 않고 보성전문학교를 포함한 여러 곳에 기증되어 있다. 이는 묵용실 주인인 정일우의 유지이기도 하다.

묵용실 장서 특징의 하나로 표지에 묵용실 주인 정일우가 셋째 아들 정봉태에게 받아 적도록 한 정일우의 유지인 〈시제자손示諸子孫〉이라는 글과 그의 명을 받아 유지를 행하는 아들과 손자의 글이 인쇄되어 종이가 붙어 있다. 이 〈시제자손〉에는 묵용실의 역사도 살필 수 있으니, 그 글을 보면 다음과 같다.

> **자손들에게 보인다. 내가 거처하는 묵용재默容齋에 보관된 만 권의 서적들은, 나의 선조인 관재觀齋 휘諱 우성佑星, 장동墻東 휘 창덕昌德, 희암希庵 휘 대채大采, 운곡雲谷 휘 지묵志默, 죽은竹隱 휘 임도任度, 은동隱東 휘 용두容斗 제군諸公으로부터 비롯하여, 나에 이르기까지 일곱 대 동안 고되게 노력하며 모은 것이다. 옛사람들은 '책 천 권을 가진 즐거움은 제후로 봉해지는 즐거움 못지않다'고 하였으니, 하물며 그 수가 천을 넘는다면 얼마나 더하겠는가! 대대로 후손들은 이를 잘 보존하여 무궁히 전수한다면 이보다 더한 번영은 없을 것이다. 주부자朱夫子는 '세상 만사가 잠시 사이에 변하고 사라지니, 어찌 우리 집의 일시적인 무사함을 믿을 수 있겠는가!'라고 말하였다. 내가 보기에 남이 책을 보관하는 경우, 벌레나 쥐에게 훼손되지 않으면 반드시 재난이나 도둑으로 인해 피해를 입고, 결국에는 날마다 밥 세 끼만 축내는 무리가 모두 탕진해 버리는 일이 많으니, 어찌 한심하지 않은가! 내가 바라는 바는, 그러한 불행에 맡기느니 차라리 세상에 책 읽기를 좋아하는 이들과 함께하는 것이 더 낫다. 이는 비단 나 개인의 뜻만이 아니라, 또한 나의 조상들께서 평소 후손들에게 남긴 가르침과도 같은 것이다. 너희들이 나의 말을 성실히 따르고, 기회를 타서 잘 처리하여, 훗날 식견 있는 이들의 비난을 받지 않도록 하여 내 사후의 바람을 위로해 주기 바란다.**
> **계해년癸亥年, 1923 4월 17일 아침. 병든 부친 율헌栗軒이 둘째 아들 봉태鳳泰에게 입으로 전하여 기록하게 하다.**

示諸子孫. 吾所居默容齋所藏萬卷書史, 自吾先祖考, 觀齋諱佑星, 墻東諱昌德, 希庵諱大采, 雲谷諱志默, 竹隱諱任度, 隱東諱容斗, 諸公以來, 至于我七世, 辛勤所儲. 古人謂擁書千卷, 其樂不下於封侯, 而況踰於千數乎! 世世子姓, 善爲守保, 傳諸無窮, 盛莫盛焉. 朱夫子曰, 世間萬事, 須臾變滅, 豈可恃吾家一時之無事也! 吾見人之藏書若干, 不爲虫鼠毁傷, 則必爲灾盜所孽, 終爲三食之輩蕩盡, 豈不寒心哉! 吾之所願, 與其任諸彼之不幸, 不若公於世間好讀書種子, 此不惟吾一己之志, 亦吾祖宗平日遺誡子孫之心也. 若輩寔遵吾言, 乘機善處, 毋貽他日有識者之唾罵, 以慰吾泉下之望也. 歲在癸亥四月十七日朝. 病父栗軒口授仲子鳳泰以書.

정일우는 묵용실 장서가 7대에 걸쳐 힘들게 모은 만 권의 장서라는 점을, 선조들의 호와 이름을 언급하며 강조했다. 이렇게 힘들게 노력하며 모은 장서에 대해 후손들이 무궁히 전수한다면 큰 영광이겠으나, 세상만사가 잠깐 사이에 변하고 사라지니 이 만 권의 장서도 무사히 전해질 수도 없을 것이라는 생각을 했다. 이에 책이 훼손되거나 도난을 당하거나 자손들이 탕진해 버릴 수도 있으니, 그렇게 되는 불행보다는 세상의 책 읽기를 좋아하는 이들과 함께하는 것이 더 낫다는 뜻을 전하며, 책의 가치를 알아볼 수 있는 이들에게 책을 볼 수 있도록 하는 것이 좋다는 뜻을 전하였다. 바로 책을 잘 볼 수 있는 곳에 기증하겠다는 뜻을 남긴 것이다. 이러한 정일우의 유지에 대해 아들과 손자들은 다음과 같이 답했다.

삼가 아뢰옵니다. 지금 약간의 서적들을 삼가 우리 부친이자 조부께서 남기신 유지를 받들어 여기에 공경히 드리나이다. 삼가 바라옵건대, 여러 분께서 이를 잘 보존하고 무궁히 전하도록 해주시길 간청하나이다. 이는 참으로 저희들의 간절한 바람일 뿐입니다. 이만 줄입니다. 무진년戊辰年[1928] **4월 17일, 전라남도 곡성군 읍내리 관동 묵용실에서, 명을 받아 기증하는 사람 정해태**丁海泰**, 하태**河泰**, 내길**來吉**, 내동**來東**, 내선**來善 **아뢺.**

伏白今也書史若干, 謹因於我(先考 祖考)遺示, 玆以仰納, 伏願僉位善爲守保, 傳之無窮, 實是僕輩之切望者耳, 不宣. 戊辰四月十七日, 全南谷城郡邑內里舘洞默容室. 受命寄贈生. 丁海泰, 河泰, 來吉, 來東, 來善 拜白.

정일우의 둘째 아들 정해태 등이 묵용실 주인의 뜻을 받들어 기증하니 잘 보존하고 무궁히 전할 수 있도록 바란다는 내용의 글과 함께 묵용실 장서를 기증한 것이다. 정일우는 1923년에 기증하라는 뜻을 말하였고, 정해태는 1928년에 기증하는 곳에서 잘 보존해 달라는 뜻의 글을 적었는데, 기록상 첫 번째 기증은 1932년에 있었다.

1932년에 9월 29일 《동아일보》는 연세대학교 전신인 연희전문학교에 묵용실 장서 약 1만 권(728종 9,458책)을 기증하였다는 사실을 전하고 있다.[5] 그 후 1937년에 보성전문학교에 기증을 한 것이다. 묵용실 장서는 보성전문학교 도서관 시절 둘째 아들 정해태가 기증한 이후, 셋째 아들 정봉태가 고려대학교로 교명을 변경한 1946년 이후 고려대학교도서관에 또 한 차례 기증한 것으로 보인다. 현재 고려대학교도서관 소장 묵용실 장서에는 기증자 정해태의 이름으로 된 책에는 보성전문학교 도서관 장서인이, 기증자 정봉태의 이름으로 된 책에는 고려대학교도서관 장서인이 찍혀 있기 때문이다. 그러나 1937년 당시 보성전문학교 도서관과 이후 고려대학교도서관에 어느 정도 규모로 기증이 되었는지는 파악할 수 없다. 고려대학교도서관은 한국전쟁 중 전쟁의 피해로

5 《동아일보》, 1932년 9월 29일, 2면 기사.

도서 원부가 사라졌고, 한국전쟁 후 도서관 서고에 남아 있는 책을 기준으로 도서 원부를 재정리했기 때문에 보성전문학교 도서관 시절과 1946년 이후부터 한국전쟁까지 도서관의 자세한 사정은 파악할 수 없기 때문이다.[6]

묵용실 장서는 오로지 서고 내 도서에 대한 전체 검서를 통해 묵용실 장서인이 날인된 장서를 찾아 확인할 수밖에 없다. 묵용실 장서는 앞서 언급했듯이 〈시제자손示諸子孫〉 인쇄용지가 붙어 있고, 간혹 〈시제자손〉 인쇄용지가 없더라도 묵용실 장서인을 통해 어렵지 않게 찾을 수 있다. 묵용실 장서에는 묵용실 장서임을 나타내는 다양한 장서인뿐 아니라 '금성정씨우거곡성진장錦城丁氏寓居谷城珍藏' 글씨가 적혀 있기도 하다. 또한 표지 안쪽 면에 '금성정씨곡성우거파보錦城丁氏谷城寓居波譜'라 적고 가계도를 그려 넣은 책들도 많은 특징이 있다. 집안 내력을 자세히 적어서, 기증된 도서라도 묵용실 장서와 그 집안을 계속 알리고자 하는 노력으로 보인다.

묵용실 장서인은 매우 다양하게 있는데, '丁日宇, 黙容室藏書印.'(정일우, 묵용실 장서인.), '丁日宇, 吾子孫永世勿失.'(우리 자손들은 영세토록 잃어버리지 말거라.) 등 간단한 것부터, '治生讀書闕一不可, 栗軒'(생업을 다스리는 것과 독서는 하나라도 빠뜨려서는 안 된다. 율헌), '世世子孫, 善繼善述, 作書生門戶, 丁栗軒'(자손 대대로 잘 이어 나가 서생문호가 되거라. 정율헌) 등 정일우의 후손에 대한 가르침을 새긴 장서인도 있다. 또한 후손이 이어받아 찍은, '全南谷城郡谷城面邑內館洞四壹壹番地, 學說書屋丁來範, 商伯建庵藏書印. 必傳讀書種子.'(전남 곡성군 곡성면 읍내 관동 411번지. 학설서옥 정내범, 상백 건암 장서인. 반드시 독서하는 이에게 전할 것.)과 같은 장서인도 보인다.

묵용실 장서의 특징 중 하나는 구입 경로를 확인할 수 있는 기록이 많이 보인다는 점인데, 이 구입 경로는 정일우의 셋째 아들 정봉태가 주로 적었다. 《주자서절요朱子書節要》(묵용실 D6 A7A) 내지 첫면에는 '光武九年四月, 仲兄謹受庭訓, 以買于漢陽書肆中.'(광무 9년[1905] 4월, 중형[정해태]이 삼가 아버님의 지시를 받아 한양의 책방에서 구입하다.)라는 기록이 있어, 그 시기와 구입 장소를 파악할 수 있다. 《구양문충공전집朱子書節要》(대학원 D1 B11A)에는 다음과 같은 기록이 있다.

> **을묘년乙卯年, 1915 가을, 백형 순태舜泰와 중형 해태海泰가 연태淵泰·하태河泰·내길來吉·내성來聖·내동來東을 데리고 멀리 서북간도西北間島·남북만주南北滿洲·대련大連·청도靑島·제남濟南·곡부曲阜·공림孔林·북경北京·천진天津·위해위威海衛·상해上海·남경南京·소주蘇州·항주杭州·한구漢口·무창武昌·복건福建·무이武夷·광동廣東·홍콩 등을 다녀올 때 구입한 것으로, 병든 부친께서 손수 열람하셨다. 불초자 봉태鳳泰 삼가 적는다.**
>
> **乙卯秋, 伯兄舜泰·仲兄海泰, 率淵泰·河泰·來吉·來聖·來東, 遠遊西北間島·南北滿洲·大連·靑島·濟南·曲阜·孔林·北京·天津·威海衛·上海·南京·蘇州·杭州·漢口·武昌·福建·武夷·廣東·香港時購來, 病親手閱. 不肖鳳泰謹拜志.**

앞서 묵용실 주인 정일우가 힘들게 도서를 모았다고 하였는데, 이들 집안은 자료 구입을 위해 중국을 많이 다녔던 것으로 보인다. 《동기창귀거래사董其昌歸去來辭》(묵용실 C13 B13)에는 '丁卯二月十日, 來吉·來東北學於中國北京送來. 戊辰人日, 潛遯父鳳泰志.'(정묘년[1927] 2월 10일에 내길과 내동이 중국의 북경에서 유학하는 중 보냈다. 무진년[1928] 인일[1월 7일]에 은둔하고 있는 아비 봉태가 적는다.)라는 기록이 있고, 《명삼십가시선明三十家詩選》(묵용실 D2 B61)에는 '丁卯春來吉·來東, 自北京附來. 問由乃京中

---

6 한국전쟁 후 고려대학교도서관의 고서 재정리에 대해서는 한민섭, 〈한국전쟁 후 도서관의 고서 재정리 일례〉, 《古典籍》 16(2022) 참조.

隱者所贈云(姓名未詳). 己巳三月十日潛父追志.'(정묘년[1927] 봄에 내길과 내동이 북경에서 부쳐온 것으로, 유래를 물으니 북경의 은자[성명 미상]가 준 것이라고 한다. 기사년[1929] 3월 10일에 은둔하고 있는 아비가 추기한다.)라는 기록도 확인할 수 있다.

묵용실 장서는 이처럼 도서의 구입 경로와 내력 등을 확인할 수 있는 기록이 많다는 점에서 도서와 지식의 유통사를 파악하는 데 많은 도움을 준다. 그리고 《시문청화詩文淸話》(대학원 D3 A9) 같은 경우는 '체화서루棣華書樓'가 적혀 있는 인찰공책지에 쓰인 필사본으로, 대부분 《회해집淮海集》, 《본사시本事詩》, 《세한당시화歲寒堂詩話》, 《명황잡록明皇雜錄》, 《세설신어世說新語》, 《동파지림東坡志林》 등에서 절록한 글이며, 일부 작품에는 편자가 작품 비평을 하기도 한 자료이다. 《시문청화詩文淸話》는 편자를 알 수 없는, 주로 중국의 시문詩文에 관한 품평 및 일화逸話 등이 포함된 자료이지만, 문학비평에서 참고 자료로 삼을 수 있는 유일본으로 가치가 높다.

한편, 정봉태는 묵용실 장서를 성균관대학교에도 기증을 하였으니, 1969년에 106종 1,457책을 기증하여 정봉태의 호인 오재梧齋를 붙인 오재문고梧齋文庫가 있다. 이로써 묵용실 장서는 고려대학교뿐 아니라 연세대학교, 성균관대학교에도 소장되어 연구자들에게 연구자료로 제공되고 있다.

고려대학교도서관에서는 '묵용실 장서'는 장서의 수량과 자료적 가치를 고려하여, 현재 묵용실 장서에 대한 별치 작업을 진행하고 있으며, 별치 작업 완료 후에는 묵용실문고로 개인 문고를 만들고 묵용실 목록을 완성할 계획이다.

3) 육당문고

육당문고六堂文庫는 문화운동가이자 문인, 언론인, 사학자인 육당 최남선六堂 崔南善, 1890-1957의 장서로 구성된 문고이다. 육당문고는 본래 고려대학교도서관으로 기증된 장서는 아니다. 1967년 10월 10일, 육당 최남선의 10주기를 맞아 유족들이 2만여 권의 장서를 고려대학교 아세아문제연구소에 기증하여 이루어졌고, 1984년 육당문고를 고려대학교도서관으로 이관하면서 도서관에서 소장, 관리하게 된 것이다.

당시 기증 소식을 전한 《동아일보》 1967년 10월 10일 7면 기사에 의하면 육당문고는 22,189책이라고 하였다. 그러나 도서관에 정리된 책은 한적, 고서 및 귀중서貴重書가 14,415책, 단행본 5,148책, 연속간행물 296책으로 총 19,859책으로 약 2,330책의 차이가 있다. 이는 연구소에서 정리할 때 연속간행물의 경우 합철을 하여 책수가 줄어든 경우가 있고, 대학 도서관 장서의 성격에 맞지 않는 도서를 제외한 경우가 있어 정리 중 제외되었을 것으로 보인다.

최남선은 어려서부터 문헌의 가치를 알아 글씨를 쓴 종이는 다 보관하는 습관을 갖게 되었다고 하였는데, 그 덕분에 여러 다양한 자료를 소장할 수 있었던 것이다. 최남선은 본인의 자료수집 과정을 〈서재한담書齋閑談〉이라는 글에서 직접 밝힌 적이 있는데, 그 과정을 정리하면 다음과 같다.[7]

(1) 국문 예수교 관련 서적 – 국문을 해독한 6, 7세부터
(2) 한문漢文으로 번역된 서양서 – 한문을 읽기 시작한 7, 8세부터
(3) 일본 교과서 – 일본어를 배우기 시작한 13세부터
(4) 일본어로 된 다방면의 도서 – 일본으로 유학한 15세부터 조선정신朝鮮精神의 근본인

7 최남선, 〈書齋閑談〉, 《새벽》, 1954년 송년호.

단군檀君을 과학적으로 연구하기 위한 지식의 필요로 인류학, 민속학, 종교학, 언어학 등으로 범위가 넓어짐

(5) 신문관新文館 발행 잡지

(6) 광문회光文會 설립 후 조선朝鮮 고서古書 적극 수집

(7) 조선사편수회朝鮮史編修會 및 박물관博物館, 도서관圖書館, 기타 학술기관 연관으로 고서古書 수집

(8) 만주국滿洲國 건국대학建國大學 교수가 되며 만주, 몽고, 중국 북부 지역을 돌아다니며 다양한 중국中國 서적書籍 수집

이러한 과정을 거쳐 최남선은 약 17만 책의 장서를 소장하게 되었다고 하는데, 이 중 6) 광문회光文會 설립 후 조선朝鮮 고서 적극 수집을 통해 최남선은 상당히 많은 고서를 수집하였다. 특히 "전前 부통령副統領 이시영 씨李始榮氏가 서간도西間島로 가실 때에, 그 대소가大小家의 전래傳來하던 수만 권數萬卷의 서적書籍과 문서文書를 나에게 맡기신 것"은 바로 백사 이항복李恒福, 1556-1618의 후손이며 이유승李裕承, 1835-1906의 아들인 이건영李健榮, 1853-1940, 이석영李石榮, 1855-1934, 이철영李喆榮, 1863-1925, 이회영李會榮, 1867-1932, 이시영李始榮, 1869-1953, 이호영李護榮, 1875-1933등 6형제가 맡긴 장서를 가리킨다. 이 중 특히 이석영 장서가 상당량을 차지하고 있는데, 이석영은 이유원李裕元, 1814-1888의 양자로 가서 이유원의 재산과 장서를 물려받은 인물이다. 이석영은 최남선에게 맡기기 전 소장 장서에 급하게 '이석영인李石榮印' 날인을 하였는데, 현재 육당문고 장서에서 그 흔적을 다수 확인할 수 있다.

또한 위 〈서재한담〉에서 언급하지는 않았으나 광문회에 참여했던 제2대 대종교大倧敎 교주 김교헌金敎獻, 1868-1923도 만주로 망명하며 본인의 장서를 최남선에게 맡긴 일이 있다.[8] 김교헌이 맡겼다는 것을 증명할 장서인은 없지만, 김교헌의 부친인 석릉石菱 김창희金昌熙, 1844-1890가 생전에 직접 정리한 자료들인, 《회흔영會欣穎》(육당 D3 A9), 《석문만고石門漫稿》(육당 D1 A152), 《석릉만고石菱漫稿》(육당 D1 A153), 《석릉문고石菱文藁》(육당 D1 A154), 《구작초존舊作鈔存》(육당 D1 A155), 《담설譚屑》(육당 C12 A7), 《강루잡록江樓雜錄》(육당 C12 A1) 등이 남아 있어 이를 확인할 수 있다.

최남선은 일제강점기 태평양 전쟁이 발발했을 때, 17만 장서의 보존을 위하여 효제동孝悌洞에서 우이동牛耳洞으로 이사하며 혹시 모를 전란을 피하고자 하였다. 그러나 6·25 한국전쟁 중 포격 피해로 장서의 상당량이 소실되는 불행을 겪게 되었다. 이후 전쟁 중 소실되지 않고 남은 장서와 그 뒤로 수집한 장서 대부분이 고려대학교로 기증된 것이다.

육당문고는 최남선의 수집에 대한 열정과 유명세만큼 귀중한 장서가 매우 많다. 요遼나라 승려 행균行均이 997년에 편찬한 한자 자전을 11세기에 전라도 나주에서 목판으로 간행한 《용감수경龍龕手鏡》(육당 貴 1)은 세계 유일의 귀중본으로 국보國寶로 지정된 자료이다. 보물寶物로 지정된 《삼국유사三國遺事》(육당 貴 3), 국가중요과학기술자료로 지정된 이규경의 친필본 《오주서종박물고변五洲書種博物攷辨》(육당 貴 36), 김재로金在魯의 《금석록金石錄》을 조사하고 연구하는 데 출발이 되는 《금석록목록金石錄目錄》(육당 貴 123) 등이 대표적인 자료라 할 수 있다.

그리고 육당문고에는 최남선이 평생에 걸쳐 수집한 한적 고서뿐 아니라 최남선의 저작과 최남선이 발행한 신문관新文館과 광문회 도서도 포함되어 있다. 또한 최남선은 해당 책을 구입하

---

8 朴永錫, 〈大倧教〉, 《신편 한국사 46》(국사편찬위원회, 2002), 215쪽: 朴永錫과 金敎獻의 손자 金汸經의 1982년 12월 5일 건국대 사학과 연구실에서의 대담.

거나 소장할 수 없는 경우에는, 본인이 직접 만든 원고지에 새로 필사하여 자료를 확충한 경우도 있다. 최남선은 일람각一覽閣이라 인쇄한 인찰공책지를 만들어 여기에 필사하여 필사본을 새로 만든 것인데, 일람각은 1920-30년대 낙산駱山 부근에 있던 최남선의 서재이다. 이러한 일람각 인찰공책지 필사본으로는 《각정노인유서角亭老人遺書》(육당 D1 A4), 《북학의北學議》(육당 B7 A21), 《명신록목名臣錄目》(육당 B12 A21) 등이 있어, 자료의 유통과 이본 관계를 조사하는 데에 도움이 된다.

4) 신암문고

신암문고薪菴文庫는 서지학자이자 장서가인 신암 김약슬金約瑟, 1913-1971의 장서로 구성된 문고로, 1971년 6월 한적 1,612종, 2,305책 및 기독교 관계 동양서 등 3천여 책과 고문서 5천여 점으로 이루어졌다. 김약슬은 황해도 은율에서 출생하여 평양 숭실중학교와 연희전문학교 상과를 졸업하고 평생을 고서 수집과 서지 연구에 바친 장서가이자 서지학자이다. 이러한 고서 수집 열정으로 1967년에는 모범장서가로 표창을 받기도 하였다.[9]

김약슬은 뛰어난 안목과 깊은 이해를 바탕으로 고서를 수집한 덕분에, 서지학 분야뿐 아니라 다양한 분야에 귀중한 자료를 참고할 수 있다. 《해동문헌총록海東文獻總錄》(신암 貴 130)은 경와 김휴敬窩 金烋, 1597-1638가 임진왜란 후 낙동강 주변의 명문가에 보존되어 있던 책들을 모아 해제解題한 목록집이다. 고려 시대부터 조선 중기까지 유명한 670여 종을 해제하고 각 저자의 약력을 기술한 특징이 있는, 우리나라에서 가장 오래된 도서문헌 해제집이다.

김약슬은 실학과 천구교 및 기독교 서적 등을 체계적으로 수집한 특징이 있는데, 그 특징 중 하나는 완당 김정희阮堂 金正喜, 1786-1856 관련 자료가 많다는 것이다. 김약슬은 실학파 책을 중심으로 모으기 시작하다가 그것도 광범위한 듯하여 결국은 근세의 대유大儒 완당선생阮堂先生의 문헌에 집중시켰다고 하였다.[10] 김약슬은 이 완당 자료에 김정희를 좋아하는 마음에서 '완당연서阮堂硏書'란 본인의 장서인을 만들어 날인하였다. 필사본 《석견루石見樓》(신암 貴 564)는 이복현李復鉉, 1767-1853의 시집이자 그림첩인데, 여기에는 당대 유명한 사람들의 글과 그림도 있고, 특히 김정희가 표지에 써준 글씨도 볼 수 있는 특징이 있다.

김약슬은 고서 및 고문서를 수집한 것뿐 아니라, 그 내용을 면밀히 연구하고 이를 체계적으로 분류하며 학문적으로 분석했다. 《백지연구실물표본白紙硏究實物標本》(신암 貴 551)과 《나려예문지羅麗藝文志》(弘文書館, 1964)는 김약슬의 서지학적 성취와 관심이 고스란히 반영된 결과물이다. 《백지연구실물표본》은 각종 고문서 및 고지도, 고서 표본을 수집한 것으로, 고문서 및 간행된 고서를 확인하는 데 도움을 주는 자료이다. 《나려예문지》는 화산華山 이성의李聖儀와 함께 편저한 삼국시대부터 고려 후기까지 편찬된 도서 735종을 조사하여 해제한 저서이다. 이 예문지는 삼국시대부터 고려 시대까지의 문헌 전반을 조사하고, 고증할 수 있는 문헌에 대해서는 전거까지 붙였으며, 출전 및 인용 서명도 부기하여 서지학 연구에 큰 도움이 된다. 《고인집古印集》(신암 貴 646)은 김약슬이 편찬한 인보印譜로 각종 장서인藏書印 및 인장印章을 모은 것으로, 관련 연구에 큰 도움이 되는 자료이다. 이 밖에 김약슬은 〈추사秋史의 선학변禪學辨〉과 〈창강선생실기滄江先生實記에 대하여〉 등의 논문을 남겼다.

9 《동아일보》, 1967년 10월 7일, 5면 기사.

10 金約瑟. 〈나의 讀書와 藏書—修養書는 一·二回 連讀〉. 《出版文化》, 1968년 8월 참조.

5) 경화당문고

경화당문고景和堂文庫는 한의사이자 장서가인 경화당 박형윤景和堂 朴炯允의 장서로 구성된 문고로, 박형윤이 1972년 3월에 1,143종 3,823책을 기증하며 이루어졌다. 박형윤은 1925년생으로 본관이 진원珍原, 자가 원일元日, 호가 경화당景和堂으로 향리에서 한문을 수학한 바 있으며 한의학을 공부하여 한약방을 경영하였고, 기증 당시에도 한약방을 경영하고 있었다. 박형윤은 임진왜란 때 공을 세워 대호군大護軍으로 추증된 박응삼朴應參, 1540-1604의 13대손이고, 퇴계退溪의 문인이자 의병장으로 활약한 죽천 박광전竹川 朴光前, 1526-1597은 박응삼과 8촌지간이다.

박형윤은 문중 연고자가 고려대학교에서 30여 명 배출되었을 뿐 아니라, 본교가 민립대학으로서의 전통과 체질을 지니고 있어 본교야말로 이 도서들을 영구히 안전하게 보존하고 연구자료로 제공될 수 있을 것을 확신하여, "發育群英, 播名萬國."(여러 뛰어난 인재들 양성하여, 그들의 명성을 만국에 알린다.)의 취지로 기증하게 된 것이라고 하였다.

경화당문고는 대대로 전승되어 온 가문의 진장본이 중심으로 전남 보성과 해남 지역의 책을 3대에 걸쳐 모은 것으로, 전라도 지역의 문집이 많은 특징을 보이고 있다. 경화당문고는 3천여 책 중 51종 154책이 귀중서로 지정되어 있는데, 《논어집주중정집석장도통의대성論語集註重訂輯釋章圖通義大成》(경화당 貴 76)은 주자朱子 및 여러 학자들의 주석뿐 아니라 핵심 내용을 이해하기 쉽게 도표까지 수록한 책으로, 1570년(선조 3)에 갑진자甲辰字로 간행된 주목할 만한 책이다. 《대명률강해大明律講解》(경화당 貴 86)는 조선에서 《대명률大明律》이 형사법의 근간으로 적용됨에 따라 중국에서 수입해서 사용한 해설서인데, 선조宣祖 시기에 을해자乙亥字에 목활자를 섞어서 간행한 활자본이다.

6) 석주문고

석주문고石洲文庫는 무장항일독립운동의 중심인물이었으며, 상해임시정부의 국무령을 지낸 석주 이상룡石洲 李相龍, 1858-1932의 장서로 구성된 문고이다. 이상룡은 본관이 고성固城, 자가 만초萬初, 호가 석주石洲로 경상북도 안동 출신이다. 이상룡은 국내에서 의병 항쟁은 어렵다고 판단하여 서간도로 이주하여 항일민족독립운동을 전개하였고, 1925년 9월에 대한민국임시정부 국무령에 취임하였다.

석주 이상룡의 장서는 본래 안동시 법흥동 소재 임청각臨淸閣에 소장되어 오던 것들인데, 1911년 당시 소장자인 석주 이상룡이 만주로 망명하게 되자, 일부는 산일되고 일부는 석주 이상룡의 증손인 이철증李哲曾에게 전해져 보존되어 오던 것을 1972년 4월에 고려대에 기증하면서 이루어졌다.

석주문고는 대부분 주인朱印 혹은 묵인墨印의 '임청각장臨淸閣藏' 장서인이 찍혀 있으며, 고성 이씨固城 李氏 구가전승舊家傳乘의 장서들이라는 순수성이 특징이라 하겠다. 석주문고에는 19종 160책이 귀중서로 지정되어 있는데, 그중 병진자丙辰字 《자치통감강목資治通鑑綱目》(석주 貴 17) 69책, 계축자癸丑字 《신증동국여지승람新增東國輿地勝覽》(석주 貴 21) 16책 등 조선 초기 금속활자본이 상당량 포함되어 있다. 《신전해내기관新鐫海內奇觀》(석주 貴中 3)은 중국의 명산, 사찰, 명승을 해설한 책으로 1609년 명나라에서 목판본으로 간행한 글과 그림이 곁들여져 있는 책인데, 석주문고 소장본은 청사 고용후晴沙 高用厚, 1577-1652가 서장관書狀官으로 연경에 갔을 때 구입하여 동계 정온桐溪 鄭蘊, 1569-1641에게 준 귀중본이다.

또한 석주문고에는 이상룡의 저서인 《석주유고石洲遺稿》(석주 D1 A1161), 《석주만고石洲謾稿》(석주 D1 A1162), 이상룡의 자필 초고본인 《연계여유일기燕薊旅遊日記》(석주 貴 27 1), 《중국차참부변고

적가방자속기中國車站附邊古蹟可訪者續記》(석주 貴 27 1) 등도 포함되어 있어, 석주 이상룡의 행적과 이상룡을 연구하는 데에 긴요한 자료가 되고 있다. 고려대학교도서관에서는 이 자료의 중요성을 감안하여, 《석주유고》와 《연계여유일기》를 합본·영인하여 고려대학교 영인총서高麗大學校影印叢書 제1집으로 《석주유고石洲遺稿》(高麗大學校, 1973)로 간행한 바 있다.

7) 화산문고

화산문고華山文庫는 고서상古書商이자 고서·고활자古活字 연구가인 이성의李聖儀, 1901-1965의 장서로 구성된 문고로, 1972년 6월 8,713책(이 중 한적은 1,811종 7,358책)과 고문서 1천여 점을 유족인 부인 신영임申英姙 여사가 고려대학교에 기증하면서 이루어졌다. 이성의는 1922년부터 종로구 와룡동에서 화산서림華山書林이라는 고서점을 경영하면서 고서를 수집하고 고서 및 고활자를 연구한 인물이다. 이성의는 고서에 대해 높은 안목을 가져 선본善本 및 희구본稀覯本 등을 다량 수집하여, 일찍이 고려대학교도서관에서는 화산서림에서 꾸준히 고서를 구입하고 있었다.

화산문고는 본래 미국으로 팔려 나갈 뻔한 책들이었는데, 이 화산서림 장서의 해외 매각 시도는 대한민국에서 고서의 해외 반출 기준을 공식적으로 수립하는 계기가 되었다. 화산서림을 경영하던 이성의가 사망한 후, 화산서림의 장서 상당량을 인수하고자 하는 구매 희망자가 나타났는데, 미국 컬럼비아대학교Columbia University였다. 컬럼비아대학교 측에서도 화산서림 장서의 가치를 알았기에 문교부에 정식으로 반출감정을 의뢰한 것이다. 고서 반출 감정을 맡았던 김두종, 이홍식 교수 등 일부 감정위원들은 화산서림의 장서가 대부분 결권 상태이며 복본이 많다는 점을 들어, 이러한 고서를 해외로 반출함으로써 한국학의 세계적 확산과 문화교류를 촉진해야 한다는 의견을 제시하기도 하였다.

그러나 문화재급 고서의 해외 반출을 막고자 하는 국립중앙도서관 감정위원들은 고서의 해외 반출 기준을 체계적으로 마련하여 문화재관리국에 건의하였다. 국립중앙도서관이 작성한 기준에 따르면, 도서문화재의 범위는 1910년 이전의 전적, 고문, 탑본류로 정의되었다. 이 중 귀중 문화재는 효종 말기(1659) 이전의 자료로 규정되었으며, 이러한 귀중 문화재는 해외 반출을 원칙적으로 금지하였다. 일반 문화재는 효종 말기 이후의 자료를 포함하며, 이 경우에도 공공도서관에 동일한 자료가 3부 이상 복본複本으로 존재해야만 반출이 가능하도록 하였다. 더 나아가 복본이라 하더라도 왕족 또는 명가의 소장품, 친필, 서명, 낙관이 있거나 특별한 제본 및 장정이 있는 경우에는 반출이 불가하도록 하였다. 복본의 정의 또한 단순히 동일한 내용에 그치지 않고, 판식, 활자, 제작 시기가 동일한 것까지 포함하도록 엄격히 설정하였다. 결국 국립중앙도서관의 기준이 채택되며 고서 해외 반출에 관한 정책이 확립된 것이다. 이러한 결정에 따라 해외 반출 감정 대상 중 524종 999책이 반출 불가 판정을 받았고, 586종 2,041책은 반출해도 된다는 결정을 받았으며, 컬럼비아대학교는 최종 517종 1,857책을 구입하게 되었다.[11]

이 화산서림 장서의 해외 반출 감정과 컬럼비아대학교의 구입은, 고서가 단순히 역사적 자료를 넘어 대한민국의 문화적 정체성과 가치를 보존하는 중요한 자산임을 인식시키는 계기가 되었다. 동시에, 이러한 기준을 통해 고서의 체계적 관리와 보호가 가능해졌으며, 국제적 문화 교류와 국내 문화재 보호의 균형을 모색하는 첫걸음을 내디딘 사례로 평가할 수 있다. 화산서림 장서의 해외 반출은 대한민국 고서 정책의 방향성을 제시한 중요한 전환점으로 기록될 만하다.

---

11 화산서림의 해외 반출기준 결정 및 컬럼비아대학교의 구입에 대한 일련의 과정은 《동아일보》, 1966년 10월 25일, 5면; 1967년 1월 19일, 5면; 1968년 10월 12일, 5면 참조.

이러한 해외 반출을 겪은 후 해외 반출되지 않고 남아 있던 화산서림의 장서가 고려대학교와 인연을 맺어 기증으로 들어오게 된 것이다. 화산서림 장서의 특징은 화산서림의 주인 이성의의 안목에 따라 활자본 중심으로 구성되었다는 것이다. 이는 컬럼비아대학교에서 구입한 화산문고에서도 볼 수 있는 특징이기도 하다.

화산문고 장서 중 이성의 본인이 소장한 고서에서 직접 한 장씩 떼어서 묶은 《동양고활자책표본서목東洋古活字冊標本書目》(화산 貴 187)은 계미자癸未字, 경자자庚子字를 비롯한 금속활자본과 각종 목활자본을 연대순으로 수집한 것으로, 활자 발달사를 연구하는 데 귀중한 자료이다. 그리고 《홍무정운역훈洪武正韻譯訓》(화산 貴 12)은 세종의 명에 따라 중국의 운서韻書인 《홍무정운洪武正韻》의 음을 한글로 나타낼 목적으로 편찬되어, 큰 글자는 목활자로, 작은 글자는 갑인자甲寅字로 1455년(단종 3)에 간행한 책으로 화산서림 소장 당시에 이미 보물로 지정된 귀중서이다. 《조천기朝天記》(화산 貴 13)는 허균許筠, 1569-1618의 형인 하곡 허봉荷谷 許篈, 1551-1588이 명나라 신종神宗의 생일을 축하하기 위한 성절사행聖節使行의 서장관書狀官으로 중국에 다녀오며 기록한 책인데, 허봉의 자필自筆이면서 추사 김정희가 보관했다는 특징이 있다. 《표해록漂海錄》(화산 貴 167)은 금남 최부錦南 崔溥, 1454-1504가 1488년 제주도를 출발했다 풍랑을 만나 명나라에 표착漂着, 귀국하기까지의 일을 일기와 기사 형식으로 기록한 여행기로 갑인자로 간행한 책이다. 《시암녹정두소릉칠언절구詩龕錄定杜少陵七言絶句》(화산 貴 718)는 추사 김정희가 두보杜甫의 칠언절구를 편집한 책으로, 유일본으로서 가치가 있다.

화산문고는 서울에서 큰 고서점이었던 덕분에 기증된 도서 중 문집류에는 기호지방畿湖地方의 문집류가 상당히 많이 포함되어 있었다. 이에 앞서 기증되었던 경북 지역 중심의 석주문고, 전남 지역 중심의 경화당문고와 더불어 국내 문집류가 모두 갖추어지는 데 큰 기여를 하였다. 또한 화산문고 일부에는 이성의가 책을 수집하며 자신이 해당 책에 대해 연구한 내용과 정보를 기록해 둔 특징도 있다. 화산문고의 기증으로 각종 활자본 고서와 상당량의 문집류가 수집된 것뿐 아니라, 이성의의 연구 내용까지 이어받을 수 있게 되어, 고려대학교도서관은 화산문고의 기증을 통해 질적으로 한층 성장할 수 있게 되었다.

8) 해사문고

해사문고海史文庫는 미국에서 독립운동을 했던 독립운동가이자, 기업가, 정치인인 해사 이원순海史 李元淳, 1890-1993의 장서로 구성된 문고로, 1973년 9월 한적 20종 34책 포함 70종 1,522책을 기증하면서 이루어졌다.

이원순은 1914년 보성전문학교 법과法科를 수료한 후, 만주와 상해를 거쳐 미국 하와이로 망명하였다. 처음에는 박용만朴容萬, 1881-1928의 비서로 있으면서 대한독립단大韓獨立團의 일을 하였고, 이승만李承晩, 1875-1965과 박용만의 대립을 조정하고 불화를 해소시키고자 노력하였으며, 1928년 박용만이 암살당한 후에는 재미在美 대한인동지회장大韓人同志會長, 미주 하와이태평양주보 주필主筆, 대한민국 임시정부 구미위원부歐美委員部 재무위원財務委員 등을 지냈다. 1953년에 영구 귀국하였고, 1974년 고려대학교 명예 법학박사 학위를 받았다.

해사문고는 이원순의 생애를 통해 알 수 있듯이, 한적은 적고 한국 관련 서양서西洋書가 많은 것이 특징이다. 이원순이 모은 서양서 자료는 대부분 일제강점기 시절의 민족수난, 독립운동, 민족운동과 직접적인 관련이 있는 것으로, 대한민국 독립운동 관련 기록물로 매우 귀중한 자료들이 많다. 대표적인 것으로 《La Corée libre: revue mensuelle, politique économique et littéraire》(귀 059.519 C824)가 있는데, 대한민국의 독립운동을 유럽에 알린 자료이다.

9) 만송문고

만송문고晩松文庫는 변호사이자 고서 수집가인 만송 김완섭晩松 金完燮, 1898-1975이 소장했던 장서로 구성된 문고로, 1976년 11월 4,899종 19,071책을 유족인 아들 김재수金在水 박사, 김재철金在澈 변호사가 기증하며 이루어졌다. 김완섭은 본래 1975년 3월에 본인의 장서를 고려대학교 도서관에 기증하기로 하였으나, 그해 12월에 불의의 사고로 작고함에 따라 기증이 이루어지지 못하였고, 그 후 유족이 김완섭의 뜻을 받들어 기증의 뜻을 이루었다. 유족들은 장서 기증뿐 아니라 '만송 김완섭선생 기념 장학기금'까지 만들어 김완섭의 높은 뜻을 기렸다.

김완섭은 1898년 3월 경북 안동에서 출생하여 1921년 일본 메이지대학明治大學 법과法科를 졸업한 이후 50여 년 동안 법조계에서 활약해 왔다. 일제하에서는 변호사업을 하다 광복 이후에는 대검 검찰관을 거쳐 심계원 차장까지 역임하였고, 1953년 이후 변호사를 하였으며, 1975년에는 〈한국혼인고韓國婚姻考〉로 고려대학교에서 법학박사 학위를 취득하였다. 김완섭은 변호사로 얻은 수입을 대부분 고서 매입에 투자하였는데, 일제강점기 시절에는 일본으로 넘어갈 뻔한 귀중서들을 상당량 수집하는 등 우리 민족의 문화유산을 모으고 간직하는 데 정성을 다한 것으로 유명하다. 김완섭은 불의의 사고로 작고하기 전까지 계미자癸未字로 간행한 금속활자본을 감정받기 위해 직접 다닐 정도로 우리나라 문화재를 보존하는 데 열정이 있었다.[12] 또한 수집에 대한 열정만큼이나 보존에 대한 집념이 강하여, 그동안 소장 자료를 일절 공개하지 않다가 고려대학교 도서관에 기증을 하면서 그 전모가 드러나게 된 것이다.

만송문고는 기증문고 중 최대의 규모를 자랑하는데, 이 만송문고의 기증으로 고려대학교 도서관은 양적인 측면과 그 질적인 측면에서 모두 국내 고서 소장기관의 최상위로 오르는 계기가 되었다. 19,071책의 한적 중 535종 2,496책이 귀중서로 지정된 것만 보아도 그 가치를 짐작할 수 있다. 만송문고는 퇴계 이황의 문인인 임연재 배삼익臨淵齋 裵三益, 1534-1588 장서를 중심으로 영남지역 장서들이 다량 수집되어 있는 것이 특색이다.

만송문고를 자랑할 수 있는 장서는 상당히 많은데, 우선 보물로 지정된 《동인지문사륙東人之文四六》(만송 貴 364), 《용비어천가龍飛御天歌》(만송 貴 369B)를 들 수 있다. 《동인지문사륙》은 졸옹 최해拙翁 崔瀣, 1287-1340가 신라와 고려의 사륙변려문四六騈儷文을 선별하여 편집한 것으로, 1355년 목판으로 간행한 책이다. 《용비어천가》는 세종의 명으로 정인지鄭麟趾, 1396-1478등 집현전 학자들과 안평대군安平大君, 1418-1453이 태조太祖의 고조高祖인 목조穆祖부터 태종太宗까지의 사적을 한글 노래와 한시 각 125편으로 칭송하고 권계의 뜻을 담은 악장집으로, 1447년에 간행한 초간본이다. 국가중요과학기술자료로 등록된 《우마양저염역병치료방牛馬羊猪染疫病治療方》(만송 貴 522)은 조선 중종中宗의 명에 의해 가축의 전염병에 대한 치료 방문을 모아서 번역, 간행한 수의서獸醫書인데, 한글 원문과 한글 번역을 함께 실은 특징이 있다. 그리고 《천명도해天命圖解》(만송 貴 356)는 추만 정지운秋巒 鄭之雲, 1509-1561이 '천명天命'에 대한 것을 그림으로 그리고 해설을 붙인 성리학서로, 성리학 연구자들에게 매우 중시되는 연구자료이다. 《천명도해》는 처음에는 스승인 김안국金安國, 김정국金正國에게 질의하여 만들었고, 후에 퇴계 이황의 의견을 따라 수정한 특징이 있는 것으로, 1578년 전라도 나주에서 목판으로 간행한 책이다. 이 밖에도 국내 현전본 가운데 가장 선본인 《대명률직해大明律直解》(만송 B7 A118) 등 현재 귀중서로 지정되지 않았지만 충분히 귀중서로 지정할 만한 자료들이 상당히 많이 있다.

---

12 《동아일보》, 1976년 11월 15일, 5면 기사.

한편, 2016년에는 김재철 변호사의 딸 김주현 씨가 추사 김정희의 〈제유본육폭병〉을 비롯한 고서화 334점과 현대 미술품과 공예품 200여 점 등 평가액 총 9억 원 상당을 기증하여, 만송문고 및 만송 김완섭의 유지를 이어 나갔다.

10) 치암문고

치암문고癡菴文庫는 고려대학교 교수를 지낸 치암 신석호癡菴 申奭鎬, 1904-1981의 장서로 구성된 문고로, 1982년 3월 1,389책을 유족인 화학과 신두순申斗淳 교수가 기증하면서 이루어졌다. 치암 신석호는 경성제국대학 법문학부 사학과를 졸업하고, 조선사편수회에서 근무했으며, 1934년 진단학회 발기인이 되었고, 1945년 8월 진단학회 상임위원, 1954년 제1회 학술원 회원으로 선출되었고, 1965년에는 민족문화추진회 발기인으로 참여했으며, 1967년 12월에는 한국사연구회를 조직하여 회장으로 취임한, 우리나라 한국사학계의 권위 있는 석학이다. 또한 고려대학교 교수로 임용되어 고려대학교 사학과를 창설한 인물이기도 하다.

치암문고는 신석호의 전공에 걸맞게 사학史學과 관련한 장서가 많고, 그중 6종 15책이 귀중서로 지정되어 있는데, 《고려사절요高麗史節要》(치암 貴 137)는 절재 김종서節齋 金宗瑞, 1382-1453 등이 문종文宗의 명을 받아 고려 시대의 역사를 편년체編年體로 기술한 역사서로 1453년에 갑인자甲寅字로 간행한 금속활자본이다.

11) 현민문고

현민문고玄民文庫는 고려대학교 총장을 지낸 현민 유진오玄民 俞鎭五, 1906-1987의 장서로 구성된 문고로, 1987년 9월 한적 565책 포함 10,040책을 유족인 부인 이용재李容載 여사가 기증하면서 이루어졌다.

현민 유진오는 1932년 보성전문학교에 부임한 이래로 고려대학교와 더불어 산 인물로, 세 차례에 걸쳐 고려대학교 총장을 역임하고 고려대학교를 키우는 데 큰 공헌을 하였다. 특히 한국전쟁 당시 납북된 현상윤 총장을 대신하여 교무를 담당하던, 당시 정법대학장이자 대학원장 겸임의 유진오는 학적부 보존 필요성을 절감하여 1950년 12월에 학교 내 이른바 '애기능陵' 언덕에 파묻었고, 1951년 대구에서 임시 개교할 때 묻어 두었던 학적부를 파내어 단 한 권만 분실한 상태로 온전히 보존하게 하여 전쟁 중 고려대학교 지켜낸 일은 유명하다. 1948년 대한민국 헌법기초위원憲法起草委員으로 헌법 제정에 지대한 역할을 하였으며, 뛰어난 문필력文筆力으로 문학적인 성취도 뛰어나다.

현민문고의 한적은 근대 간행된 연인본鉛印本이 많아 자료 가치로는 상대적으로 적을 수 있으나, 현민 유진오의 장서라는 점에서 그 가치를 찾을 수 있겠다.

12) 위작 고서의 기증

고려대학교도서관 기증사 중 반드시 짚고 넘어가야 할 문제가 위작僞作된 고서의 기증이다. 도서관에서 자료의 엄정한 선택과 수집은 진정한 학술적·문헌적 가치와 의의를 드러내기 위해서 매우 필요한 일이다. 이에 기증서 중 위작된 고서를 기증받은 사례를 통해, 기증받을 때 주의해야 할 점에 관한 자료로 남겨 놓는다.

앞서 '묵용실 장서'를 언급하며 인용했던 1937년 12월 15일자 《동아일보》 2면 기사 중 대구의 김재선金在善 기증 자료는 '순교자 남종삼 옥중기殉教者 南鍾三 獄中記'라는 이 기증을 전하는 기사의 헤드라인을 장식하며 매우 귀중하게 취급됐던 자료이다. 1866년 병인박해丙寅迫害 때

처형된 천주교 순교자 남종삼南鍾三, 1817-1866의 소장품을 기증받았다는 것이다.

그런데 신문기사에 실린 남종삼의 옥중수찰獄中手札이라는 사진을 자세히 들여다보면, 간찰 끝 부분에 '三月五 鍾三'이라고 적혀 있으니, 남종삼이 3월 5일에 감옥에 갇혔을 때 편지를 보냈다는 것이다. 남종삼은 《고종실록》의 기록에 의하면, 1866년 1월 15일에 체포되어 1월 20일에 처형이 결정되었고, 1월 21일에 처형되었다. 그렇다면 남종삼의 간찰에 적힌 3월 5일은 옥중에 있었던 날이 아니게 된다.

그리고 남종삼 수택본手澤本이라고 하는 필사본 《성교요리문답聖敎要理問答》(대학원 貴 598)을 검토하면, 1861년 초판본과 1870-80년경에 필사된 필사본에서는 'ᄯᅡ'와 'ᄯᅩ' 등 'ᄯ' 표기가 일관되게 사용된 반면, 남종삼 수택본手澤本이라고 하는 필사본에서는 '따'와 '또' 등 'ㄸ'이 일관되게 사용되고 있었다. 이는 1910년에 간행된 연인본鉛印本에 나오는 표기와 같은데, 'ᄯ'은 15세기부터 사용된 표기이고, 'ㄸ'은 1900년대에 들어와 크게 유행하면서 결국 1933년 한글 맞춤법 통일안에서 공식적으로 인정된 표기이다. 이것은 1866년 사망한 남종삼과는 거리가 있는 표기라고 할 수 있다.

그런데 한국 가톨릭교회의 대구대교구장을 지낸 천주교 신부이자 교회사학자인 주재용朱在用, 1895-1975 신부의 저서에 다음과 같은 글이 있었다.

> 사실 지금으로부터 30여 년 전(1937년) 필자가 대구 신학교에서 교편을 잡고 있을 때 일이었다. 김 모 씨가 천주교 문헌으로서는 극히 귀중품이라 하여 복자 남 요한南鍾三이 순교 직전 평양에 있던 그 장모에게 보낸 최후 서한이라 하여 가지고 팔러 와서 엄청난 금액을 호가하면서 필자더러 굳이 사라고 강권한 일이 있었다. 필자는 일시 그 서한의 종이 모양과 글씨체에 홀려 아무리 비싼 값이라도 사 볼까 하고 생각하면서 그 내용을 찬찬히 읽어 보던 중 "주님"이란 문구와 "3월"이라고 적은 거기서 비로소 위물僞物임을 발견하였다. 왜냐하면, 그 당시 우리 천주교인의 용어로는 결코 "주님"이라 하지 않았기에, 또 "3월"은 필자가 알기에 남 승지 순교일이 음력 정월이고 양력 3월쯤 됨을 즉각 생각해서 그 당시 결코 아직 공용公用될 수 없던 "양력"이 적혔기 때문이었다. 그러나 면박하여 그에게는 위물이라 하지 않고 돈이 그만큼 없다는 핑계로 사지 않겠다 하니, 그는 2천원에서 차츰 내려가 5백원이라도 달라는 것이었다. 필자는 에둘러 주의만 시켜 보냈더니, 얼마 후에 그로부터 옛 대문답 한 권(사실 귀중품)을 선사하면서 간곡한 서한으로 남 승지의 순교일을 음양력으로 똑똑히 알려 달라고 하였다.
>
> 필자는 이 자가 또 무슨 잔재주를 부리려고 이러는가 생각하고 일부러 그 날짜를 며칠 틀리게 적어 보냈다. 아닌 게 아니라 그 몇 달 후에(소화 12년 12월 16일) 모 신문에 필자에게 보이던 순국문의 서한이 이번에는 순한문으로 둔갑되어 3월 5일이란 양력 달, 날을 적어서 사진까지 내고, 그 외 옛날 십자 고상과 책의 사진도 내면서 모 전문학교(지금 서울 모 대학교) 도서실에 기증한다고 하였다. 그 기증자의 성명은 필자에게 왔던 바로 그 분이었다.[13]

주재용 신부의 증언을 통해 《성교요리문답》은 남종삼의 수택본이 아님이 분명해졌다. 보성전문학교 도서관은 기증자인 김재선에게 사기를 당한 것이다. 보성전문학교 도서관이 도서 기증 운동 등을 통해 자료를 수집하던 때에 위작된 고서를 만나게 된 것이다.

---

13 주재용, 《韓國 가톨릭史의 擁衛》(한국천주교중앙협의회, 1970), 52-53쪽.

기증자 김재선은 당초 주재용 신부에게 접근하여 위작을 팔려고 했으나, 주재용 신부의 안목으로 미수에 그쳤다. 그 후 주재용 신부에게 남종삼의 사망일을 문의하였을 때, 주재용 신부는 기지를 발휘하여 거짓으로 날짜를 알려 주었다. 기증자 김재선은 그 사실을 알 리가 없으니 주재용 신부가 알려 준 날에 맞추어 남종삼의 간찰을 다시 위작하였고, 《성교요리문답》 및 십자가 등 여러 물품과 함께 보성전문학교에 판매한 것이다. 보성전문학교 도서관에는 기증 형식으로 들어왔으나, 무상 기증은 절대 아니었을 것으로 추정된다.[14]

김재선 기증 자료 중에는 《조선지도朝鮮地圖》라는 것도 있는데, 이는 사학자 현채玄采, 1886-1925가 일본인들이 간행한 각종 조선 관련 지리지 등을 참고하여 번역 편집하여 1899년에 만든 국한문혼용체의 지리 교과서 《대한지지大韓地誌》에 삽입된 도판 자료만을 뜯어내어 성첩한 것이다. 그리고 추사 김정희 글씨의 《반야바라밀다심경般若波羅蜜多心經》도 있는데, 이 책은 1928년에 영인 출판된 김정희의 《반야바라밀다심경》 글씨를 오려 내어 두꺼운 종이에 붙여서 새로 만든 뒤, 통도사 주지를 지낸 김구하金九河, 1872-1965 스님이 김재선에게 1932년에 선물한 것처럼 보이게 만든 것이다.

고서를 입수할 때 고서의 진위 여부와 가치를 판단하는 일이 매우 중요하다. 보성전문학교 도서관에서 기증받은 도서 중에는 이와 같이 위작된 고서도 있으니, 소장 고서에 대한 면밀한 재검토를 통해 위작들을 별도 정리하는 작업도 필요하다. 이러한 작업을 통해 도서관 소장 자료의 가치는 더욱 높아질 것이다.

4 결론

고려대학교도서관은 기증을 통한 장서 개발이라는 중요한 경로를 통해, 그 학문적 역할과 가치가 지속적으로 확장되어 왔음을 확인할 수 있었다. 도서관은 단순한 자료 수집을 넘어, 학문적 발전을 촉진하고, 연구 기반을 공고히 하는 핵심적인 역할을 해왔다. 특히 기증자들은 그들의 학문적 성과와 지식적 유산을 후세에 전하는 중요한 역할을 맡았으며, 이를 통해 고려대학교 도서관은 단순한 물적 자원의 축적을 넘어서, 학문적 전통과 가치를 보존하고 확산하는 공간으로 자리매김했다.

윤정하, 최형종, 김성수를 비롯하여 묵용실 주인 정일우 및 정해태와 정봉태, 육당 최남선, 신암 김약슬, 경화당 박형윤, 석주 이상룡, 화산 이성의, 해사 이원순, 만송 김완섭, 치암 신석호, 현민 유진오 등 많은 기증자들의 헌신은 고려대학교도서관이 학문적 소통과 교류의 중심으로 기능할 수 있게 만든 주춧돌이 되었다. 이들의 기증은 단순히 물질적인 기여에 그친 것이 아니라, 각자의 연구적 성과와 지식적 가치가 후대에 전달되고, 고려대학교의 학문적 역량을 강화하는 중요한 기반이 되었다.

도서관의 장서 기증 문화는 또한 고려대학교와 사회 간의 학문적 연대와 협력을 강화하는 데 중요한 역할을 했다. 기증을 통해 도서관은 보다 풍성하고 다양한 지식을 축적할 수 있었으며, 이는 학문적 발전을 위한 중요한 동력이 되었다. 특히, 이러한 기증 활동은 고려대학교 도서관이 학문적 유산을 보존하고, 새로운 연구와 학문적 교류의 장을 여는 데 중요한 기여를 했

14 김재선(金在善)의 위작(僞作) 고서에 대한 자세한 내용은 한민섭, 〈Quo Vadis, Domine?—어느 귀중본의 진실〉, 《古典籍》 18(2024) 참조.

음을 보여 준다.

고려대학교도서관의 장서 기증 역사는 단순한 기증의 기록이 아니라, 학문적 유산을 지속적으로 확장하고, 연구와 학문 발전을 위한 강력한 토대를 구축하는 중요한 과정이었다. 기증자들의 뜻깊은 기여는 그들이 남긴 지식적 유산을 후대에 전달함으로써, 오늘날 고려대학교가 학문적 명성을 이어가는 데 중요한 역할을 하고 있음을 명확히 하고 있다. 이를 통해 기증은 단순한 물적 기여를 넘어서, 학문적 전통을 형성하고, 학문적 유산을 만들어 가는 중요한 과정임을 확인할 수 있었다.

고려대학교도서관은 앞으로도 기증 문화를 지속적으로 확산하고, 그 가치를 적극적으로 계승해 나가야 할 책임이 있다. 이는 고려대학교가 학문적 발전을 이루어 나가고, 사회와의 연대를 더욱 강화하는 중요한 기반이 될 것이다.

참고 문헌

고려대학교 100년사 편찬위원회. 《고려대학교 100년사 II》. 고려대학교 출판부, 2008.

고려대학교 도서관. 《카이로스의 서고》, 고려대학교 출판문화원, 2020.

구자훈. 〈朝鮮朝의 藏書印·藏書家 研究〉. 박사학위논문, 고려대학교, 2011.

金約瑟. 〈나의 讀書와 藏書—修養書는 一·二回 連讀〉. 《出版文化》, 1968년 8월.

김양선. 〈受難과 榮光의 遺物을 찾아〉. 《신동아》, 1968년 6월.

金貞熙. 〈丁鳳泰 舊藏本 中國關聯 文獻에 대한 試探〉. 《中國語文論叢》 23(2001).

최남선. 〈書齋閑談〉. 《새벽》, 1954년 송년호.

한민섭. 〈신자료 『古芸堂筆記』 권1-2 고찰〉. 《문헌과해석》 88(2021).

______. 〈한국전쟁 후 도서관의 고서 재정리 일례〉. 《古典籍》 16(2022).

______. 〈Quo Vadis, Domine?—어느 귀중본의 진실〉. 《古典籍》 18(2024).

고려대학교박물관 자료 수집의 역사와 의의

고려대학교박물관 안소정

1 들어가며

2025년은 고려대학교 개교 120주년이 되는 해이다. 1905년 우리나라 최초의 근대 고등 교육기관인 보성전문학교로 출발한 고려대학교는 육십갑자를 두 바퀴 도는 동안 한국의 근대화, 민주화, 그리고 선진화의 중심에서 대학의 책무를 다하며 역사에 기여해 왔다. 인촌 김성수仁村金性洙, 1891-1955 선생의 뜻에 따라 1934년 안암동 교사(현 본관) 3층 도서 사무실에서 창설된 고려대학교박물관은 1934년 본관 도서 사무실, 1937년 도서관(현 대학원 도서관) 참고품부, 1961년 구舊 박물관, 2005년 현재의 백주년기념삼성관으로 자리를 옮기며 고려대학교와 함께 성장, 발전하였고, 학교의 전통과 발전을 보존하고 기록해 왔다.

〈박물관 및 미술관 진흥법〉에서는 박물관의 종류를 설립·운영 주체에 따라 국립·공립·시립 및 대학 박물관으로 구분하고 소장 자료[1]의 보유량, 시설 규모 등에 따라 1종과 2종 박물관으로 분류하고 있다(박물관 및 미술관 진흥법 제16조 제1장 총칙 제3조, 동 시행령 제9조 1, 2항). 이에 따라 고려대학교박물관은 1종 전문박물관으로 분류, 관리되고 있다. 즉 고려대학교박물관은 고등교육법의 규정에 따라 설립된 고려대학교의 중요 교육지원시설로서, 자료와 시설요건 면에서 가장 강화된 박물관 중 하나라고 할 수 있다.

현재 백주년기념삼성관에 자리한 박물관은 백년사전시실, 역사·민속전시실, 고미술전시실 등 총 7개의 상설전시실을 갖추고 분야별 소장 자료를 상시 전시하는 한편 학교사學校史 관련 자료를 비롯하여 발굴 유물, 도자, 고서화古書畵, 출토 및 전세傳世 복식, 도검刀劍, 가면, 현대미술품 등 다양한 출품 자료를 통해 다채로운 특별전을 개최해 왔다.

또한 국공립 및 사립박물관 요청에 따른 소장 자료 대여를 통해 대민 서비스에 적극 협조하는 한편 나아가 미국 6개 대학 순회전, 일본 오사카역사박물관과 그리스아시아미술관 공동 전시 등 해외 전시를 통한 국제 교류도 활발히 진행하여 고려대학교의 위상과 대외적 이미지 제고를 위한 노력에 동참해 왔다.

---

1 박물관에 있는 소장품은 '유물', '문화재', '문화유산' 등 다양한 용어로 지칭된다. 이 글에서는 〈박물관 및 미술관 진흥법〉 제1장 총칙 제2조(정의)에 근거하여 박물관이 수집, 관리, 보존하는 역사·고고·인류·민속·예술 등에 관한 유형적 증거 대상물을 '자료'로 표기하기로 한다.

박물관의 적극적인 행보가 가능했던 것은 학교의 재정적 지원, 박물관 관계자들의 기획력, 그리고 무엇보다도 소장 자료의 질적·양적 풍부함이 뒷받침되었기 때문이다. 소장 자료는 박물관을 구성하는 가장 기본적인 요소이며, 그 종류와 내용, 가치는 박물관의 성격과 위상을 결정짓는 중요한 척도가 된다. 즉 소장 자료가 있어야 박물관이 성립할 수 있으며, 이를 통해 박물관의 기능이 온전히 구현될 수 있는 것이다. 이러한 의미에서 볼 때, 박물관과 관련된 모든 활동의 출발점은 바로 소장 자료의 수집이라 할 수 있다.

고려대학교박물관은 현재 국보 3건, 보물 5건을 비롯하여 고고, 역사, 민속, 도자, 서화, 근현대 미술 등에 이르기까지 약 10만 점의 자료를 소장하고 있다. 이 글은 1934년 박물관 창설 이후 고려대학교박물관에서 이루어진 자료 수집의 역사와 그 의의를 구입 및 기증 자료 중심으로 정리한 것이다. 고려대학교박물관은 창설과 함께 수집 활동을 시작했으므로 박물관 자료 수집의 역사를 정리하기 위해서는 수집의 기점이 되었던 박물관 창설에 관한 내용을 논의하지 않을 수 없다. 따라서 고려대학교박물관 창설과 관련된 내용은 별도의 장을 마련하여 서술하였다. 또한 구입 및 기증 자료의 수집 내용은 박물관의 변화와 발전을 이끌며 주요 변곡점이 되었던 자료를 중심으로 정리하였고, 이 과정에서 구입 또는 기증된 자료들이 박물관 운영과 연구에 어떻게 기여했는지를 살펴보았다. 근현대 미술품과 발굴 자료, 전통산업용구 등의 자료는 기존의 박물 자료와는 다른 성격으로 수집된 만큼 별도로 다루어 그 수집 과정과 의의를 서술하였다.

2 고려대학교박물관 창설과 자료 수집의 시작

고려대학교박물관은 안암동 교사(현 고려대학교 본관)가 완공된 1934년을 그 시초로 보고 있다. 박물관 창설의 시기를 1934년으로 특정하는 기록 중 지금까지 확인할 수 있는 가장 오래된 것은 1973년 9월 발행된 《박물관신문》 제31호 중 〈대학박물관 순례〉라는 특집기사의 '고려대학교박물관'편에서 발견할 수 있다. 이후 제8대 지동식池東植, 1928-2004 관장 재임 시기에 발간된 《고려대학교박물관소장품목록》(1989) 〈머리말〉에서도 박물관 개관을 1934년으로 언급하면서 해당 목록집을 박물관 창설 55주년을 기념하기 위해 발간했음을 밝히고 있다. 아울러 같은 해 한국대학박물관협회 발행 학술지인 《고문화》(35) 〈대학박물관 소개〉 편에서도 1934년을 고려대학교박물관이 시작된 해로 소개하고 있다. 현재까지 박물관은 1934년 창설에 대해 일관된 입장을 이어 가고 있다.

박물관의 시작에 대한 또 다른 기록은 보성전문학교와 고려대학교의 역사에 대해 정리, 기록한 학교사 자료집에서도 확인할 수 있다. 《고려대학교 60년지高麗大學校 六十年誌》(1965)에서는 보성전문학교 창립 30주년 기념사업의 일환으로 1933년부터 도서관, 대강당, 체육관의 건설을 목표로 전국적인 성금 모금 활동이 대대적으로 이루어졌고, 그 결과 도서관(현 대학원 도서관)이 1935년 6월 착공되어 1937년 9월 완공되었는데 이 도서관 내에 역사, 민속에 관한 참고품을 수집하는 참고품부가 설치되었음을 밝히고 있다. 또한 도서관 3층에 참고품 진열실이 마련되었고 이것이 현재 박물관의 기초가 되었다고 한다.[2] 이러한 내용은 이후 편찬된 《고려대학교 70년지高

2 이때 완공된 도서관 설비는 "260명 수용의 보통열람실, 서적 20만권 수용의 서고, 특별열람실, 신문잡지열람실, 전람회실, 참고품 진렬실(3실), 사무용실(6실)"과 같다(〈躍進途上의 普專 석조도서관준공石造圖書舘竣工〉, 《동아일보》, 1937년 9월 3일, 2면).

麗大學校 七十年誌》(1975), 《고려대학교 90년지高麗大學校 九十年誌》(1995) 및 《고려대학교 100년사 자료집》(2005)과 같은 학교사 자료집에서 동일하게 이어지고 있다. 이에 따르면 박물관의 시작은 1937년이 되는 셈이다.

이렇듯 박물관의 입장과 학교사 자료의 내용이 다른 것은 박물관의 시작을 무엇으로 볼 것인가에 대한 관점 차이에서 비롯된 것이다. 학교사에서 1937년을 박물관의 시초로 서술한 것은 물리적 공간의 설치와 관련 기구의 편제 및 직제 마련을 전제한 행정적 관점에서 박물관의 출발을 정의한 것이라 할 수 있다. 실제로 고려대학교 중앙도서관의 경우 이러한 제도적 입장에 따라 도서관 건물이 완공되고 남창 손진태南滄 孫晉泰, 1900-?가 초대 도서관장으로 부임한 1937년을 공식 개관 연도로 삼고 있다. 따라서 도서관 내 부속 부서였던 참고품부 역시 1937년부터 공식적인 업무와 활동을 시작했다고 보아도 무리는 없다.

그러나 대내외적으로 1934년을 고려대학교박물관 창설의 기점으로 인정하고 있는 것은 1934년 완공된 안암동 교사(현재 고려대학교 본관) 3층 도서실에서 이미 박물관 건립에 대한 계획이 수립되었고, 박물관의 핵심 활동이라 할 수 있는 자료 수집 및 정리 업무가 시작되었기 때문이다. 보성전문학교를 인수하고 교장으로 재임한 인촌 김성수 선생은 도서실 설치와 관련한 주요 업무를 현민 유진오玄民 兪鎭午, 1906-1987에게 일임하였다. 이에 따라 1934년 신축된 안암동 교사 3층에서 도서 정리와 열람 업무가 본격적으로 추진되었고, 이를 위해 1934년 9월 손진태가 사서로 정식 임명되었다.[3]

손진태는 1927년 일본 와세대대학 문학부 사학과를 졸업한 뒤 1932년 조선민속학회, 1934년에 진단학회의 설립에 참여하며 민속학과 역사학 분야에서 활발하게 활동하였으며 1934년 당시에는 연희전문학교에서 동양문화사 강의를 맡고 있었다. 특히 그는 와세다대학을 졸업하고 도쿄에 있는 동양학 전문 연구도서관인 동양문고東洋文庫, The Oriental Library에서 1932년 말부터 1934년 2월까지 사서로 근무한 경력이 있어 장서와 참고품의 정리 및 운영을 맡을 적임자로 평가되며 발탁될 수 있었다.

손진태는 와세다대학 재학 시절 스승 니시무라 신지西村眞次, 1879-1943와 쓰다 소키치津田左右吉, 1873-1961를 사사하며 인류학적·실증적 연구 방법론에 입각한 민족문화 이론을 학습하였다. 이후 동양문고에 입사하여 근무하는 가운데 조선 민속에 관한 문헌을 수집, 정리하는 동시에 현지답사도 병행함으로써 민속학 분야에서 학문적 기반을 다져 나갔다. 일본 생활을 마치고 1934년 2월 조선으로 귀국할 때까지 그는 《조선고가요집朝鮮古歌謠集》(1929), 《조선신가유편朝鮮神歌遺篇》(1930) 등의 단행본과 〈온돌문화전파고溫突文化傳播考〉(1927), 〈소도고蘇塗考〉(1932), 〈장생고長栍考〉(1933), 〈석전고石戰考〉(1933), 〈조선朝鮮돌멘(Dolmen)고考〉(1934) 등 다수의 논문을 통해 조선 민속의 기원과 역사적 전개 및 전파에 관한 연구를 지속적으로 발표했으며, 이를 통해 당대 민속학계에서 학문적 권위를 확립해 나갔다.

김성수 선생이 당시 대표적인 민속학자인 손진태를 통해 도서와 참고품 관련 사무를 전담하게 한 것은 박물관 건립에 대한 계획이 이미 마련되어 있었고, 이를 실현하기 위한 인적·학술적 기반을 체계적으로 마련하고자 했음을 시사한다. 손진태는 도서관 건물이 완공되기 전해인 1936년 이희승李熙昇, 1896-1989, 안호상安浩相, 1902-1999, 박정홍朴鍾鴻, 1903-1976 등과 함께 한 인터뷰 기사에서 '가야 할 것은 보전도서관 및 향토박물실 완성에의 길. 써야 할 글은 우리 민속자료

3 고려대학교 100년사 편찬위원회, 《고려대학교 100년사 I》(고려대학교출판부, 2008), 431쪽.

의 정리 및 연구발표'라고 새해 목표를 밝힘으로써 박물관 건립에 대한 구체적인 계획과 학문적 의지를 분명히 드러낸 바 있다.[4] 실제 손진태는 1945년까지 보성전문학교 도서관장으로 재임하면서 출장과 자료 조사를 위해 전국 각지를 다니기도 했으며 이 과정에서 수집한 민속자료는 고려대학교박물관 소장 자료의 기초가 되었다.

박물관의 건립 계획과 인적 토대를 마련한 것에 더하여, 본관 도서실에서는 1934년부터 이미 수집 활동이 실질적으로 진행되고 있었다. 이러한 사실은 현재까지 전해지는 유물등록대장의 기록을 통해 확인할 수 있다. 고려대학교박물관에는 도서관의 부속 부서였던 참고품부 시기부터 자료 수집의 경위에 따라 정리한 여러 가지 등록대장이 있다. 그중 가장 초기의 등록대장은 〈향토참고품원부鄕土參考品原簿〉[5]이고 최초로 등록된 기록은 소화昭和 10년, 즉 1935년 2월 1일부터 시작된다. 최초의 등록 자료는 석도石刀 1점, 고려 토기 1점, 고려 도기 파편 2점, 석부石斧 1점, 이조李朝 도기 파편 1점, 이조 사발 총 7점이다.[6] 또한 비고란에는 '본교기지출토本校基地出土'라고 기록되어 있어 이 7점의 자료가 학교 부지 내에서 발견, 입수된 것임을 알 수 있다.

〈향토참고품원부〉에는 해당 자료의 발견 위치에 대한 기록은 명시되어 있지 않다. 그러나 당시 본관 신축 공사가 이루어졌던 정황에 비추어 볼 때 이 자료들은 본관 건축 과정에서 출토된 것으로 추정할 수 있다. 공사가 착공될 당시 현재 본관이 자리한 지대는 좌우의 구릉으로 둘러싸인 계곡이었고, 인촌 동상이 서 있는 지점까지 깊고 낮은 경사면으로 이루어져 있었다. 따라서 본관 건축에 앞서 구릉과 구릉 사이의 낮은 부지를 산에서 채취한 흙으로 메워 평탄화하는 작업이 필요했다. 정지整地 작업을 포함한 건축 공사는 1933년 8월 1일 시작하여 1934년 8월 말 준공 목표로 계약, 진행되었다.[7] 1937년 도서관이 건립되기 전 공사가 이루어진 안암동 교사는 본관 단 한 곳뿐이었다. 따라서 7점의 출토 유물은 본관 건축을 위해 학교 주변 산에서 채취한 토사를 성토하는 과정에서 발견한 것으로 추측할 수 있다. 이를 근거로 할 때 〈향토참고품원부〉에 처음 등록된 7점의 출토 자료는 1933년 8월부터 1934년 8월 사이 발견되어 임시로 반출되어 있다가 1934년 본관 건축 이후 도서실로 이전되었고, 이후 조사 및 정리 과정을 거친 후 1935년 2월 1일 정식 등록된 것으로 볼 수 있다.

1934년에는 교내 부지에서 출토된 자료 외에 기증 자료의 수집과 정리 작업도 함께 이루어진 것으로 보인다. 〈향토참고품원부〉에는 상술한 7점의 자료 다음으로 2월 10일에 돌 및 조개로 만든 화폐, 야프Yap섬 원주민의 여자 치마 등 남양군도南洋群島[8]의 민속자료가 등록되어 있는데 이 자료와 관련한 내용을 《동아일보》 1934년 11월 기사에서 찾을 수 있다. 해당 기사에는 메이지대학 학생 이일준李一濬이 남양군도에서 수집한 74종류, 125점의 동식물 및 기타 고고학 관련 물품을 동아일보를 통해 보성전문학교에 기증할 의사를 밝혔고, 동아일보 측에서는 이를 잘 보관하였다가 동교로 전하겠다는 내용을 싣고 있다.[9] 〈향토참고품원부〉의 비고란에도 '이일준 남양군도 여행 중 수집품, 동아일보사 경유 기증'이라고 적힌 기록이 있어 기사에 언급된 수집품과 동일

---

4 〈凹凸鏡〉, 《동아일보》, 1936년 1월 4일, 1면.

5 이 향토참고품목록 역시 여러 가지 이본들이 있는데 한국전쟁 이전과 이후의 대장, 그리고 이전 등록 목록을 복사하고 이후 추가로 등록한 자료를 필사한 대장, 총 3본이 있다.

6 이 7점의 유물 중 6점의 유물은 한국전쟁으로 소실되어 이조 사발 1점만 남게 되었고, 전쟁 후 수습되어 고려대학교박물관의 소장품 중 1번으로 등록되어 있다.

7 고려대학교 100년사 편찬위원회, 《고려대학교 100년사 I》, 396쪽.

8 현재의 미크로네시아 연방, 마셜 제도, 팔라우, 북마리아나 제도, 괌 등을 포함한 태평양 지역 일대.

9 〈南洋島產品을 普專에 寄贈〉, 《동아일보》, 1934년 11월 30일, 3면.

한 자료임을 알 수 있다.[10]

이를 통해 1934년 11월 30일 이후 이일준이 기증한 수집품은 동아일보를 통해 보성전문학교 도서실로 옮겨졌고 정리 작업을 거쳐 1935년 2월 10일 등록을 완료했음을 알 수 있다. 이일준이 자신의 수집품을 보성전문학교에 기증할 의사를 밝혔고, 동아일보 측에서 이를 손진태가 근무하는 본관 도서실로 보낸 것은 본관 도서실이 자료를 수집하고 이를 정리, 등록할 부서로 인식되고 있었다는 것, 그리고 실질적으로 이러한 박물관 활동이 도서실에서 이루어지고 있었음을 보여 주는 것이다. 이후 보성전문학교 창립 30주년 기념사업을 계기로 각처에서 역사·민속 참고품의 기증이 이어졌고, 도서관은 1938년 이미 3만여 권의 장서와 함께 참고품 2,419점을 수장하여,[11] 민속참고품이 풍부한 도서관으로 그 특색을 알릴 수 있게 되었다.[12]

이와 같이 박물관은 본관 도서실에서 손진태에 의해 자료 수집과 정리 작업이 개시된 1934년을 박물관 창설의 기점으로 설정하고 있다. 이는 박물관의 핵심적 기능이 실질적으로 작동하기 시작한 시점을 기준으로 삼는 한편, 당시의 수집 활동이 개인적 차원을 넘어 고려대학교박물관 설립을 위한 계획적이고 제도적인 준비의 일환이었음을 시사한다. 나아가 단순한 소장품 축적을 넘어 문화적 자산을 보존하고 연구하는 박물관 본연의 기능이 이 시점부터 본격화되었음을 의미한다. 1934년부터 체계적으로 수집, 정리된 자료를 토대로 이후 다양한 지역, 인물로부터 자료 구입 및 기증이 지속적으로 이루어졌으며, 이는 현재 박물관 초기 컬렉션을 형성하는 데 중요한 역할을 했다.

3 안함평 여사의 기부와 구입을 통한 자료 수집

고려대학교박물관에는 특별히 A로 시작하는 등록번호를 부여하고 별도로 관리하는 수집 자료가 있다. 이 A는 안함평安咸平, 1879-1937이라고 하는 여인의 성을 표시하는 것이다. 안함평 여사는 보성전문학교 창립 30주년 기념사업회가 전국적으로 성금을 모으고 있던 1936년 자신의 전 재산을 보성전문학교의 발전을 위해 기부했던 여인이다. 등록번호 A로 시작하는 소장 자료는 안함평 여사가 희사한 기부금을 토대로 구입, 수집된 자료이다.

여사의 기부 사연은 당시 여러 언론 기사와 학교사 자료집에서 전하고 있다.[13] 이에 따르면 58세의 안함평 여사는 일찍이 남편과 사별하여 전북 고창군 흥덕면 사창리에서 홀로 살며, 약간의 재산을 기반으로 근검절약하여 착실히 재산을 모았다고 한다. 여사가 평생 모은 재산은 연간 수확량 80석石에 달하는 논 16,000여 평과 밭 9,600여 평이었는데, 보성전문학교의 교육사업에 뜻을 같이하고 이를 모두 기부하였다. 당시 언론에서는 홀로 사는 외로운 처지에도 세속의 풍습대로 양자養子를 두어 노년의 생활을 계획하기보다 사회의 공공사업을 위해 희사한 여사의

10 다만 기사에 언급된 74종류, 125점의 수집품 중 박물관에 입수, 등록된 유물은 남양군도 체류 조선인의 친목회회칙 등의 문서류 등을 제외한 51점으로 파악된다. 이 중 한국전쟁 후 수습된 자료는 총 25점이다.

11 김유칠, 〈奉仕の觀念〉, 《普專丁丑年商科卒業生通信》 4(1940): 47쪽.

12 〈文化建設途上의 朝鮮〉, 《동아일보》, 1938년 1월 3일, 3면.

13 김유칠, 〈奉仕の觀念〉, 《普專丁丑年商科卒業生通信》 4(1940): 47쪽. 〈全財産八十石土地 普成專門에 寄附〉, 《동아일보》, 1936년 3월 13일, 3면; 〈教育朝鮮의 一好事〉, 《동아일보》, 1934년 3월 14일 자 1면; 〈血汗의 全財産을 普成專門에 寄附〉, 《조선중앙일보》, 1936년 3월 13일, 2면; 〈안함평녀사의 미거〉, 《신한민보》, 1936년 4월 16일, 3면. 이하 안함평 여사의 내용은 위 자료를 참고하였고, 그 외 별도의 출처가 필요한 내용은 각주로 밝힌다.

기부 행위를 전하며 "일체의 사익을 돌아보지 않고 사회를 위한 겸손한 태도", "일천만의 여성조선을 위하여 대기염을 토한 것", "전 재산을 아낌없이 조선 청년의 교육을 위하여 내던진" 것으로 평하고 있다.

안함평 여사가 어떤 인물이었는지 확인할 수 있는 기록을 찾기는 어렵다. 생계를 위해 주막업을 했다고 전해지기도 하고, 광우리 장사, 즉 논밭에서 일군 곡식으로 도매업을 했다고도 전해진다.[14] '함평'이라는 지명을 이름으로 사용한 것으로 보아도 권세를 지녔거나 살림이 풍족한 집안 출신이 아니었음은 분명하다. 다만 안함평 여사가 생존했던 시기의 신문 기사와 거주 지역을 연결하면 약간의 행적을 추정할 수 있는 내용이 보인다. 1927년 7월 28일 자 《조선일보》에는 줄포노조총회의 회제 규칙 변경 소식을 전하며 말미에 의연금을 낸 인사와 금액을 적어 놓았는데, 여기에 '안함평 여사 10원'이라는 기록이 보인다.[15] 또한 1936년 5월 13일 자 《조선중앙일보》에는 전북 고창군 부안공립보통학교의 교사 증축과 제반 설비를 위해 각계의 성금을 요청하는 기사가 실려 있고, 이 글의 끝에는 희사금을 낸 인사 명단이 적혀 있는데, 여기에서도 '안함평 50원'이라는 내용을 찾을 수 있다.[16]

고창과 줄포는 모두 안함평 여사의 거주지와 관련이 있는 곳이다. 기부 당시 안함평 여사의 거주지였던 사창리는 고창군 내에 속한 마을이었고 줄포는 부안군 내 항구 지역으로, 행정구역은 다르지만 10-15km 내외의 가까운 거리에 있어 왕래가 빈번하였다. 줄포항은 개화기에 축조되어 일제 시기 인천항, 목포항, 군산항과 더불어 서해안 4대 항구 중 하나로 어업과 곡물 유통의 중심지 역할을 하던 곳이다. 특히 1927년부터 1930년에 걸쳐 줄포 서빈리 부근을 매립하여 형성한 선착장에는 어선 선착장, 미곡 반출 선착장이 조성되었고, 음식점과 술집 등이 즐비하였다.[17] 여사가 추수한 곡식을 거래하고 주막 경영에 필요한 물품을 구매하기 위해서는 자연스럽게 줄포항을 출입할 수밖에 없었을 것이고, 인근의 인물과 소식을 접할 기회도 적지 않았을 것이다. 이러한 내용을 미루어 볼 때 전술한 두 기사에 등장하는 인물은 안함평 여사와 동일 인물일 가능성이 있다. 기사에 등장하는 인물이 안함평 여사와 동일인일 가능성을 염두에 둔다면 여사는 자신의 힘으로 어느 정도 경제 기반을 이루고 노동 현실에 대한 이해와 교육 의식을 가진 인물이었을 것으로 짐작된다.

또한 고창과 줄포는 김성수 선생이 태어난 고향이자 성장기를 보낸 곳이기도 하다.[18] 김성수 선생은 30주년 기념사업의 의의를 설명하고 더 많은 사람들에게 기부 신청을 받기 위해 거금 3천 원을 들여 구매한 자동차로 전국 곳곳을 순회하며 모금 운동을 벌였다. 연고지인 호남 지역 역시 방문하였고,[19] 이 시기 안함평 여사도 자연스럽게 그 소식을 전해 들었을 가능성이 크다. 안함평 여사는 1936년 보전에 자신의 전 재산을 기부할 의사를 밝히기 위해 경성 계동桂洞에 있던 김성수 선생의 자택을 직접 찾았다고 한다. 당시 기차 혹은 배편으로 한나절 이상 걸리는 고단한

---

14 〈大學街의 裏窓普(6) 普專에서 代를 이은 高麗大學校〉, 《경향신문》, 1962년 7월 7일, 3면.

15 〈茁浦勞組總會 會制規則變更〉, 《조선일보》, 1929년 7월 28일, 1면.

16 〈富安公普에 寄附金還至〉, 《조선중앙일보》, 1936년 5월 13일, 3면.

17 김일기, 〈곰소만(灣) 어촌취락의 성쇠에 관한 연구—사포(沙浦), 후포(後浦), 줄포(茁浦)를 중심으로〉, 《全羅文化論叢》(전북대학교 전라문화연구소) 1(1986): 159-160쪽.

18 김성수 선생은 1890년 전라북도 고창군에서 출생하였으며 이후 일본으로 유학을 떠나기 전 부안군 줄포에서 성장하였다.

19 김성수 선생은 1934년 5월 광주를 방문하여 지역의 인사를 직접 찾아다니거나 방문을 받으면서 기념사업의 취지를 전하고 협조를 요청하여 직접 기부금의 출연을 얻었다. 이때 접촉한 인물들은 광주에 거주하거나 호남의 다른 지역에서 광주로 이전한 인물 등 다양했다. 〈湖南巡訪記 普專卅週年紀念事業을 期하야〉(1-2), 《동아일보》, 1934년 5월 19일, 22일, 3면.

일정을 감내하며 상경할 정도였으니 안함평 여사가 창설 30주년 기념사업의 취지와 내용에 대해 확고한 인식과 이해를 가지고 있었음을 알 수 있다. 기부 후 인터뷰에서 수년 전부터 기부 계획이 있었지만 너무 약소하여 발표할 용기가 없었다는 심경을 전한 여사의 말[20]에서도 이를 짐작할 수 있다.

여사는 기부 후 1년 뒤인 1937년에 작고하였다. 김성수 선생은 도서관 참고품부 사무실에 고인의 초상화를 걸어 놓도록 했고, 후사가 없는 여사를 위해 한국전쟁이 일어나기 전까지 따로 제사를 지내 주었다고 한다. 또한 여사가 기부한 논밭과 추수를 일반회계가 아닌 특별회계로 처리하여 뜻있는 사업을 지속하기로 했고, 이는 여사의 기부금을 재원으로 삼아 여성 민속품을 수집하는 것으로 구체화되었다.

안함평 여사의 뜻있는 기부로 마련된 재원은 박물관 자료 수집의 마중물이 되었다. 기금을 통해 박물관은 안정적인 자료 구입 예산을 확보할 수 있었고, 다양한 민속품을 구입함으로써 자료 수집의 내실을 기할 수 있게 된 것이다. 사무실에 걸려 있던 여사의 영정 사진은 한국전쟁 중 유실되었지만 그 뜻은 또 다른 방식으로 이어지고 있다. 박물관에서는 여사를 박물관 유공자로 기리며 1988년 전라북도 고창군 부안면 야산에 있던 여사의 묘역을 천안공원묘지로 이장했고, '고려대학교박물관 유공자 安咸平女史之墓'라는 비문을 새긴 묘비를 세워 추모의 뜻을 기리고 있다.[21]

안함평 여사의 출연금을 토대로 구입, 정리된 소장 자료는 1938년부터 1940년까지 〈고안함평여사기념 향토참고품원부故安咸平女史紀念 鄕土參考品原簿〉에 등록되어 있다. 원부에 등록된 자료는 총 471건이나 한국전쟁으로 100여 건 이상이 소실되었고 전쟁 후 수습, 정리하여 현재 총 304건이 보존되어 있다. 이들 소장 자료는 주로 조선 및 고려의 민속품과 도자기에 집중되어 있다. 민속품에는 경대, 머릿장, 찬합, 주칠목반, 소반, 강판 등 여성 민속품을 비롯하여 탁자, 돈궤, 반다지 등의 목가구와 목침, 연적, 연상, 필통 등 생활 목공예품도 다수 포함되어 있다. 또한 고려 및 조선 시대의 합盒, 사발, 접시, 항아리 등의 생활 도자기가 포함되어 있어 여성의 생활과 밀접한 유물 위주로 구입이 이루어졌음을 알 수 있다. 현재 고려대학교 역사 민속실에는 안함평 여사 기부금으로 구입된 민속품들이 다수 진열되어 여사의 뜻을 잇고 있다.

박물관은 안함평 여사의 재원으로 마련된 기금으로 자료를 구입하기도 했지만 일반예산으로 자료를 구입하는 방식도 병행하였다. 이렇게 구입된 자료는 안함평 여사가 출연한 기금으로 구입한 자료와는 별도로 〈향토참고품원부〉 및 〈수장품대장收藏品臺帳〉에 분류, 정리되어 있다.

구입을 통한 자료 수집은 1935년부터 시작되어 자료 구입비가 박물관 예산 항목에서 제외된 2011년까지 지속되었다. 고려대학교박물관의 구입 자료는 특정 분야에 한정되지 않고 고고, 역사, 민속, 고미술에 이르기까지 폭넓게 이루어졌다. 이러한 광범위한 분야의 자료 구입은 고려대학교박물관이 종합박물관으로서의 면모를 갖추게 하는 바탕이 되었다.

자료를 구입하기 위해 거래한 구매처는 300여 곳에 이르며, 이들의 거주 지역 또한 서울에 한정되지 않고 경기, 경상, 전라 지역을 포괄하며 전국적인 분포를 보인다. 입수처에 가장 많이 등장하는 판매자 중 한 명은 김수명金壽明이다. 그는 일제 시기와 해방 후 한국의 대표적인 골

20 〈全財産八十石土地 普成專門에 寄附〉, 《동아일보》, 1936년 3월 13일, 3면.

21 〈高大박물관의 어머니 安咸平 여사 善行 50년만에 謝恩의 비석 세운다〉, 《동아일보》, 1986년 7월 8일, 3면; 〈高大박물관 發展 공헌 安咸平 여사 묘비 제막〉, 《동아일보》, 1988년 6월 20일, 3면.

동품상 중 한 명으로, 시청 뒤편 '우고당友古堂'이라고 하는 상점을 운영했다. 김수명으로부터 구입한 자료에는 〈의령남씨전가경완도宜寧南氏傳家敬翫圖〉, 〈경복궁배치도景福宮配置圖〉, 〈임란전승평양입성도병壬亂戰勝平壤入城圖屛〉, 〈예궐반차도詣闕班次圖〉, 〈해좌전도海左全圖〉 등 중요 자료가 많이 보인다.

이들 판매자 가운데 눈에 띄는 인물로 송신용宋申用, 1884-1962과 한상윤韓相允, ?-?을 들 수 있다. 이들은 일제 시기와 해방 후 한국의 대표적인 서적 중개상으로, 책쾌 즉 고정된 가게 없이 고객을 찾아다니며 책을 판매하던 서적 외판원이었다. 이들을 통해 구입한 자료에는 통문通文, 문기文記, 성표成標, 첩보牒報, 패자牌子, 시권試券, 과지科紙, 서간書簡 등 문서류가 많이 보인다. 송신용과 한상윤의 주 판매 종목이 서적이었고, 박물관이 도서관 공간에 있을 때 주로 거래가 이루어진 것으로 보아, 이들은 고려대학교도서관에서 장서를 거래하면서 해당 문서류를 박물관에 함께 판매한 것으로 보인다.

또한 자료의 입수처로 기록된 판매인 중에는 광복 이전에 거래했던 일본인의 이름도 함께 보이는데, 일본인 판매자로는 아마이케 시게타로天池茂太郎, 야노 주이치矢野忠一 등이 자주 등장한다. 이들은 광복 전까지 경성미술구락부 경매도록에 세화인世話人, 곧 골동품 중계인으로 이름을 올리며 활동했다. 특히 아마이케 시게타로는 명동의 거상으로 1942년에는 경성미술구락부 취제역, 즉 이사까지 역임한 인물이다. 이들 일본인으로부터 구입한 자료는 백자로 된 화장기구化粧器具 및 떡살, 제등, 찬합, 화로 등의 민속품을 비롯하여 장도병粧刀柄, 화약통火藥桶, 갑옷 등의 무기류까지 다양했다.

4 기증을 통한 자료 수집

1) 인촌 김성수 선생 기증 자료

인촌 선생은 1937년 건립된 도서관 건립과 함께 그 내부에 참고품부를 두어 역사 및 민속 관련 자료를 체계적으로 수집할 것을 구상하였다. 이러한 계획은 인촌 선생이 사재로 직접 구입하거나 자택에 소장하고 있던 자료를 직접 기증함으로써 구체화되었다. 현재 고려대학교박물관에 소장되어 있는 인촌 선생의 기증 자료는 총 138건 277점으로 파악된다. 전쟁 전후의 〈향토참고품원부〉를 비교·대조해 보면, 청동 향로와 조선도朝鮮刀를 포함한 약 144건의 추가 기증품이 있었던 것으로 추정되나, 이들 자료는 전쟁 중에 유실된 것으로 보인다. 전쟁을 무사히 넘긴 기증품으로는 국보로 지정된 혼천시계渾天時計를 비롯하여 청자, 백자, 백자청화 등 도자기, 부친 김기중金祺中, 1859-1933 선생의 생활 유품, 그리고 기타 민속품 등이 포함되어 있다.

인촌 선생이 기증한 대표적인 자료는 국보로 지정된 혼천시계이다. 혼천시계는 1669년(현종 10) 관상감 천문학겸교수였던 송이영이 제작하였고, 조선 시대에 제작된 천문시계 중 유일하게 현존하는 것이다. 이 시계는 동양의 천문기구인 혼천의와 서양의 기계식 시계 장치를 결합한 것을 특징으로 한다. 서로 연결된 혼천의와 시계 장치는 추錘 2개의 낙하 운동을 동력으로 활용하여 태양, 달, 별의 위치 변화를 재현하는 동시에 진자와 톱니바퀴의 정교한 움직임을 통해 시간의 흐름을 청각적·시각적으로 전달하는 조선시대 최첨단 과학기구이다.

혼천시계는 제작 후 창덕궁 홍문관에 설치되어 시간 측정과 천문학 교습용으로 사용되다가 알 수 없는 경로로 외부에 유출되었다. 이후 장사꾼의 손에 넘어갔으나, 인촌 선생이 그 가치를 알아보고 당시 기와집 한 채에 해당하는 값을 지불하고 구매한 것으로 전해진다. 인촌 선생은

1930년 전후로 혼천시계를 구매해 자택에서 보관하다가 1935년 학교에 기증하였고 이는 〈향토참고품원부〉 1935년 10월 14일 등록 기록으로 남아 있다.

인촌 선생이 집 한 채 값에 해당하는 거금을 주고 과감하게 구입했을 정도로 혼천시계의 역사적·과학적 가치는 분명했으나 당시 혼천시계에 대한 이해도는 전반적으로 낮았다. 1930년대 기사만 보아도 혼천시계를 다시는 얻기 힘든 문화유산으로 높이 평가하면서도, 청淸 황실의 하사품으로 오인하거나 조선 시대에 시계 관련 기술이 전무했다고 잘못 이해하는 내용을 볼 수 있다.[22]

혼천시계의 독창성과 학술적 가치에 주목하고 이를 이론적으로 정리하여 세계에 알린 이들은 루퍼스W. Carl Rufus, 1876-1946, 프라이스Derek J. de Solla Price, 1922-1983, 니덤Joseph Needham, 1900-1995과 같은 외국의 천문학자들과 전상운全相運, 1928-2018 등의 후대 과학사 연구자였다.

루퍼스는 캐나다 출신의 감리교 선교사이자 천문학자로, 연세대학교의 전신인 연희전문학교의 창설에도 공헌을 한 인물이다. 그는 1914년에서 1917년까지 연희전문학교 수물과數物科[23]에서 천문학을 강의했고, 이후 미국으로 건너가 시카고 대학교에서 천문학 교수로 재직했다. 1935년 안식년을 얻어 한국을 다시 찾은 그는 1년간 머물며 《Korean astronomy》(1936)[24]라는 한국 천문학 서적을 출간했는데, 이 책에서 인촌 선생의 자택에서 촬영된 사진과 함께 혼천시계가 소개되면서 그 존재가 알려지기 시작했다.[25]

1950년대에 들어서면서 예일대학의 프라이스는 루퍼스의 책을 통해 혼천시계의 존재를 알게 되었고, 한국의 과학사 연구자 전상운에게 조사를 부탁하면서 본격적인 연구를 시작했다. 이후 1960년 프라이스는 케임브리지대학의 니덤과 공동 저작을 발표하면서 혼천시계의 원리와 우수성을 세계적으로 알리기 시작했다.[26] 한국에서는 전상운 교수가 실물조사와 문헌 고증을 통해 1962년 일본 과학사학회의 학회지 《과학사연구》에 혼천시계에 관한 논문을 발표하고, 이를 재정리하여 국내에 발표함으로써 연구의 기틀을 마련했다.[27] 이를 통해 혼천시계는 한국 과학사의 중요한 유산으로 자리 잡았으며, 세계적으로도 그 가치를 널리 알리게 되었다. 이후 혼천시계는 조선의 뛰어난 과학 기술력과 실용성을 반영한 독창적인 발명품으로 평가되면서 그 가치를 공식적으로 인정받아 1985년 국보로 지정되었다.

인촌 선생은 문화유산의 가치와 진가를 깊이 이해하고, 과감한 투자로 혼천시계를 구입하여 박물관에 기증하였다. 그의 기증 덕분에 혼천시계는 더 많은 사람들에게 공개되고, 그 역사적·과학적 가치를 발휘하며 널리 향유될 수 있었다. 또한, 루퍼스, 니덤, 프라이스, 전상운 등 여러 과학자들의 연구가 뒷받침되면서, 혼천시계는 동서양의 과학 기술이 창의적으로 융합된 정교한 과학 기구로서 그 가치를 더욱 빛낼 수 있게 되었다.

---

22 〈最近의 撥遣과 學界의 收穫〉, 《동아일보》, 1938년 1월 5일, 3면.

23 수학 및 물리학과, 이후 이과로 개편.

24 이 저서는 조선기독교연합대학(연희전문학교) 문과에서 영문으로 발행한 세 번째 학술서이다. 표지에는 왕립아시아학회 한국지부 보고서 26권의 재간행임이 명시되어 있다. 추천사는 당시 연희전문학교 문과 과장이었던 백낙준(白樂濬, 1895-1985)이 작성했으며, 인쇄는 서울 YMCA 출판부에서 이루어졌다.

25 루퍼스는 안식년 기간 동안 한국에 다시 와서 1935년부터 1936년까지 저서를 집필했고, 이를 1936년 10월 15일 출판했다. 루퍼스는 저서에서 혼천시계의 조사가 인촌선생 자택에서 이루어진 것으로 기록하고 있다. 따라서 루퍼스는 인촌 선생이 혼천시계를 학교에 기증한 1935년 10월 14일 이전에 인촌 선생댁을 방문해서 혼천시계를 보았음을 알 수 있다.

26 J. Needham, Wang Ling, & D. J. Price, *Heavenly Clockwork*(Cambridge University Press, 1960), 161-163쪽.

27 전상운, 〈璿璣玉衡(天文時計)에 對하여〉, 《고문화》(한국대학박물관협회) 2(1963): 2-10쪽.

2) 동아일보 경유 기증 자료

인촌 선생이 직접 기증한 것은 아니지만 인촌 선생의 교육사업에 뜻을 함께하거나 인연이 있던 이들의 기증이 박물관 창설 초기부터 이어졌다. 특히 동아일보를 경유하여 기증된 자료에는 〈수선전도首善全圖 목판〉, 〈본영도형本營圖形〉, 〈서궐도안西闕圖案〉, 〈동궐도東闕圖〉, 〈신록新綠〉, 〈북관유적도첩北關遺蹟圖帖〉, 〈가례반차도嘉禮班次圖〉 등 국보 및 보물로 지정된 문화유산이 다수 포함되어 있다.

이 중 〈수선전도 목판〉은 1935년 3월 15일, 동아일보를 통해 기증, 등록된 자료이다. 이 목판은 19세기 한양의 지도인 〈수선전도〉를 인쇄하기 위해 제작된 것으로, 1824년부터 1834년 사이에 김정호金正浩가 제작한 것이다. 3개의 판목을 이어 붙이고 먹물을 묻혀 찍으면 19세기 초 한양의 주요 도로와 시설뿐만 아니라 성 밖의 마을, 산, 절까지도 정밀하게 나타난다. 이 목판은 도성 지도 중에서도 정확성과 정밀함, 크기 면에서 가장 뛰어난 작품 중 하나로 평가되며, 정교한 판각 기법이 돋보여 1986년 보물로 지정되었다. 한국전쟁 이후 흩어진 자료를 수습하는 과정에서 이 목판은 원형 그대로 무사히 되찾을 수 있었는데, 당시 수습 현장에 있었던 윤세영尹世英(제9대·11대 관장)에 의하면 전쟁 중 도서관 건물을 점유했던 국군, 인민군, 미군의 군화 자국이 목판 위에 가득했다고 한다.[28] 이러한 역사적 격변 속에서도 온전히 보존된 〈수선전도 목판〉은 오늘날에도 조선 후기 한양의 도시 구조와 생활상을 연구하는 데 중요한 자료로 활용되고 있다.

〈동궐도〉, 〈서궐도안〉, 〈본영도형〉, 〈신록〉은 본래 고려대학교도서관에 소장되어 있던 자료였으나 1959년 박물관으로 이관·등록되었다. 이는 1962년 박물관이 도서관에서 분리되어 독립 건물로 이전하기 전, 박물관 이전을 준비하는 과정에서 이루어진 것이다. 해당 자료의 기증자와 정확한 기증 시점에 대한 기록이 남아 있지 않지만 목록을 통해 동아일보를 경유해 기증되었음이 확인된다. 또한 등록번호 및 유사한 자료들의 수증 시기를 비교해 볼 때, 적어도 1945년 이전에 기증된 것으로 추정된다.

1989년 동아대학교 소장본과 함께 국보로 지정된 〈동궐도〉는 비단에 창덕궁과 창경궁, 후원의 전경을 세밀하게 그린 채색 궁궐도이다. 1828년부터 1830년 사이에 제작된 것으로 추정되는 이 궁궐 기록화는 전체를 총 16첩의 책으로 나누고, 각각 다섯 번 접어 보관하는 절첩折帖식 형태로 구성되었다.

고려대학교박물관 소장본 〈동궐도〉 표지에는 '인일人一'부터 '인십육人十六'이라는 표기가 확인되는데, 이는 〈동궐도〉가 '천天·지地·인人' 세 본으로 제작되었음을 의미한다. 따라서 병풍 형태로 보존되어 있는 동아대학교박물관 소장 〈동궐도〉 및 현재까지 확인되지 않은 한 본은 〈동궐도천天〉 또는 〈동궐도지地〉일 가능성이 크다. 1938년 기사에는 한 가문이 대대로 〈동궐도〉를 소장해 왔으나 가세가 기울어 매도용으로 공개했다는 내용과 함께 사진이 게재되어 있는데,[29] 이 기사에 등장하는 〈동궐도〉는 천·지·인 3본 중 하나였을 것으로 보인다.

이 그림은 회화적으로도 뛰어난 예술적 가치를 지닐 뿐만 아니라, 창덕궁과 창경궁의 전체적인 배치와 주요 시설, 조경 등의 원형 정보를 풍부하게 담고 있어 궁궐 복원의 중요한 고증 자료로 활용되고 있다.

---

28 〈윤세영 전 고려대학교박물관장 회고〉, 2016년 6월 15일, 고려대학교박물관 소회의실.

29 〈最近의 撥遣과 學界의 收穫〉, 《동아일보》, 1938년 1월 5일, 3면.

2007년 보물로 등록된 〈서궐도안〉은 경복궁의 서쪽에 있는 경희궁의 전경을 그린 궁궐도이다. 1829년(순조 29) 이전에 제작된 것으로 추정되는데, 〈동궐도〉와는 달리 12폭의 종이를 이어 붙인 대형 화폭 위에 채색 없이 먹으로만 표현된 형태로 전해지고 있다. 정밀하게 묘사된 먹선 아래에 밑그림이 남아 있는 부분이 있어, 화원들이 궁궐도를 제작하는 과정을 짐작할 수 있는 자료이다. 또한 99개에 이르는 건물마다 지붕 용마루선 바로 아래에 건물의 이름이 빠짐없이 표기되어 있어 대부분의 전각이 이건移建되거나 훼철毁撤된 경희궁의 옛 모습을 추정하는 데 있어 핵심적인 고증자료로 활용되고 있다.

〈본영도형〉은 조선 정조正祖 재위 시기 친위부대였던 장용영壯勇營이 주둔했던 청사 본영本營의 평면도안이다. 현재까지 1799년에 그려진 채색화(도형 기미본) 1점과 1799년, 1801년에 그려진 평면도안(정간 기미본, 정간 신유본) 2점이 전하며, 이들은 한국학중앙연구원 장서각과 고려대학교박물관에 소장되어 있다. 고려대학교박물관 소장본 〈본영도형〉은 1799년 제작된 정간 기미본으로, 현재 서울 종로4가 이현궁 터에 설치되었던 장용영 본영을 정확한 축척을 바탕으로 그린 평면도이다. 이 도안은 당시 건물 배치를 상세히 나타내어 당시의 발전된 측량 기술을 보여줄 뿐만 아니라, 오늘날 흔적조차 남아 있지 않은 장용영의 규모와 세부 건물의 배치 및 기능을 밝힐 수 있는 중요한 역사적 자료로 평가된다. 이 도안은 한국학중앙연구원 장서각에 소장된 채색화 및 평면도안과 함께 장용영의 변화와 확장 과정을 시각적으로 보여 주는 자료로 인정받아 2020년 보물로 지정되었다. 이는 조선 후기 군사시설 연구뿐만 아니라, 당시의 건축 및 도시 계획을 이해하는 데에도 중요한 사료적 가치를 지닌다.

〈신록〉은 노수현盧壽鉉, 1899-1978이 1920년대에 그린 작품 32점 중 하나로, 창덕궁 경훈각景薰閣 내벽에 부착된 〈조일선관도朝日仙觀圖〉 다음으로 큰 작품이다. 이 작품은 우리나라 화단에서 근대적인 산수화로의 이행 과정을 보여 주는 대표작으로 평가되며, 서양식 원근법을 수용해 산, 냇물, 나무, 집 등의 풍경을 자연스럽게 배치한 것이 특징이다. 화면 하단에는 '심산心汕'이라는 노수현의 낙관이 있고, 뒷면에는 보성학교 교인校印이 찍혀 있어 노수현의 모교인 보성학교의 의뢰를 받아 제작, 설치되었다가 고려대학교로 기증된 것임을 짐작할 수 있다. 〈신록〉은 한국전쟁 후 도서관에서 장서 정리가 한창이던 때 정리 도서와 섞여 자칫 망실될 뻔하기도 했으나 윤세영의 기지로 무사히 보존될 수 있었다.[30] 〈신록〉은 근대 한국 산수화의 전환기적 특징을 잘 보여 주는 중요한 작품으로, 역사적·예술적 가치를 인정받아 2013년에 국가등록문화유산으로 지정되었다.

3) 신창재·박재표 기증 자료

1950년 발발한 한국전쟁은 한국 사회에 막대한 인적·물적 피해를 안겨 주었고, 학교 역시 전쟁의 참화를 피해 갈 수 없었다. 고려대학교는 피난지인 대구 원대동 임시 교사에서 학사 운영을 이어 가다가 휴전 후 여러 가지 우여곡절 끝에 1954년 2월에야 안암동 교사로 복귀할 수 있었다.[31] 학교 시설에도 피해가 있었지만 도서관 참고품실 수장고에 보관, 정리되어 있던 박물관

30 〈윤세영 전 고려대학교박물관장 회고〉, 2016년 6월 15일, 고려대학교박물관 소회의실.

31 1953년 한국전쟁 휴전 후 고려대학교는 서울로 환도했으나 전쟁 시 미 제5공군 통신대가 거주하고 있어 바로 복귀하지 못하고 1953년 8월 중앙중·고등학교 교사를 빌려 개강했다. 이때 학교 건물을 한국유엔부흥위원단(UNKRA)이 반영구적으로 사용할 수도 있다는 정보가 돌자 유진오 총장 이하 학생과 교수, 재단, 교우회가 반대 호소를 극렬하게 전개하여 문제를 수습한 후에야 1954년 2월 안암동 교사로 복귀할 수 있었다.

자료 역시 상당 부분 파손, 유실되었다.[32]

안암동 교사 복귀 후 박물관에서는 남은 자료를 수습하여 신번호로 등록하고 도서관 자료 중 박물 관련 자료를 이관, 등록하는 작업이 시작되었다. 또한 역사·민속품을 신규로 구입하고 도서관 3, 4층에 진열하는 등 박물관 자료를 재정비하려는 노력이 계속되었다. 재건의 노력이 이어지는 가운데 박물관은 자료 수집과 운영의 큰 전환을 맞게 되는데, 그 계기는 1958년 신창재申昌綍, 박재표朴在杓, 1886-1951 두 독지가의 소장 서화, 도자 및 골동품이 다량으로 기증된 일이었다.

박재표는 경상남도 진주 출신의 실업가로, 1920년대 진주청년회와 신간회 진주지부 위원장을 역임하며 진주청년회관 설립에 관여하였고, 운동회, 강연 및 토론회, 각종 공연 활동의 유치 등을 통해 지역의 문화활동 및 사회운동을 선도한 인물이다. 또한 진주유치원, 진주도서관, 일신고등보통학교 및 일신여자고등보통학교의 설립과 운영에 참여하는 등 진주 지역의 육영사업을 위해 애쓰기도 했다. 아울러 1,500여 점에 이르는 고미술품을 수집한 소장가로, 문화재 수호에도 앞장선 것으로 알려져 있다.[33] 특히 그가 소장했던 고서화는 1929년 《조선일보》 주최 '조선고서화전람회', 1930년 《동아일보》 주최 '조선고서화진장품 전람회'에 출품되어 언론에 소개되기도 할 만큼 수작으로 평가되기도 했다.[34]

신창재는 경상남도 거창 출신으로, 1918년 경성의학전문학교를 졸업하고 의사로 활동했던 인물이다. 졸업 후 고향 거창에서 남창의원南昌醫院을 개업하여 의료 활동을 이어 갔는데 걸인 등 무의탁자에게는 치료비를 받지 않고 진료해 주었고, 공중위생을 위하여 병원 근처에 공동욕실을 건설했다고 한다. 또한 거창면협의원, 거창읍회의원 등을 맡으며 거창농림학교의 설립, 보성학원普成學院 유지, 이재민 구제 등의 활동에 관여하며 지역사회의 발전을 위해 애쓰기도 했다.[35] 그는 서화書畫를 좋아해서 40여 년간 꾸준히 수집하였는데, 한국전쟁 전 공비 습격 등으로 정국이 불안해지자 수집품을 지키기 위해 고향인 거창을 떠나 대구로 거처를 옮겼다가 휴전 후에는 서울로 근거지를 옮길 정도로 소장품에 대한 애정이 깊었던 것으로 보인다.[36]

박재표와 신창재 두 사람 모두 박물관 설립에 대한 의지를 지니고 있었으나 여러 가지 사정으로 인해 그 뜻을 실현하지는 못했다. 한국전쟁 이전 박재표가 수집한 자료 일부가 신창재에게 이전되어 그의 소장품으로 편입되었으며, 그는 이후 이를 보관하고 있었다. 한국전쟁 이후 신창재는 신당동에서 광미의원光美醫院을 운영하며 활동하던 중, 1954년 덕수궁에서 개최된 무료 공개 전시회에 본인의 소장품 가운데 중요 회화를 출품하였다. 이를 계기로 당시 고려대학교 총장 유진오와 통일원 장관 신도성, 서울대 교수 이용희 등으로부터 기증 권유를 받았고, 여러 차례 협의를 거쳐 1956년 7월 말 기증에 합의하게 되었다.

이어 같은 해 9월 중순에는 기부계약서가 정식으로 작성되었고, 기증 대상 수집품에 대

---

32 〈향토참고품목록〉과 〈안함평여사 향토참고품목록〉을 추가 정리된 목록과 비교, 대조하면 참고품부에서 기증과 구입으로 수집했던 4,200여 건의 자료 중 1,300여 건 정도 수습된 것으로 추정된다.

33 이러한 공로를 기려 1979년 4월 8일 경남 진양군 내동면 삼계리 사곡산 묘소에서 고인의 공적을 기리는 묘비 제막식이 있었는데, 이 묘비는 부산일보와 고려대학교의 찬조로 건립되었다(〈惟南 묘비 제막식〉, 《조선일보》, 1979년 4월 8일, 3면).

34 〈本社主催古書畵展 畫報〉, 《조선일보》, 1929년 10월 13일, 5면; 〈古書畵珍藏品展 陳列諸作品에 對하여〉, 《동아일보》, 1930년 10월 19일, 4면.

35 〈居昌罹災民 救濟會를 組織〉, 《동아일보》, 1929년 11월 18일, 2면; 〈居昌南昌 醫院特志〉, 《조선일보》, 1931년 3월 14일, 6면; 〈大衆衛生의 先驅 南昌 醫院 愼昌綍氏〉, 《동아일보》, 1938년 9월 6일, 6면.

36 〈特志家申昌綍氏의 美擧〉, 《고대신문》, 1958년 2월 10일, 3면.

신창재·박재표 기증 수집품 항목[37]

종류	시대	수량
자기(瓷器)	고려(41), 조선(48)	89
서예(書)	조선 및 현대(88), 중국(11)	99
회화(繪畵)	조선(대부분), 현대(약간), 중국(4)	273
토기(土器)	선사시대	12
관옥(管玉)·곡옥(曲玉)	선사시대	12
석기(石器)	선사시대	4
필통(筆筒)	조선	2
장신구(裝身具)	신라	35
불상(佛像)	신라-조선	8
도검(刀劍)	신라 및 조선	5
동경(銅鏡)	신라 및 조선	4
향로(香爐)	고려 및 조선	3
향합(香盒)	고려	2
연적(硯滴)	고려 및 조선	2
은기(銀器)	고려 및 조선, 중국	5
잡(雜)		24

한 검증 절차도 병행하여 진행되었다.[38] 기증 수집품은 신축된 대학 강당에서 검증을 거쳤는데, 당시 공개 감정을 거쳐 정리된 자료는 총 587점으로 종류와 내용을 정리하면 위의 표와 같다.

위 표에서 보듯이 신창재·박재표 기증 수집품 가운데 가장 큰 비중을 차지하는 분야는 조선 시대 회화이다. 이들 회화에는 조선 중·후기 화가인 이경윤李慶胤, 이징李徵, 정선鄭敾, 유덕장柳德章, 강세황姜世晃, 김홍도金弘度를 비롯하여 20세기 전반기의 주요 화가인 화가 안중식安中植, 조석진曺石眞, 김응원金應元, 김규진金奎鎭 등 100여 명에 이르는 작가들의 산수화, 인물화, 사군자화, 영모화 및 기명절지화가 폭넓게 포함되어 있다. 이와 같이 고회화 작품이 대규모로 기증됨에 따라 박물관은 기존에 수집, 정리해 오던 산수화, 초상화, 기록화 중심의 고회화 컬렉션을 더욱 풍부하게 소장하게 되었다.

신창재·박재표의 기증 자료는 1958년 2월 도서관으로 이관되어 최종 정리되었으며, 이를 계기로 박물관은 도서관의 부속 부서에서 독립된 단독 기관으로 전환, 운영되는 변화를 맞이하게 되었다. 앞서 신창재가 기증 의사를 밝히고 수집품의 감정이 한창 진행되던 1957년, 초대 관장으로 김정학金廷鶴 사학과 교수가 임명되었으며, 1958년 5월 5일 개교기념일에는 기증 자료와 기존 소장품을 정리한 특별전이 공개 개최되기도 했다.[39]

신창재는 기증 후 소감을 전하며, 박물관이 신축되어 기증품이 전시되고, 이를 일반 학생들의 연구자료로 활용하기를 바란다는 뜻을 밝혔다.[40] 학교 당국은 이러한 기증자의 뜻을 잇기

37 〈特志家申昌綷氏의 美擧〉, 《고대신문》, 1958년 2월 10일, 3면 관련 내용을 정리.
38 牧當李活傳記刊行委員會 篇, 《牧當 이활의 生涯》(목당이활전기간행위원회, 1984), 294쪽.
39 〈付屬博物館을 公開 高大開校 53周 紀念〉, 《조선일보》, 1958년 5월 4일, 2면.
40 〈特志家申昌綷氏의 美擧〉, 《고대신문》, 1958년 2월 10일, 3면.

위해 도서관 뒤편에 박물관 부지를 확보하고, 1962년 박물관 건물을 준공하였다. 신축 박물관은 철근 콘크리트 구조의 3층 건물로, 연건평 851평에 달했으며 당시 국공립 및 사립 박물관을 포함하여 국내 최대 규모의 단독 박물관이었다.

신축 박물관의 1, 2층은 역사·민속품을 전시하는 전시실로, 3층은 학교 부속기관의 사무 공간으로 구성되었다. 1962년 5월 5일 개교기념일에는 신축 이전을 기념하는 특별전이 개최되었고, 이 전시에서는 2층 전시실의 한편에 신창재와 박재표의 기증 자료를 별도 전시하여 두 기증자의 기증 정신을 기리는 자리를 마련하였다.

신창재와 박재표의 기증을 계기로 고려대학교박물관은 고회화 자료의 지속적인 수집과 정리를 통해 고회화 컬렉션의 질적·양적 성장을 이루었으며, 이로써 고회화는 박물관의 대표 컬렉션으로 자리매김하게 되었다. 이처럼 수준 높은 컬렉션은 국내외 전시뿐만 아니라 교육 및 연구 자원으로도 활발하게 활용되고 있다. 특히 신창재와 박재표의 기증 자료를 중심으로 1996년 8월부터 1998년 1월까지 18개월간 미국 6개 대학 박물관을 순회하며 특별 전시가 개최되었는데, 이 전시에서는 고려대학교박물관이 소장한 조선시대 문인화를 중심으로 총 62건 152점의 작품이 출품되었다.

이처럼 신창재와 박재표의 기증 자료는 고려대학교박물관 고회화 컬렉션의 기초를 형성함과 동시에 회화 분야의 전시 및 학술 연구 기반을 질적으로 심화시키는 데 큰 기여를 하였으며 오늘날까지도 폭넓게 향유되고 있다.

4) 민병기 기증 민영환 유품

신축 박물관 건물이 완공된 후 박물관에는 여러 가문과 유족들로부터 가보와 유품의 기증이 이어졌다. 그중 충정공 민영환忠正公 閔泳渙, 1861-1905의 유품은 박물관 수집 자료의 역사적 깊이를 더하는 데 기여하였다. 민영환의 유품 기증은 충정공의 손자이자 고려대학교 정치외교학과에 재직 중이던 민병기閔丙岐, 1927-1986 교수에 의해 1962년, 1968년, 1983년 세 차례에 걸쳐 이루어졌다. 1차 기증 유품에는 서구식 군복, 구군복, 동달이, 호패, 인장 등 민영환의 생애와 활동을 엿볼 수 있는 자료가 포함되었으며, 2차 기증에서는 홍살문과 현판이, 3차 기증에서는 칙명勅命, 교서敎書 등의 문서류 중심의 자료가 기증되었다.

잘 알려져 있듯이 민영환은 조선 말기와 개항기 관료로서 독립협회의 자주·민권·자강운동을 지지했으며 해외 시찰 후 경험하고 느낀 바를 바탕으로 의회 설립과 원수부元帥府 설치 등 조선의 정치와 군사 제도를 근대화하려 했던 개화 정치가였다. 아울러 1905년 일제가 을사늑약을 강압적으로 체결하여 국권을 강탈하자 늑약 파기를 주장하며 상소를 올리고 저항하다 망국의 책임을 지고 자결 순국한 애국지사이기도 하다.

민영환의 유품 기증이 처음으로 이루어진 것은 1962년 6월, 민병기 교수가 고려대학교박물관을 방문하여 당시 박물관 직원이었던 윤세영과 함께 자택을 방문할 것을 제안하면서 시작되었다. 민병기 교수의 정릉동 자택을 방문한 윤세영은 유품을 확인하고 직접 이송 작업을 진행하였다. 이때 기증된 민영환의 유품은 충정공의 유서와 혈죽, 영정, 서구식 군복, 인장 및 호패, 현판 등 30여 점에 이른다.

1차 기증 시 민병기 교수가 기증한 민영환의 유품은 최근 1-2년 사이 국가유산청 지정 국가등록문화유산으로 등록되었다. 그중 한 건은 '민영환 서구식 군복'으로 2023년 6월에 지정, 등록되었다. 이 서구식 군복은 충정공이 생전 직접 착용했던 것으로, 예복 모자, 예복과 상복 상의, 바지 등을 포함한 군복, 대례 및 소례 견장, 도대, 식서 등의 군복 구성품, 그리고 금척대훈장 대수와 태극대훈장 대수의 훈장 구성품을 비롯하여 총 14건 17점으로 이루어져 있다. 개항 이후 서구식 군복은 1895년 칙령 제78호 '육군복장규칙' 및 '육군장졸복장제식'에 따라 도입되었으며, 1897년, 1900년 1907년 대대적으로 개정되었는데 고려대학교박물관에 기증된 군복은 1897년 및 1900년에 개정된 '육군장졸복장제식'에 따른 서구식 군복의 구성 요소를 대부분 갖추고 있어 근대 군복사 연구의 중요 자료로 평가된다.

또한 '민영환 유서(명함)'는 2024년 6월 국가등록문화유산으로 지정되었다. 이 유서는 충정공이 순절할 당시 착용했던 옷깃 속에서 발견되었으며, 소렴小殮 과정에서 확인된 것이다. 세로 9.2cm, 가로 6cm 크기의 명함 앞뒤 양면에 연필로 빼곡히 적힌 글이 있으며, 마지막에는 "결고訣告 아我 대한제국大韓帝國 이천만二千萬 동포同抱"라고 적혀 있어, 동포들에게 남긴 유서임을 알 수 있다.[41] 이 유서에서 충정공은 국가와 민족이 이 지경에 이르게 된 것이 자신의 잘못임을 동포들에게 사죄하며, 학문에 힘쓰며 일치단결한다면 민족의 자유와 독립은 반드시 성취할 수 있다고 강조하고 있다. 이 유서는 국가등록문화유산으로 지정됨으로써 충정공이 자결 순국할 당시의 긴박한 사회상을 전하고, 그의 충절 정신을 후세에 전하는 중요한 사료이자 문화유산으로서의 가치를 다시 한번 입증할 수 있게 되었다.

이외에도 대표적인 유품으로 충정공 혈죽血竹을 들 수 있다. 충정공의 방 마룻바닥에서 돋아난 대죽 5줄기는 1906년 《대한매일신보》(7월 5일) 등에 보도되어 큰 화제를 낳았고, 이후 양기훈이 그린 혈죽도血竹圖와 혈죽을 주제로 한 작시 열풍으로 이어졌다. 1906년 7월 15일 대한구락부에서는 일본인이 경영하던 기쿠다菊田 사진관에 이 대죽 촬영을 의뢰하여 사진으로 남기기도 했다. 박물관에 기증된 혈죽은 부인 박수영 여사?-1947가 일제의 감시를 피해 광목천에 싸서 다락에 몰래 보관했다가 광복 후 공개한 것이다. 혈죽을 넣은 오동나무 함에는 '민충정공혈죽閔忠正公血竹 병오이월생丙午二月生 동구월고同九月枯'라는 문구가 적혀 있어 이 대죽이 1906년 2월에 자라나 같은 해 9월에 시들었다는 사실을 알 수 있다. 또한 '후학後學 풍성豐城 조동호趙東虎 근서謹書'라는 글을 통해 이 글씨를 쓴 사람이 조동호임을 알 수 있다. 혈죽을 쌌던 한지에는 '혈죽오본血竹五本 병우이월시생丙午二月始生 구월시고九月始枯 기유이월己酉二月 수장收藏'이라는 글씨가 있어 이 혈죽 5본이 1909년 2월부터 함에 보관되었음을 알 수 있다.

고려대학교박물관은 2005년 11월 30일, 순국 100주기를 맞아 민병기 교수가 기증한 유품과 민병진을 비롯한 유족들이 보관해 온 유품을 함께 정리하여, 충정공의 삶과 충절을 기리는 특별전 〈死而不死, 민영환〉을 개최한 바 있다. 민영환의 유품은 외세의 압력 속에서도 자주와 개혁을 염원했던 근대 지식인의 신념과 선택을 보여 주는 생생한 증거이자 개화기 조선의 정치사 및 인물사 연구의 1차 사료로서, 박물관의 근대사 컬렉션 형성에 중요한 토대를 제공했다.

5) 유병덕·유석재 기증 유길준 유품

고려대학교박물관에는 조선 말, 대한제국기 개화사상가이자 정치가로서 다양한 저술을 통해 근대적 개혁의 이념적 토대를 마련한 구당 유길준矩堂 俞吉濬, 1856-1914의 유품이 전시, 수장되어 있다. 이 유품은 1976년과 2002년, 손자와 증손자 두 세대에 걸친 후손의 기증으로 박물관에 전해졌다.

---

41 소렴 과정에서 발견된 유서는 이천만 동포에게 전하는 것과 대한제국에 주재하던 각국 공관에 보내는 것 두 종류가 있었다고 전해지나, 각국 공관에 보낸 유서의 실존 여부는 현재로서는 확인되지 않는다. 다만 《대한매일신보》 12월 1일자 기사에는 두 종류의 유서 내용 전문을 함께 싣고 있어 그 내용을 확인할 수 있다.

유길준의 가문은 고려대학교와 적지 않은 인연을 맺고 있었다. 유길준의 동생 유성준兪星濬, 1860-1941은 한국 최초의 법학 교과서인 《법학통론》(1905)을 저술하였으며, 보성전문학교에서 제2대 및 제8대 교장을 역임하였다. 또한, 유길준의 조카인 유옥겸兪鈺兼, 1883-1922은 보성전문학교에서 강의하며 우리나라 최초의 서양사 교과서인 《서양사교과서》(1910)를 편찬하고, 《간명교육학簡明敎育學》(1908), 《소학교수법小學敎授法》(1908) 등 근대적 교육학 관련 저서를 집필하였다. 아울러 고려대학교 총장을 지낸 유진오 또한 유길준과 같은 기계 유씨杞溪 兪氏로, 두 집안은 비록 촌수는 멀었지만 자주 교류하며 왕래했던 것으로 전해진다.

첫 번째 기증은 1976년 10월 유길준의 손자인 유병덕兪炳德, 1932-2000에 의해 이루어졌다. 이때 박물관으로 기증된 유품은 서적과 문서, 사진, 문방구, 복식 등 200여 점에 이른다. 서적에는 《서유견문西遊見聞》, 《정치학政治學》, 《대한문전大漢文典》, 《이태리독립전사伊太利獨立戰史》 등 1971년 유길준편찬위원회가 유길준의 글을 총집하여 《유길준전집》(전 5권)을 간행할 때 활용했던 초판본 또는 교정본이 포함되어 있다. 특히 고려대학교박물관에 기증된 《서유견문》은 1895년 일본 도쿄 교순사交詢社에서 인쇄, 간행되기 이전의 필사 교정본으로 추정되는데 교정되기 이전의 초고 내용을 살펴볼 수 있는 자료라는 점에서 의미가 깊다.

또한 이 시기에 기증된 복식 자료에는 유길준이 직접 착용했던 단령 두 점이 포함되어 있다. 이들 단령은 개항기 문관의 통상예복으로, 1895년 '을미의제개혁'에서 나타나는 소매가 좁은 흑단령의 형태를 하고 있다. 특히 이 단령들은 고름 대신 단추로 여밀 수 있도록 변형이 이루어져 있는데, 이는 1908년 민간이 주도하여 소집한 '국민예복의정회'의 통상복 공모를 통해 채택된 디자인이다. 이 두 점의 단령은 개항 이후 새로운 복식 체계를 도입하는 과도기적 단계를 보여 준다는 점에서 의미가 크다. 또한 유길준이 직접 착용한 사진도 남아 있어 사료적·복식사적 가치가 높아 2014년 국가등록문화유산으로 지정되었다.

두 번째 기증은 유길준의 증손자 유석재兪奭在가 2002년 유길준의 유품 5,000여 점을 기증하면서 이루어졌다. 이때 기증된 유품에는 소장 도서를 비롯하여 개화파 인사들과 교유한 서신, 위촉장, 미국 덤머아카데미 명예졸업장, 일본의 남작 작위 수여 거부 관련 문서 등이 포함되어 있었다.

이 가운데 1908년에서 1910년 사이에 집필된 것으로 추정되는 교과서 《보통학수신서普通學修身書》에는 일본 통감부의 검열 흔적이 남아 있어, 당시 통감부의 교육 정책을 확인할 수 있다. 통감부는 '아국我國'과 '본국本國'을 '조선'으로, '일본'을 '내지內地'로, '본조本朝'를 '이조李朝'로 수정하도록 요구한 것으로 나타났다.

이와 함께 유길준이 갑오개혁 당시 일본의 관제를 참고해 관제 개혁을 단행했음을 입증하는 문서, 개화파 인사들과의 미공개 서신, 일대기가 잘 알려지지 않았던 개화파 인물 김홍집金弘集 관련 기록 등이 기증되었다. 이러한 자료들은 갑오개혁과 개화파 인물 연구에 중요한 자료로 활용되고 있다.

박물관은 2003년 12월, 문화관광부(현 문화체육관광부의 전신)에서 유길준을 '12월의 문화인물'로 선정한 것을 기념하여 특별전 〈유길준 유품 기증 특별전〉을 개최하였다. 이어 2014년 9월에는 유길준 서거 100주기이자 갑오개혁 120주년을 맞아 기획전 〈유길준, 세계를 들어 민족을 깨우다〉를 열고, 비공개로 보존되어 온 기증 자료를 일반에 공개한 바 있다. 전통과 근대의 전환기에 근대적 사상과 제도를 적극적으로 수용하고 모색했던 유길준, 그의 유품은 충정공 민영환의 유품과 더불어 '근대'를 이해하고 해석하는 살아 있는 교과서로 그 가치를 빛내고 있다.

6) 전세傳世 복식 및 출토 복식 기증

박물관에는 후손을 통해 전해 온 전세 복식과 묘소 이장 과정에서 발굴된 출토 복식이 여러 차례 기증되었다. 그중 사영 김병기思潁 金炳冀, 1818-1875 일가의 옷과 홍진종洪鎭宗 1649-1702 의복은 국가민속문화유산 지정 이후 박물관으로 기증된 이력을 지니고 있다.

사영 김병기 일가의 옷은 조선 말기 권세가 김병기와 그의 부인 송씨, 아들 김용규金龍圭, 손자 김승진金升鎭이 착용했던 옷이다. 이 의복들은 삼대에 걸친 일가의 전세 복식으로, 조선 후기 복식의 유행과 변천을 보여 주는 중요한 자료로 평가된다.

1968년 2월 19일 김병기 일가에서 보관하고 있던 구군복具軍服 2벌과 조복朝服, 전복戰服, 소례복小禮服, 제복祭服, 배자褙子 각 1벌, 남녀 대례복大禮服 각 1벌 등 총 9건의 의복이 국가민속문화유산으로 지정되었다. 이 가운데 조복, 구군복, 전복, 제복, 배자는 김병기가 착용한 것이며, 남자용 대례복은 손자 김승진이, 여자용 대례복은 김병기가 호조판서가 되어 부인 송씨가 정부인貞夫人 가자加資를 받을 때 하사받은 것으로 파악된다.

이 9건의 유품은 국가민속문화유산 지정 이후 1976년 2월 김병기의 후손인 김광한金廣漢이 호패와 술 등 부속품 26점과 함께 기증하여 박물관 자료로 등록되었다. 김병기 일가의 옷은 조선 후기 당상관堂上官의 관복제도와 양반가의 격식을 알 수 있는 중요 복식 자료로 평가된다.

홍진종 의복은 1968년 경기도 화성군 오산읍 국사봉 아래에 있던 남양 홍씨南陽洪氏 묘소 이장 과정에서 출토된 의복이다. 함께 출토된 묘지명墓誌銘을 통해 피장자인 홍진종의 생몰연대와 관직 이력이 확인되었다. 홍진종은 숙종대의 문신으로 1677년(숙종 3) 진사에 급제하여 통헌대부通訓大夫와 평강현감平康縣監을 지낸 인물이다.

출토된 복식은 중치막 8점, 소창의 3점, 심의 1점, 답호 1점, 바지 3점 총 16점으로, 17세기의 복식 형태를 그대로 지니고 있어 당시의 복식을 연구하는 데 중요한 자료로 평가된다.

이들 16점의 복식 중 훼손이 심한 소창의 1점을 제외한 15점이 1980년 국가민속문화유산으로 지정되었으며, 지정 이후 1981년 남양홍씨 대종중 중앙종회를 통해 고려대학교박물관에 기증되었다.[42]

문화유산 지정으로 이어지지는 않았으나 세간의 화제가 되었던 기증 복식에는 파평윤씨 모자 미라 출토 복식을 들 수 있다. 이 출토 복식의 경우 고려대학교박물관이 묘역 발굴에 직접 참여하면서 기증된 사례이다.

2002년 9월, 고려대학교박물관은 경기도 파주시 교하면 당하리에 있는 파평 윤씨坡平尹氏 정정공파貞靖公派 종중산의 무연고 묘역 발굴에 참여하였다. 이 과정에서 임신 상태로 사망한 여성의 미라와 부장 복식이 출토되었는데, 종중과의 논의를 통해 회곽묘灰槨墓에서 내관을 들어 박물관으로 이송한 후 해체 및 해포解包 작업이 진행되었다.

박물관은 단국대학교 석주선기념박물관과의 공동 해포 작업을 수행하는 과정에서 내관의 천판 상부에 노출된 '坡平尹氏之柩'라는 명정銘旌과 부장품으로 수습된 수의 홑바지 허리끈에 적힌 '병인윤시월'이라는 한글 묵서를 통해 이 미라가 1566년 사망한 파평윤씨 가문의 여성임을 확인할 수 있었다. 더불어 고려대학교 의과대학의 정밀 조사 결과, 이 여성은 출산과정 중 발생한 자궁파열로 인해 저혈량성 쇼크로 사망한 것으로 밝혀졌다.

42 1968년 홍진종의 형 홍석구(洪錫龜)과 홍진종(洪鎭宗)의 묘 이장 시 복식과 함께 각종 인장류도 출토되었는데, 남양홍씨 대종중 중앙종회는 1981년 출토 복식의 1차 기증에 이어 1996년 홍석구와 홍진종의 인장 90여 점을 2차로 박물관에 기증하였다.

당시 수습, 정리된 염습의는 고려대학교박물관으로 기증되었다. 이때 기증된 출토품은 내관 및 내외관 사이에서 수습된 소렴의와 대렴의 및 한글 편지 등 약 120점에 이른다. 특히 금직단 저고리와 치마, 너울, 유소 등의 복식류는 조선 전기 복식의 실물 자료로서 그 사료적 가치가 매우 높다. 박물관은 약 1년에 걸친 정밀 조사 및 보존처리 과정을 거쳐 2003년 11월 파평윤씨 모자 미라와 출토 유물 68점을 일반에 공개하는 특별전 〈병인 윤시월, 파평윤씨 모자 미라 및 출토 유물 특별전〉을 개최하였고, 관련 학술 심포지엄도 병행하여 개최한 바 있다.

7) 전승 도자기와 현대생활 도자기 기증

1985년부터 1987년까지 2년에 걸쳐 박물관에는 현대 도예 작품이 대량 기증되었다. 이 작품들은 해강 유근형海剛 柳根瀅, 1994-1993, 도암 지순탁陶庵 池順鐸, 1912-1993, 호산 안동오呼山 安東五와 청파 이은구靑坡 李殷九, 1943- , 신상호申相浩, 1947- 등의 도예가들이 고려청자와 조선 분청자기, 백자 등을 재현하거나 변용하여 제작한 전승 도예 작품이다. 기증된 작품은 병, 항아리, 향로, 연적 등을 포함하며, 그 수는 600여 점에 이른다.

유근형, 지순탁, 안동오는 1세대 전통 도예 작가로서, 경기도 이천과 광주 지역에 자리를 잡고 활동하며 고려 시대 및 조선 시대의 상감청자와 분청사기, 청화백자의 전승과 재현에 힘썼다. 이들은 재현 도자기를 '전통 도예'라는 현대 도자의 한 지류로 정착시키고 발전시키는 데 중요한 역할을 한 대가들이다. 이들의 작업과 작품은 단절된 고려와 조선 도자의 맥을 제작 기법 차원에서 되살리고, 이를 후대에 전승하는 데 큰 기여를 했다. 또한 이들은 재현 작품 외에도 도자 제작 기법과 관련된 문헌도 함께 기증했다. 이러한 자료는 미래의 도자 연구가 및 작가들이 연구와 창작의 기반으로 활용할 수 있을 것으로 기대된다.

이은구와 신상호는 1세대 전통 도예 작가들이 이룬 업적을 바탕으로 개성적인 기형과 문양으로 변형을 시도하며 전통 도예의 현대화를 이룬 2세대 작가들이다. 이은구는 분청사기의 재현에 주력하면서도 고려청자와 조선백자의 기형과 문양을 차용하고 응용함으로써 전통 도예에 대한 새로운 해석을 시도하였다. 그의 작품은 전통적 기법을 유지하면서도 독창적인 미감을 가미하여 전통과 현대가 조화를 이루는 특징을 보여 준다. 신상호는 대학에서 익힌 디자인 감각과 서구 도예의 흐름을 한국 재현 도자의 장식기법, 유약, 디자인과 융합하였다. 이를 통해 전통적 요소와 현대적 감각이 조화된 작품을 제작하여 보편적인 도자 미美를 돋보이게 했다. 그의 작업은 한국 전통 도예의 미적 가치를 확장하고 현대 도예의 새로운 가능성을 모색하는 데 기여한 것으로 평가된다.

전승 도자 작품 외에도 실생활 용기를 기능에 맞게 디자인하여 대량 생산하는 산업 도예품 역시 수집되었다. 이는 지동식 관장 재임 시절 일상용품으로만 소비, 폐기되기 쉬운 현대생활 도자기의 당대적 가치에 주목하고 이를 보존하기 위해 시작된 것이었다. 이 수집 활동은 ㈜도요개발, ㈜행남사, ㈜두산유리 등의 기업들이 자사의 작품(제품)을 다량으로 기증하면서 활발하게 진행되었다. 이때 기증된 작품은 다양한 문양과 재질의 커피잔, 접시, 다기포트 등의 음식기 약 1,900여 점에 이른다. 현대 생활 도자기의 수집은 기증 당시부터 고려대학교박물관 창설 100주년 기념 전시 출품을 염두에 둔 사업이었다. 기증된 작품들은 당시 이준범李準範 고려대학교 총장과 지동식 박물관장이 '후세後世에 전傳합니다'라는 제목으로 쓴 유언장과 함께 박물관 수장고에서 보존되고 있다.

전승 도자기와 현대생활 도자기는 21세기 연구자들을 위한 미래문화유산으로, 20세기에 이루어졌던 전통의 계승과 변용, 창작의 흐름을 보여 주는 소중한 문화자원이다. 이는 향후 연구와 활용을 통해 더욱 그 가치가 조명될 것으로 기대된다.

4 발굴 및 지표 조사를 통한 자료 수집

1962년 〈문화재보호법〉이 제정되면서 문화재 관리는 국가정책의 일환으로 자리 잡았고, 매장문화재 발굴조사의 허가권도 문교부(현 교육부)에 귀속되었다. 이에 따라 발굴 인력과 연구 역량을 갖춘 대학들은 발굴조사를 수행할 수 있는 권한을 부여받았다. 이러한 제도적 기반을 바탕으로 1960년대부터 대학 박물관의 수는 비약적으로 증가하였고, 1990년대 중반 발굴 전문 법인이 등장하기 전까지 대학 박물관은 전국 각지에서 발굴조사사업의 중심적 역할을 수행했다.

고려대학교박물관 역시 1959년 웅천패총 발굴을 시작으로 1995년 서해안 고속도로 건설 구간의 유적 발굴에 이르기까지 총 35차례에 걸쳐 발굴 및 지표 조사에 활발히 참여하였다. 이 가운데 박물관이 수집한 자료와 관련이 깊은 것은 웅천패총 발굴 조사와 한강 유역 선사 유적지 지표 조사로 볼 수 있다.

웅천패총발굴은 한국 대학박물관 최초의 발굴 조사로, 고려대학교박물관 초대 관장이었던 김정학 교수가 주도하여 1959년, 1961년, 1964년에 세 차례에 걸쳐 진행되었다. 이 발굴은 한국전쟁 이전 고려대학교 사학과에 재학 중이던 최영희崔永禧의 제보로 1949년 김정학 교수가 학생 6명을 인솔하여 예비 조사를 실시한 후, 약 10년이 지난 후 본격적으로 이루어졌다.

1차 조사는 김정학 교수가 고려대학교 아세아문제연구소에서 받은 개인 연구비를 활용해 진행되었고, 2차와 3차 조사는 고려대학교박물관의 예산을 바탕으로 추진되었다. 세 차례에 걸친 발굴 조사에는 당시 숭실대학교 부교수였던 최영희와 고려대학교박물관 직원 윤세영, 그리고 고려대학교를 중심으로 숭실대학교, 연세대학교 학생들이 참여하여 발굴 및 출토 작업을 수행하였다. 이 조사를 통해 패각층 아래 주거지와 석관묘 등의 유구가 확인되었으며, 토기와 철기, 골각기 등 선사시대 및 삼국시대의 다양한 유물이 다량 출토되어 박물관 자료로 수집되었다.[43]

한강 유역 선사 유적지에 대한 지표 조사는 서울 강동구 암사동 유적을 중심으로 1960년대 초반부터 중반까지 집중적으로 이루어졌다. 이 지역은 1925년 대홍수로 인해 유적의 존재가 드러난 이후, 1960년대 초중반에 이르러 각 대학에서 답사 형식의 조사 활동이 자주 이루어지던 곳이었다. 그중에서도 김정학 관장을 중심으로 고려대학교 학생들이 조직한 '고고인류회'는 가장 활발히 활동한 학생 단체 중 하나였다. 초기에는 김정학 관장이, 이후에는 직원 윤세영이 조사를 지도했으며, 일요일이나 방학을 이용해 암사동 일대에서 토기편과 석기 등을 수습하는 활동이 활발히 이루어졌다. 이 과정에서 수습된 유물은 박물관의 선사시대 자료로 수집되었다.

발굴 및 지표 조사를 통해 박물관으로 수집된 자료는 자료 자체가 지닌 역사적·사료적 가치로도 의미가 있지만 학생들이 자율적, 주도적으로 참여하여 얻은 결과라는 점에서도 큰 의미를 지닌다. 이러한 자료는 단순한 조사 결과를 넘어 학교의 교육적 역할과 학생들의 실천적 학습 과정이 반영된 결과물이기도 한 것이다.

5 근현대 미술품 수집

1962년 도서관에서 독립 공간으로 이전한 고려대학교박물관은 1층에는 민속자료, 2층에는 서화류와 도자 자료를 전시하며 운영되었다. 당시 박물관은 김규진, 서병오, 김은호, 노수현,

43 고려대학교 편, 《熊川貝塚發掘調査報告書》, 1-10쪽.

이상범 등 근현대 서화 대가들의 작품을 이미 다량 소장하고 있었으므로 자연스럽게 그 이후 작가들의 작품에 대한 수집과 전시 필요성이 논의되기 시작했다.[44]

이 시기 일본 다이헤이요 미술학교太平洋美術學校 출신 이규호가 1964년경부터 촉탁 학예사로 박물관에 근무하고 있었다. 윤세영에 의하면 웅천패총을 비롯한 박물관의 발굴 조사가 한창 진행되던 당시 실측 및 제도를 위해 동덕여자고등학교 미술교사였던 이규호가 채용되었다고 한다.[45]

《고려대학교 일람》에 의하면 이규호는 1964년부터 1977년까지 고려대학교박물관에서 근무한 것으로 기록되어 있다.[46] 발굴 작업 정리 및 제도를 위해 박물관에서 근무하기 시작한 이규호는 발굴이 마무리되자 유물카드 작성과 정리 작업을 진행하였고, 이어 본격적으로 서양화 작품 수집에 착수하였다.

고려대학교박물관은 박물관 서화 컬렉션의 연계와 확충을 위해 20세기 이후 미술품의 수집이 필요하다고 판단하고, 이홍직 관장(1965-1970 재임) 시기부터 작품 수집을 위한 예산을 확보하기 시작했다. 이어 강진철 관장(1970-1976 재임) 시기에는 윤세영과 이규호의 주도 아래 근현대미술품 수집이 본격적으로 이루어졌다. 당시 박물관의 유물 구입 예산은 역사 참고품, 민속품, 현대미술품 세 부분으로 나뉘어 배정되었고, 윤세영이 한국화를, 이규호가 서양화의 작품 수집을 맡아 진행하는 방식으로 이루어졌다.

이 과정에서 학교 측의 폭넓은 지원은 박물관의 근현대 미술품 수집 활동에 큰 힘이 되었다. 특히 김상협金相浹, 1920-1995 총장(1970-1975년 재임)은 박물관이 특색 있는 현대미술품을 수집할 수 있도록 과감하게 예산을 지원했다. 또한 1970년대 초반까지 국내 미술시장이 체계적으로 형성되지 않은 덕분에 박물관은 유명 작가들의 작품을 비교적 적절한 가격에 구입할 수 있었으며, 교육적 목적의 작품 구입에 작가들과 유족들의 공감과 협조를 얻을 수 있었다.

이규호는 개인적인 인맥과 전문성을 바탕으로 서양화 구입을 담당했고, 이러한 과정은 그의 〈현대작품수집일지現代作品蒐集日誌〉에 고스란히 기록되어 있다. 고려대학교박물관에서 처음으로 수집한 근현대미술 작품은 1973년 1월에 구입한 박득순의 〈나부좌상〉이었다. 이규호의 수집일지에 따르면 1972년 하반기부터 박득순과 협의를 한 끝에 1973년 1월에 구입한 것으로 확인된다.[47] 고려대학교박물관은 수집한 근현대미술품의 등록번호 앞자리에 'M'을 부여하고 있는데 박득순의 〈나부좌상〉이 입수됨으로써 이 작품은 'M1'번으로 등록되었다. 이후 박득순, 손응성, 도상봉, 김인승 등의 작품이 연이어 수집되었다. 또한 이규호의 주도하에 조각가 권진규의 〈자소상〉과 〈비구니〉 등의 작품도 확보되었는데, 이는 권진규가 박물관을 신뢰하고 작품 기증을 수락한 결과였다.

이렇게 수집된 작품들을 바탕으로 고려대학교박물관은 1973년 개교 68주년을 기념하여 현대미술실을 개관했다. 당시 고려대학교에는 미술대학 및 미술 관련 전공 학과가 없었음에도 여느 대학보다도 앞서 현대미술 전시 공간을 마련했다.[48] 개설식에는 김기창, 권진규, 남관 화백 등

---

44 고려대학교박물관 현대미술품 수집 관련 내용은 박유민, 〈박물관 100년에 스며든 현대미술전시실 50년〉, 《知天命에 畵答하다》(고려대학교박물관, 2023) 참조.

45 〈윤세영 전 고려대학교박물관장 회고〉, 2016년 6월 15일, 고려대학교박물관 소회의실.

46 다만 고려대학교 일람은 1961년, 62년 합본 발간 이후 1963년에 발간되지 않았는데, 이규호의 가장 이른 기록이 1964년 일람이다. 따라서 이규호는 1963년과 1964년 사이에 박물관 근무를 시작한 것으로 보인다.

47 이규호, 〈現代作品蒐集日誌〉, 1973(고려대학교박물관 소장).

48 사범대학 내에 미술교육과가 신설된 것은 1988년이었고, 2000년에 미술학부로 독립하여 2011년부터 디자인조형학부로 학부를 개편한 후 현재에 이르고 있다.

미술계 주요 인사들이 참여하였고, 김은호의 〈순종어진유지초본〉, 이종우의 〈응시〉 권진규의 〈자소상〉 등 총 52점이 전시되었다.[49]

미술실 개관 이후에도 고려대학교박물관은 예산 규모 내 작품 구입과 고려대학교박물관 미술품 수집에 뜻을 함께한 기증자들을 통해 미술품 수집을 꾸준히 진행해 나갔다. 또한 이종무, 서용선, 이항성, 강요배, 신장식 등 작가 본인이나 가족의 뜻에 따라 기증된 작품들도 다수 수집되었다. 2025년 현재까지 수집된 현대미술작품은 1300여 점에 달하며 이렇게 수집된 미술품들은 대대적인 전시를 통해 일반에 공개되었다. 1980년 5월 2일에는 현대미술 확장특별전을 진행하여 1973년 현대미술실 개설 기념전의 열기를 이어 갔다. 또한 박물관 건물 한쪽에 자리하고 있던 민족문화연구원이 1999년 신축 건물로 이전함에 따라 현대미술실을 개조, 확장하여 2000년 〈20세기 한국미술 200선〉전을 진행하였는데, 이 전시에서는 1919년부터 1999년 작품까지 약 80년간의 근현대미술품 200점을 선정, 전시함으로써 현대미술 전시의 또 다른 전기를 마련하게 되었다.

2005년에는 개교 100주년을 맞아 박물관이 백주년기념삼성관으로 이전하게 되었고, 이곳 3층에서 현대미술실도 재개관할 수 있었다. 재개관한 현대미술실에서는 2023년 현대미술전시실 개관 50주년을 맞아 박물관의 현대미술품 수집 역사를 선보이는 특별전 〈지천명知天命에 화답畵答하다—시간을 담은 공간, 예술을 담은 시간〉을 개최하였다. 이 전시는 상설전시실을 제외한 박물관 전체 공간을 활용한 대규모 전시로 소장 작품 130점이 출품되었다.

학교 측의 적극적인 지원과 이규호, 윤세영 등의 선구적인 작품 수집 활동, 그리고 각계각층의 기증 덕분에 고려대학교박물관은 특정 작가나 한정된 주제에 국한되지 않고, 다양하고 폭넓은 근현대 미술품을 수집·보존할 수 있었다. 이러한 수집 방식은 결과적으로 고려대학교박물관이 한국 근현대 미술의 폭넓은 스펙트럼을 조망할 수 있도록 해 주었다.

6 전통산업용구 수집

강만길姜萬吉, 1933-2023 관장 재임 시기인 1980년을 전후하여 박물관에서는 농사나 수산물 채집, 방직 등에 사용되던 전통 생활용구를 수집하는 활동이 진행되기 시작했다. 이 사업은 '전통 산업용구 수집'이라는 이름으로 수행되었으며, 단순한 민속품 수집이 아니라 전통 산업 활동에 실제로 사용되었던 생산도구를 확보하는 데 목적이 있었다.

1979년부터 본격적으로 시작된 이 사업은 경기도, 충청도, 경상도, 전라도 등 전국적인 범위로 진행되었다. 박물관 직원들은 지역 곳곳을 찾아다니며 호미, 쟁기, 도리깨, 투망, 작살, 조업용 통발, 톱, 베틀 등 산업화 이전 농업, 어업, 목공, 방직 등에 사용되던 생활용구를 수집하였다. 당시에는 이러한 도구들이 농촌 어디에서나 흔히 볼 수 있었고 산업화가 빠르게 진행되면서 점차 쓸모를 잃어 가던 시기였기에 학교 이름만 대면 주민들의 협조를 쉽게 얻을 수 있었다고 한다.

이 사업은 1990년대 중반까지 이어졌으며, 그 결과 박물관에는 2,000점이 넘는 전통 산업용구가 수장고에 보관되고 있다. 이 전통 산업용구는 과거 사람들의 삶과 노동, 기술을 보여주는 증거물로, 단순한 물건이 아니라 그 도구를 썼던 사람들과 그들의 삶을 기억하게 해 주는

49 〈現代美術室 開設 記念展〉,《高大新聞》, 1973년 5월 15일, 3면.

역사적 텍스트이다. 이 자료들은 향후 전시와 교육 프로그램을 통해 박물관을 찾는 이들의 역사, 문화 이해력을 높이는 데 유용하게 활용될 것으로 기대된다.

7 나가며

고려대학교박물관은 1934년 창설 이후 구입과 기증 등을 통해 꾸준히 자료를 수집하며 컬렉션을 확장해 왔다. 이러한 과정은 단순히 방대한 자료를 확보하는 것을 넘어 시대적 요구에 따라 대학 박물관의 역할과 기능을 지속적으로 수행할 수 있게 한 원동력이 되었다.

일제 시기 고려대학교박물관은 근대 지성의 상징으로 기능했다. 대내적으로는 교육의 질을 향상시키는 역할을 하고 대외적으로는 근대교육기관으로서 고려대학교의 위상을 보여 주는 표지로 작용했다. 특히 독립의 염원이 담긴 각계각층의 기증 자료는 민족문화 그 자체로 인식되었기에 박물관의 수집 활동은 해외 유출의 위험에 놓인 민족 문화자원을 보호하고 민족정신을 지키는 데 중요한 의미를 지녔다. 한국전쟁 이후 혼란한 사회 상황 속에서도 역사, 민속, 고고학 등 다양한 분야의 자료를 수집, 보존하는 박물관 활동은 지속되었으며, 이는 비상 시기에 국가를 대신해 대학이 실천한 민족문화 수호의 방식이었다.

산업화 시대에는 급격한 경제 성장과 기술 발전 속에서 사회와 인간 삶의 변화를 이해하기 위한 자료 수집이 이루어졌으며, 이는 과거와 현재를 잇고 시대의 흐름을 깊이 이해하는 계기가 되었다. 이러한 활동은 사회·문화적 변화를 반영함과 동시에, 미래 세대에게 소중한 역사적 자취를 전하는 과정이라 할 수 있다

오늘날 고려대학교박물관의 수집 자료는 전시와 교육 등을 통해 지역사회의 문화적 공공성을 실현하는 매개 역할을 하고 있다. 또한 250만 명에 이르는 국내 거주 외국인들과 함께 살아가는 상호문화 시대에 박물관의 수집 자료는 다양한 문화를 공유하고 소통하는 중용한 문화자원으로 거듭나고 있다.

참고 문헌

《동아일보》.

《조선일보》.

《고대신문》.

고려대학교 100년사 편찬위원회. 《고려대학교 100년사 I》. 고려대학교출판부, 2008.

고려대학교박물관. 《熊川貝塚發掘調査報告書》. 고려대학교박물관, 1983.

______. 《知天命에 畵答하다》. 고려대학교박물관, 2023.

김일기. 〈곰소만灣 어촌취락의 성쇠에 관한 연구—사포沙浦, 후포後浦, 줄포茁浦를 중심으로〉. 《全羅文化論叢》 1(1986).

전상운. 〈璿璣玉衡(天文時計)에 對하여〉, 《고문화》 2(1963).

Needham, J., Wang Ling & D. J. Price. *Heavenly Clockwork*. Cambridge University Press, 1960.

Rufus, W. Carl. 《Korea Korean astronomy》. YMCA출판부, 1936.

〈윤세영 전 고려대학교박물관장 회고〉, 2016년 6월 15일, 고려대학교박물관 소회의실.

이규호. 〈現代作品蒐集日誌〉, 1973(고려대학교박물관 소장).

120년의 高·動, 미래 지성을 매혹하다

초판 발행 2025년 5월 1일
초판 1쇄 2025년 5월 1일

엮은이 고려대학교박물관 · 고려대학교도서관

펴낸곳 고려대학교출판문화원
www.kupress.com
kupress@korea.ac.kr
(02841) 서울특별시 성북구 안암로 145
Tel 02-3290-4230, 4232
Fax 02-923-6311

찍은곳 (주)대한프린테크
ISBN 979-11-6956-110-5 03600

값 95,000원
※ 잘못 만들어진 책은 바꿔 드립니다.